INDE

saveurs du bout du monde

INDE

saveurs du bout du monde

Photographies de Jason Lowe
et Alan Benson
Recettes de Priya Wickramasinghe
et Carol Selva Rajah

Michel Lafon

Les frontières nationales de l'Inde telles qu'elles figurent sur cette carte n'ont pas été authentifiées. Elles peuvent être approximatives.

SOMMAIRE

la cuisine INDIENNE

L'INDE EST UN PAYS COMPLEXE À LA FOIS PAR SA CULTURE, SA GÉOGRAPHIE ET SES TRADITIONS CULINAIRES. LES RECETTES VARIENT D'UN ÉTAT À UN AUTRE, D'UNE VILLE À UNE AUTRE ET PARFOIS MÊME D'UN FAUBOURG À UN AUTRE.

L'Inde moderne est constituée de vingt-cinq États et sept Territoires, au sein desquels dix-huit langues principales sont parlées et sept grandes religions sont pratiquées. En dépit de cette diversité, renforcée par une histoire jalonnée d'invasions, l'Inde est parvenue à conserver une forte identité nationale et a su utiliser les influences extérieures à son profit.

INFLUENCES EXTÉRIEURES

Dans l'histoire, la cuisine indienne a connu de nombreuses influences, dont celle du végétarisme issu de croyances religieuses. Bouddhisme et jaïnisme, apparus en Inde dès le VIe siècle av. J.-C., ont inculqué aux populations indiennes un mode de vie basé sur la sacralisation des êtres vivants. L'hindouisme a rapidement supplanté le bouddhisme et le jaïnisme, mais les premiers textes liés à cette religion indiquent qu'elle n'interdisait pas, à l'origine, la consommation de viande. Au fil des siècles, le végétarisme s'est installé dans la culture indienne, au point d'être pratiqué aujourd'hui par un grand nombre d'individus, notamment dans le sud du pays. Le statut sacré de la vache, principe védique antérieur à l'hindouisme, perdure également aujourd'hui.

En 1525, l'émergence de l'Empire moghol marqua un renouveau basé sur l'héritage islamique dans l'architecture, les modes de vie et les usages culinaires. L'Inde fut périodiquement envahie par les musulmans dès le Xe siècle, mais l'ère moghole correspond à l'apogée de leur influence dans cette région. La consommation de porc était alors interdite, mais celle du poulet ou de l'agneau tolérée dès lors que ces animaux étaient tués selon les rites musulmans. À cette époque, nombre de mets étaient créés par les cuisiniers de cour, rompus aux styles culinaires d'Asie centrale, de Perse et d'Afghanistan. En plus d'apporter à la cuisine indienne certaines de leurs denrées favorites, dont amandes et fruits secs, les Moghols introduisirent la culture de fruits de climats

Les divinités hindoues sont à l'honneur lors des fêtes. Les vieux édifices de Chennai (Madras) évoquent divers styles architecturaux, privilégiant tous l'ombre et la fraîcheur. La lecture est très populaire dans le Kerala, où le taux d'alphabétisation officiel est de 100 %. Le thé est la boisson nationale. Une femme est assise sur le pas de sa porte à Hyderabad. Légumes, *poppadom* et friandises sont proposés dans les rues.

Un homme décharge son poisson sur Sassoon Docks à Mumbai (Bombay). Les *poppadom* sèchent sur les toits de Delhi à l'ombre de l'architecture moghole. Des femmes plantent du riz dans l'État de Kerala. La cuisine indienne utilise légumes secs et épices en abondance. Les affaires vont bon train au marché des épices de la capitale. Une vache broute nonchalamment dans l'enceinte d'un temple. Deux écoliers d'Hyderabad rient aux éclats.

tempérés tels que pêches, cerises et abricots dans les vergers du Cachemire. L'emploi fréquent de safran et de feuilles d'or et d'argent reflète l'opulence de cette cuisine, notamment dans les desserts. Ces influences restent aujourd'hui présentes en Inde du Nord, qui abrita de nombreuses colonies musulmanes, et autour d'Hyderabad, ancien siège du pouvoir moghol.

L'Inde a très tôt été reliée à la Chine par des routes commerciales terrestres et maritimes. De fait, le *karhai* indien et le wok chinois sont des ustensiles de cuisson très similaires en apparence. Certains mets et soupes, dont on pense qu'ils sont originaires de Chine, sont servis dans des bols à la manière sino-asiatique. Le mot indien *chiniani* (pêche) trahit sans doute une origine chinoise, tandis que le mot chinois *cha* (thé) a été intégré dans le langage indien courant lorsque les Britanniques établirent la théiculture locale.

D'autres influences plus lointaines sont sensibles dans les États de Goa et de Kerala, où les Portugais avaient établi des comptoirs, à Chennai (Madras), ancien siège de la Compagnie anglaise des Indes orientales, dans le Pondichéry, autrefois enclave française, et à Kolkata (Calcutta), fondée en 1690 par les Britanniques. Cette arrivée des Européens provoqua une expansion de la foi chrétienne – saint Thomas arriva en Inde dès 52 av. J.-C. – et l'ajout de nouvelles coutumes culinaires aux usages musulmans et hindous déjà établis. Des denrées telles que pommes de terre, tomates, poivrons et piments, importées du Nouveau Monde *via* l'Europe, furent progressivement incorporées aux plats locaux jusqu'à devenir, pour certaines, omniprésentes.

L'influence britannique sur la cuisine indienne fut bien moindre que l'influence indienne sur la cuisine britannique. Les colons encouragèrent malgré tout la consommation de *tiffin*, sortes d'amuse-gueules, et les cuisiniers indiens de l'Empire britannique apprirent à confectionner puddings, pains au levain et currys, mets mieux adaptés au palais délicat de leurs maîtres.

FAUSSES VÉRITÉS DE LA CUISINE INDIENNE

Dans la plupart des restaurants indiens d'Europe continentale, les mets sont regroupés en un séduisant menu. En Inde, les versions originales de ces restaurants étaient tenues par des Pendjabis qui mêlaient plats d'origine moghole tels que *korma* et *biryani* et spécialités du Pendjab telles que *tandoori*. Avec le succès croissant de la cuisine indienne, ce menu « typique » fut reproduit dans nombre de nouveaux restaurants. Il ne représente pourtant qu'un petit aspect de la cuisine indienne.

Il n'y a pas de plat appelé « curry » dans la cuisine indienne. Ce mot anglais tiré du *tamil kari* (poivre noir) est utilisé indifféremment pour désigner divers plats indiens, notamment les plats en sauce. En Inde, les mets sont nommés en fonction soit du mélange d'épices utilisé *(rogan josh)*, soit du mode de cuisson *(korma, biryani, do piaza)*, soit de l'ingrédient principal *(sag, aloo gobhi)*. De même, la poudre de curry n'existe pas en Inde. L'ingrédient le plus proche est un mélange d'épices appelé *masala* dont il existe des centaines de variantes. Au nord, les *masala* sont souvent des mixtures sèches à base de poudres d'épices, à l'image du *garam masala*. Dans le sud du pays, ce sont plutôt des mélanges humides d'épices fraîches, tels que le *masala* de noix de coco. Enfin, les mets indiens ne sont pas tous piquants au palais : certains sont très pimentés, d'autres pas du tout.

LES REPAS

Les plats de viande ou de légumes ne constituent jamais la partie principale du repas. Il viennent toujours en accompagnement de riz et de galettes de pain, et sont consommés en même temps que petits hors-d'œuvre, chutneys et autres mets tels que *dal*. Également présent, le yaourt est précieux pour adoucir les plats les plus épicés. Les mets servis varient selon le groupe religieux : les hindous sont friands de *dal* et de mets végétariens accompagnés de riz blanc, les musulmans apprécient les plats de viande ou de poisson entourés de pains et de petits mets grillés tels que *samosa*. D'une manière générale, un repas indien est constitué de deux ou trois plats végétariens (ou éventuellement de viande ou de poisson), de quelques hors-d'œuvre et chutneys, de yaourt, de riz, de pain et d'un dessert, le tout servi en une seule fois. Samosa et autres petits mets frits sont parfois ajoutés.

Les repas sont servis sur des *thali*, larges plats faits de métal ou de feuilles de bananier et utilisés par toutes les classes sociales. Le *thali* reçoit tantôt les mets en petits monticules, tantôt des petits bols appelés *katori* qui les contiennent. La nourriture, consommée avec les doigts de la main droite, est renouvelée au fur et à mesure.

Le *pan* est servi à la fin du repas afin de rafraîchir l'haleine et favoriser la digestion. Il se compose d'une feuille de bétel garnie d'un mélange de noix d'arec, de chaux, d'épices et d'aromates, et maintenue enroulée par un clou de girofle. Le *pan* est le plus souvent mâché puis craché.

La nourriture est omniprésente en Inde. Un petit garçon transporte son déjeuner composé de *tiffin*. *Pickles* et *samosa* sont proposés sur les étals des rues. Un homme pêche à la ligne depuis un réservoir à Kolkata (Calcutta). La circulation, à deux, trois ou quatre roues, contraste avec la sérénité des vendeurs ambulants de *pan*, de feuilles de bananier et de poisson. À Kolkata, le New Market déborde d'activité tout au long de la journée.

Les *tandoori* sont appréciés dans tout le Nord, de même que les *pulao*, d'inspiration moghole. De délicieux *chaat* aux fruits sont vendus dans la rue, en même temps que pistaches, *amla* et grenades. Une vache sacrée déambule tandis que des sacs de riz sont déchargés sur un marché de Delhi. La Grande Mosquée *(Jama Masjid)* est le point de rencontre des musulmans de Delhi. Durant la fête de *Divali*, les hindous vendent des *puri*.

LE NORD

Le nord de l'Inde connaît de nombreux styles culinaires, influencés principalement par les traditions mogholes et pendjabies, en même temps que favorisés par la richesse des sols, qui permet la production d'une grande diversité de céréales. Traditionnellement, le riz n'est pas une denrée essentielle et le climat n'est pas propice à sa production. Malgré tout, il existe une riziculture en terrasses sur les contreforts de l'Himalaya dans les États de Jammu-et-Cachemire et de Dera Dun. C'est dans ce dernier État qu'est produit le riz basmati, roi des riz apprécié dans l'ensemble de l'Inde.

Le pain étant un aliment de base, il en existe une étonnante variété. Dans le Pendjab et dans l'Haryana, le *nan* est cuit dans les fours communautaires, et *paratha*, *puri* et *chapati* sont couramment consommés. Le pain est généralement servi avec des mets à sauce épaisse, les sauces plus légères étant plutôt accompagnées de riz.

Les produits laitiers tels que *malai* (crème de lait bouilli), *paneer* (fromage blanc) et yaourt sont présents à presque tous les repas. Le beurre prend la forme de *ghee* (beurre clarifié) ou de *makhan* (beurre blanc), et nombre de plats sont enrichis à l'aide de crème. Dans l'État du Rajasthan, la cuisson s'effectue souvent au lait, au beurre ou au lait battu, car l'eau, rare dans cette région, est peu utilisée pour la préparation des plats. Nombre de mets du nord de l'Inde sont cuits dans une petite quantité de liquide dans des récipients hermétiquement clos.

La viande est un composant typique de la cuisine du Nord. Cette présence reflète les influences mogholes, parsies et sikhes propres à cette région. L'agneau est partout populaire et le gibier très apprécié dans le Pendjab et le Rajasthan. Les légumes sont très utilisés et il est courant que le repas soit accompagné d'un *dal* souvent richement épicé.

Dans ces régions, les épices sont consommées en mélanges parfumés, préférés au piment. Nombre d'entre elles sont grillées à sec avant emploi afin d'exhaler leur arôme. Le mélange le plus courant est le *garam masala*, utilisé pour « tempérer » les plats à la fin de la cuisson.

La cuisson traditionnelle en four communautaire prévaut encore dans les régions rurales, notamment dans le Pendjab. Ces fours sont utilisés pour la préparation du pain et des viandes rôties, opérations impossibles dans une cuisine familiale où il est d'usage de placer les récipients de cuisson sur la flamme.

LE CENTRE

Les styles culinaires du centre de l'Inde se répartissent entre les régions Est (Bengale), Ouest (Gujarat et Maharashtra) et Centre (Hyderabad). Le poisson est une denrée de base sur les deux côtes, tandis que la viande figure en bonne place dans la région d'Hyderabad.

Qu'il soit de mer ou de rivière, le poisson est présent dans de nombreux plats typiques du Bengale, de l'Assam et de l'Orissa. Les petits sont consommés en soupe ou frits avec des épices. Les poissons de plus grande taille sont enrobés d'une pâte d'épices puis frits ou cuits à l'étuvée. À Mumbai (Bombay), sur la côte opposée, le marché aux poissons de Sassoon Docks fournit toutes les communautés de la métropole en même temps que de nombreux acheteurs étrangers. Les Parsis de Mumbai (Bombay) et du Gujarat utilisent le poisson pour la confection de mets élaborés tels que le *patra ni machi*, traditionnellement servi à l'occasion de noces.

L'usage des épices est très divers. Cumin, coriandre, curcuma et piments sont utilisés en abondance dans la cuisine essentiellement végétarienne du Gujarat. Au Bengale, la préférence est donnée à un mélange d'épices appelé *panch phoron*, mais graines et huile de moutarde sont souvent rencontrées. Plus au sud, autour d'Hyderabad, épices et aromates méridionales tels que tamarin et feuilles de curry sont utilisés dans un style culinaire inspiré des traditions mogholes.

Le riz constitue une base alimentaire dans la plupart des États du centre de l'Inde. Le riz rouge, cultivé essentiellement sur les franges côtières de l'ouest, est réputé pour ses valeurs énergétiques. À Hyderabad, le riz est cuit avec du safran et des épices puis transformé en *biryani* ou en *pulao*, ou ajouté à des lentilles pour la confection du *khichari*, consommé au petit déjeuner avec des galettes de pain et du *kheema*.

Les desserts laitiers tels que *rossogolla*, *gulab jaman* et *sandesh* sont couramment proposés dans l'ensemble du Bengale, mais plus souvent à Kolkata (Calcutta). Fabriqué à partir de la canne à sucre et produit dans le Gujarat, le *jagré* est consommé en friandise ou ajouté en petite quantité aux mets à base de légumes.

Le thé est cultivé dans la vallée du Brahmapoutre en Assam, où les colons britanniques établirent les premières plantations au début du XIXe siècle. Le thé indien le plus réputé est cependant cultivé autour de Darjeeling, bourgade du Bengale-Occidental située sur les contreforts de l'Himalaya.

Des enfants jouent dans une rue de Calcutta. Légumes verts et légumes secs sont consommés dans tous les États du Centre. Le poisson est surtout apprécié au Bengale et dans le Maharashtra. Le thé est cultivé dans l'Assam. À Mumbai (Bombay), les habitants se rassemblent le soir venu sur Chowpatty Beach pour bavarder et déguster des *chaat*. Les *bhajia* sont frits à la demande. À Hycerabad, le choix de *pickles* est sans égal.

Fruits et légumes sont trouvés en abondance en Inde méridionale. Dans le Kerala, le poisson des estuaires est vendu quelques heures à peine après sa prise. Poulets, curcuma et noix de coco sont très appréciés, tandis que la vanille est surtout produite pour le marché international. À l'écart de la ville, un éléphant au travail transporte son déjeuner. Plusieurs masques bariolés sont suspendus sur un mur de Kochi (Cochin).

LE SUD

Les mets du sud de l'Inde sont plus frais et plus légers que ceux des régions centrales et septentrionales. Ils tendent également à être plus piquants à cause de l'emploi fréquent de piments et d'acidifiants tels que jus de citron vert, *kokum* et tamarin. La noix de coco fraîche est utilisée en abondance et le lait de coco est un liquide de cuisson courant.

Dans les États de Goa, de Karnataka et de Kerala, il existe des influences culinaires liés aux Portugais, aux Syriens chrétiens et à la communauté juive de Kochi (Cochin). Les colons portugais encouragèrent la culture du cocotier, celle du théier fut établie par les Britanniques autour des bourgs montagneux des Nilgiri, et le café, cultivé dans tout le sud, est un héritage des marchands arabes. Le piment, ingrédient essentiel de la cuisine indienne, fut importé par les Portugais.

La capitale indienne des épices est la ville de Kochi (Cochin), dans le Kerala. Cardamome, curcuma, vanille, poivre et gingembre sont produits en abondance dans les collines avoisinantes puis vendus sur le marché aux épices de la ville à l'échelon local comme international.

Riz, graines et légumes secs sont les principaux aliments, et la plupart des plats sont parfumés de noix de coco et de mélanges d'épices fraîches et d'herbes aromatiques. Nombre de mets sont équilibrés par un assaisonnement final *(tarka)* le plus souvent constitué d'un mélange de graines de moutarde, de piments séchés et de feuilles de curry chauffé à l'huile. Les graines sont consommées en *dal* ou moulues en farine pour la confection de galettes et amuse-gueules. *Appam*, *idli* et *dosa* sont consommés dans toute l'Inde méridionale, souvent accompagnés de chutneys ou de pommes de terre épicées.

Le porc et le bœuf sont consommés dans le Goa et le Kerala, où la tolérance religieuse est grande. *Vindaloo* et *bafath* sont des plats de porc de style européen usant d'ingrédients locaux. Les mets à base d'agneau sont surtout appréciés par les musulmans de la côte de Malabar. Les plats moghols tels que les *korma* sont accommodés à grand renfort de noix de coco et de feuilles de curry. *A contrario*, le végétarisme joue un rôle important dans les usages culinaires du Karnataka et du Tamil Nadu.

Les longues franges côtières et les nombreux cours d'eau de cette partie de l'Inde regorgent de poissons et de fruits de mer. Dans le Kerala, des filets d'inspiration chinoise sont utilisés pour la pêche en eau douce et les fruits de mer pêchés au large des côtes sont réputés dans toute l'Inde.

TIFFIN

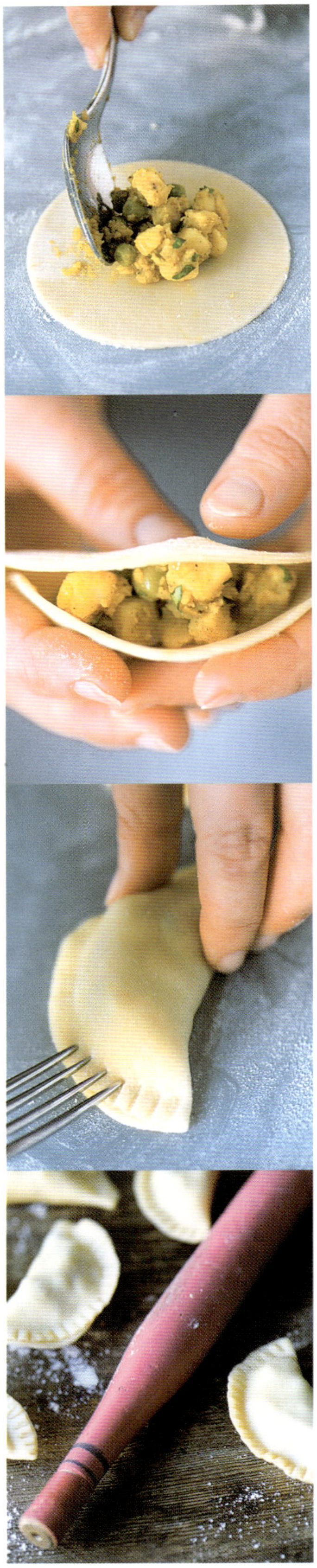

Évitez de surcharger les *samosa* car ils risqueraient de s'ouvrir lors de la cuisson. Utilisez une fourchette pour bien sceller les jointures.

SAMOSA

CES PETITS CHAUSSONS CROUSTILLANTS COMPTENT PARMI LES EN-CAS LES PLUS POPULAIRES D'INDE. IL EST POSSIBLE DE CONFECTIONNER DES SAMOSA À LA VIANDE EN UTILISANT LA FARCE POUR SINGHARA PRÉSENTÉE PAGE 46. LES SAMOSA SONT HABITUELLEMENT SERVIS ACCOMPAGNÉS DE CHUTNEYS.

PÂTE
450 g de farine ou de *maida*
1 cuil. à café de sel
4 cuil. à soupe d'huile ou de *ghee* (beurre clarifié)

FARCE
400 g de pommes de terre, coupées en quatre
80 g de petits pois
1 cuil. à café $^{1}/_{2}$ de graines de cumin
$^{1}/_{2}$ cuil. à café de graines de coriandre
2 cuil. à soupe d'huile
$^{1}/_{2}$ oignon, finement haché
$^{1}/_{4}$ de cuil. à café de curcuma en poudre
$^{1}/_{2}$ cuil. à café de *garam masala* (*voir* page 284)
2 piments verts, hachés
1 morceau de gingembre frais de 3 cm, haché
1 cuil. à soupe $^{1}/_{2}$ de jus de citron
2 cuil. à soupe de feuilles de coriandre hachées

huile, pour la friture

30 SAMOSA

POUR LA PÂTE, tamiser la farine et le sel dans une terrine, ajouter l'huile ou le *ghee* et mélanger jusqu'à obtention d'une consistance friable. Incorporer 180 à 200 ml d'eau chaude de façon à obtenir une pâte malléable. Pétrir sur un plan fariné 5 minutes, jusqu'à ce qu'elle soit souple, couvrir puis laisser reposer 15 minutes sans mettre au réfrigérateur.

POUR LA FARCE, faire cuire les pommes de terre 10 minutes dans de l'eau bouillante, jusqu'à ce qu'elles soient tendres. Égoutter et couper en dés. Faire cuire les petits pois 2 minutes dans de l'eau bouillante. Égoutter et rafraîchir à l'eau courante.

DANS UNE PETITE POÊLE, faire griller à sec et à feu doux les graines de cumin pour révéler leur arôme. Procéder de même avec les graines de coriandre. Utiliser un moulin à épices ou un mortier pour réduire en poudre 1/2 cuillerée à café de graines de cumin et l'ensemble des graines de coriandre.

FAIRE CHAUFFER l'huile à feu doux dans une sauteuse à fond épais et faire revenir l'oignon jusqu'à ce qu'il soit doré. Ajouter le cumin, la coriandre, le curcuma et le *garam masala,* incorporer les pommes de terre, les petits pois, les piments et le gingembre, et faire cuire 1 minute sans cesser de remuer. Ajouter le jus de citron et les feuilles de coriandre à la préparation, saler selon son goût et laisser refroidir.

SUR UN PLAN fariné, abaisser un tiers de la pâte en un disque de 30 cm de diamètre et 3 mm d'épaisseur. Découper 8 disques de 8 cm à l'aide d'un emporte-pièce et placer 1/2 cuillerée à café de farce au centre de chacun. Humecter les bords, replier en deux et sceller les jointures à l'aide d'une fourchette. Répéter l'opération avec la pâte restante. Couvrir et réserver.

REMPLIR au tiers d'huile un *karhai* ou une sauteuse à fond épais et faire chauffer à 180 °C (un dé de pain doit y dorer en 15 secondes). Mettre plusieurs *samosa* dans la sauteuse et les faire dorer sur les deux faces. Les égoutter 5 minutes sur une grille puis les transférer sur du papier absorbant. Servir chaud ou froid.

TIKKA DE PORC

GARNI D'ÉPICES ET DÉLICIEUSEMENT TENDRE, LE TIKKA DE PORC EST UN METS SOUVENT PROPOSÉ DANS LES PUNJABI DHABA ET SUR LES ÉTALS DES VENDEURS DE RUE. IL EST EN GÉNÉRAL SERVI AVEC DU CHUTNEY ET ACCOMPAGNÉ DE CHAPATI, DE ROTI OU DE NAN.

MARINADE
1 oignon, haché
3 gousses d'ail, grossièrement hachées
1 morceau de gingembre frais de 5 cm, haché
1/2 cuil. à café de cumin en poudre
1 cuil. à café de coriandre en poudre
1/2 cuil. à soupe de *garam masala* (*voir* page 284)
1/4 de cuil. à café de poudre de piment
1/2 pincée de poivre noir moulu
250 ml de yaourt nature épais (*voir* page 280)

500 g de filet de porc, coupé en cubes de 2,5 cm

SAUCE
1 gros oignon rouge, grossièrement haché
1 gousse d'ail, grossièrement hachée
1 morceau de gingembre frais de 2,5 cm, grossièrement haché
1 piment vert, grossièrement haché
25 g de feuilles de coriandre

120 ml d'huile
1 cuil. à café de *garam masala* (*voir* page 284)

4 PERSONNES

POUR la marinade, hacher finement l'ail, l'oignon et le gingembre dans un robot de cuisine ou à l'aide d'un couteau tranchant. Ajouter les épices et le yaourt, et bien mélanger.

METTRE les morceaux de porc dans une terrine, ajouter la marinade et bien mélanger. Couvrir et laisser reposer une nuit au réfrigérateur.

POUR la sauce, hacher finement l'ail, l'oignon rouge, le gingembre, le piment et la coriandre dans un robot de cuisine ou à l'aide d'un couteau tranchant.

FAIRE CHAUFFER l'huile dans une sauteuse à fond épais suffisamment large pour contenir les morceaux de porc sur une seule couche. Lorsque l'huile commence à grésiller, ajouter les ingrédients hachés de la sauce et faire cuire 2 minutes à feu moyen sans cesser de remuer. Augmenter le feu et ajouter le porc et la marinade. Laisser cuire 5 minutes sans cesser de remuer, puis réduire le feu et laisser mijoter 15 à 20 minutes à feu moyen, jusqu'à ce que la sauce épaississe et que l'ensemble ait pris une couleur brun foncé.

SALER selon son goût et saupoudrer de *garam masala*. Prolonger la cuisson 2 minutes sans cesser de remuer.

Ce *punjabi dhaba* de Bombay propose des spécialités locales.

Chapati cuits sur un large *tava* à l'étal d'un vendeur de rue.

PANEER TANDOORI

300 g de *paneer* (*voir* page 279)
2 poivrons verts
1 oignon
2 tomates bien fermes
300 ml de yaourt nature épais (*voir* page 280)
1 cuil. à café de curcuma en poudre
1 morceau de gingembre frais de 2 cm, râpé
4 gousses d'ail, hachées
1 cuil. à soupe 1/2 de jus de citron
2 cuil. à soupe de feuilles de menthe hachées
1 cuil. à soupe de feuilles de coriandre hachées
2 cuil. à soupe d'huile

4 PERSONNES

DÉCOUPER le *paneer* en rectangles d'environ 1,5 x 2 cm. Couper les poivrons en petits carrés, l'oignon en petits morceaux et les tomates en dés. Mettre le yaourt, le curcuma, le gingembre, l'ail et le jus de citron dans une grande terrine et ajouter un peu de sel. Ajouter la menthe et la coriandre hachées, et mélanger. Incorporer le *paneer* et les légumes, couvrir et laisser reposer 3 heures au réfrigérateur.

PRÉCHAUFFER le gril du four à puissance maximale. Se munir de 8 brochettes et piquer sur chacune 5 morceaux de *paneer* et environ un huitième des poivrons, de l'oignon et des tomates. Enduire d'huile, saler et faire cuire au gril jusqu'à ce que les légumes aient légèrement grillé. Servir accompagné de *roti* (*voir* page 220) et d'une salade de type *laccha* (*voir* page 233).

NIMKI

NIMKI

LES NIMKI SONT DE PETITS CHAUSSONS FRITS QUE L'ON DÉGUSTE EN COLLATION. LE KALONJI CONFÈRE À CES FRIANDISES UNE SAVEUR TRÈS PARTICULIÈRE. EN INDE, LES NIMKI SONT VENDUS DANS DES ÉCHOPPES OÙ SONT ÉGALEMENT PROPOSÉES DIVERSES NOIX ET D'AUTRES EN-CAS TELS QUE LE SINGHARA.

250 g de farine ou de *maida*
1 cuil. à café de sel
1 cuil. à soupe de *kalonji* (graines de nigelle)
1 cuil. à soupe de *ghee* (beurre clarifié)
huile, pour la friture

60 NIMKI

TAMISER la farine et le sel dans une terrine et ajouter le *kalonji*. Ajouter le *ghee* et mélanger jusqu'à obtention d'une consistance friable. Incorporer progressivement environ 150 ml d'eau de façon à obtenir une pâte malléable. Sur un plan fariné, pétrir la pâte environ 5 minutes, jusqu'à ce qu'elle soit souple, couvrir et laisser reposer 10 minutes sans mettre au réfrigérateur.

DIVISER LA PÂTE en deux parts égales et abaisser l'une d'elle en un disque d'environ 3 mm d'épaisseur. Découper le disque en bandes de 1 cm de large, puis effectuer des découpes en diagonale de façon à obtenir des losanges d'environ 3 cm de long. Piquer les losanges à l'aide d'une fourchette. Procéder de même avec le reste de la pâte.

REMPLIR au tiers d'huile un *karhai* ou une sauteuse à fond épais et faire chauffer à environ 170 °C. Faire frire les *nimki* jusqu'à ce qu'ils soient dorés et croustillants puis les égoutter sur du papier absorbant. Servir accompagné d'un chutney à la menthe et à la coriandre (*voir* page 250).

PANEER TANDOORI

CHUCUMBER

CET EN-CAS EST SOUVENT SERVI EN APÉRITIF OU EN HORS-D'ŒUVRE DANS LES RESTAURANTS D'INDE DU NORD. LES PROPORTIONS DES INGRÉDIENTS PEUVENT ÊTRE MODIFIÉES EN FONCTION DES GOÛTS DE CHACUN. LE MARIAGE DU CONCOMBRE ET DE LA CORIANDRE FRAÎCHE EST TRÈS RAFRAÎCHISSANT.

1 oignon rouge, finement haché
2 petits concombres (environ 200 g), finement hachés
100 g de tomates bien mûres, finement hachées
3 cuil. à soupe de coriandre finement concassées
1 piment rouge, finement haché
1 piment vert, finement haché
1 cuil. à soupe 1/2 de jus de citron
1 cuil. à soupe d'huile
125 g de cacahuètes non grillées, concassées
1 cuil. à café de sel
1/2 cuil. à café de poivre noir moulu
1 cuil. à café 1/2 de *chaat masala* (*voir* page 284)

4 PERSONNES

METTRE l'oignon, les concombres, les tomates, la coriandre, les piments et le jus de citron dans une terrine et bien mélanger.

FAIRE chauffer l'huile à feu vif dans une sauteuse à fond épais. Ajouter le sel et les cacahuètes, et faire revenir 1 minute. Saupoudrer de poivre et de *chaat masala*, remuer et laisser cuire encore 2 minutes. Retirer du feu et ajouter au mélange précédent. Saler selon son goût juste avant de servir. L'assaisonnement s'ajoute à la dernière minute afin d'éviter que les légumes ne dégorgent trop.

SERVIR dans des bols. Le *chucumber* peut être dégusté à la cuillère ou servir à la confection de *roti* (*voir* page 220) ou de *poppadom*.

Poudre de piment et curcuma se marient bien avec la petite friture pour constituer de délicieux amuse-gueules.

PETITE FRITURE ÉPICÉE

DES PETITS POISSONS DE MER OU DE RIVIÈRE SONT FRITS, SALÉS ET ASSAISONNÉS D'ÉPICES POUR CONSTITUER DE DÉLICIEUX AMUSE-GUEULES DÉGUSTÉS EN APÉRITIF. CETTE RECETTE CONVIENT BIEN POUR UNE FRITURE DE SPRATS. IL EST POSSIBLE DE VARIER L'ASSAISONNEMENT.

300 g de petite friture
1/2 cuil. à café de poudre de piment
1/4 de cuil. à café de poivre de Cayenne
1/2 cuil. à café de curcuma en poudre
huile, pour la friture

4 PERSONNES

RINCER les poissons à l'eau courante et les égoutter sur du papier absorbant. Mélanger la poudre de piment, le poivre de Cayenne et le curcuma, puis rouler les poissons dans le mélange obtenu de sorte qu'ils soient enrobés uniformément.

REMPLIR au tiers d'huile un *karhai* ou une sauteuse à fond épais et faire chauffer à environ 190 °C (un dé de pain doit y dorer en 10 secondes). Faire frire les poissons jusqu'à ce qu'ils soient bien croustillants, puis les égoutter sur du papier absorbant. Saler et servir chaud.

PETITE FRITURE ÉPICÉE

CHUCUMBER

CURRY AUX ŒUFS

8 œufs
huile, pour la friture
2 tomates bien mûres
25 g de *ghee* (beurre clarifié)
1 oignon, finement haché
1 gousse d'ail, finement hachée
400 ml de lait de coco (*voir* page 283)
1 cuil. à café de curcuma en poudre
1/2 cuil. à café de poivre de Cayenne
6 feuilles de curry

4 PERSONNES

METTRE les œufs dans une casserole d'eau, porter à ébullition et laisser bouillir environ 6 minutes. Retirer les œufs de la casserole, les plonger 2 minutes dans de l'eau froide, puis les écaler. Remplir au tiers d'huile un *karhai* ou une sauteuse à fond épais et faire chauffer à 170 °C (un dé de pain doit y dorer en 20 secondes). Faire frire les œufs jusqu'à ce qu'ils soient dorés et croustillants, puis les égoutter sur du papier absorbant. Ils peuvent éventuellement être coupés en deux.

PRATIQUER une incision en croix à la base des tomates et les plonger 20 secondes dans de l'eau bouillante. Bien les égoutter, puis les peler en partant de l'incision. Concasser la pulpe et jeter cœurs et pépins.

FAIRE FONDRE le *ghee* à feu doux dans un *karhai* ou une poêle à fond épais. Ajouter l'ail et l'oignon, et faire revenir jusqu'à ce qu'ils soient dorés. Ajouter les tomates et laisser cuire jusqu'à ce qu'elles soient tendres, puis verser progressivement le lait de coco sans cesser de remuer. Ajouter le curcuma et le poivre de Cayenne, saler et porter à ébullition. Laisser frémir 2 à 3 minutes, jusqu'à ce que la sauce épaississe. Ajouter les œufs et faire cuire encore 2 à 3 minutes à feu doux. Garnir de feuilles de curry.

ŒUFS BROUILLÉS À LA MODE PARSI

ŒUFS BROUILLÉS À LA MODE PARSI

ARRIVÉS EN INDE DEPUIS LA PERSE, LES PARSIS Y ONT INTRODUIT LEURS TRADITIONS CULINAIRES ET NOTAMMENT L'USAGE DU SAFRAN. LE NOM VERNACULAIRE DE CETTE RECETTE EST EKOORI.

2 cuil. à soupe d'huile ou de *ghee* (beurre clarifié)
1 oignon rouge, finement haché
1 gousse d'ail, finement hachée
1 morceau de gingembre frais de 2 cm, râpé
1 cuil. à café de *garam masala* (*voir* page 284)
1 pincée de poudre de piment
4 filaments de safran, infusés dans 2 cuil. à soupe de lait chaud
6 œufs
2 piments verts, finement hachés
4 tranches de pain grillé, chaudes
feuilles de coriandre, hachées

4 PERSONNES

FAIRE chauffer l'huile ou le *ghee* à feu doux dans une casserole à fond épais ou une sauteuse. Ajouter l'ail et l'oignon, et faire revenir 4 à 5 minutes, jusqu'à ce qu'ils soient tendres. Ajouter le gingembre et faire cuire encore 2 minutes sans cesser de remuer. Ajouter la poudre de piment, le safran et le *garam masala*, puis faire cuire encore 1 minute et saler.

BATTRE les œufs et verser dans la casserole. Laisser cuire à feu doux en raclant vers le centre de la casserole jusqu'à obtention d'un mélange crémeux. Retirer du feu, ajouter les piments hachés et mélanger. Répartir la préparation obtenue sur les tranches de pain chaudes, parsemer de feuilles de coriandre hachées et servir.

BHEL PURI

LE BHEL PURI EST UN MÉLANGE DE SAVOUREUX INGRÉDIENTS, DONT LE RIZ SOUFFLÉ, LES POMMES DE TERRE ET LA MANGUE VERTE, AROMATISÉS DE CHUTNEYS AU TAMARIN ET À LA MENTHE. SERVI FRAIS DANS UN BOL, C'EST UNE COLLATION TRÈS APPRÉCIÉE LE SOIR VENU SUR CHOWPATTY BEACH, À MUMBAI (BOMBAY).

CHUTNEY À LA MENTHE
50 g de feuilles de coriandre
50 g de feuilles de menthe
6 gousses d'ail, hachées
3 piments rouges, hachés
1/2 oignon rouge, haché
3 cuil. à soupe de jus de citron

CHUTNEY AU TAMARIN
60 g de graines de fenouil
450 ml de concentré de tamarin (*voir* page 280)
100 g de gingembre, émincé
300 g de *jaggery* ou de sucre roux
1 cuil. à café de poudre de piment
1 cuil. à soupe de cumin en poudre
1 cuil. à soupe de *chaat masala* (*voir* page 284)
1 cuil. à café de sel noir

3 pommes de terre
1 tomate
120 g de riz soufflé
60 g de *sev* (nouilles à la farine de pois chiche)
1 mangue verte non mûre, coupée en tranches fines
1 oignon, finement haché
4 cuil. à soupe de feuilles de coriandre ou de menthe finement hachées
1 cuil. à café de *chaat masala* (*voir* page 284)
12 chips de *puri*, pilées (*voir* page 219)

feuilles de coriandre

6 PERSONNES

POUR le chutney à la menthe, hacher les ingrédients dans un robot de cuisine ou les piler dans un mortier. Transférer le mélange dans une casserole et porter à ébullition. Retirer du feu, laisser refroidir et saler.

POUR le chutney au tamarin, faire griller à sec et à feu doux les graines de fenouil pour révéler leur arôme. Mettre le gingembre, le tamarin, le sucre et 250 ml d'eau dans une casserole, mélanger et laisser cuire à feu doux jusqu'à ce que le tamarin soit bien incorporé et le sucre complètement dissous.

RETIRER le gingembre à l'aide d'une écumoire et faire cuire le reste du mélange jusqu'à obtention d'une pâte épaisse. Ajouter les graines de fenouil, la poudre de piment, le cumin, le *chaat masala* et le sel noir. Saler et faire cuire à feu moyen sans cesser de remuer jusqu'à obtention d'un mélange épais, puis laisser refroidir.

POUR le *bhel puri*, faire cuire les pommes de terre 10 minutes dans de l'eau bouillante, puis les couper en dés. Pratiquer une incision en croix à la base de la tomate et la plonger 20 secondes dans de l'eau bouillante. Bien l'égoutter et la peler en partant de l'incision. Concasser la pulpe, jeter cœur et pépins, et réserver le jus.

METTRE le riz soufflé, les nouilles, la mangue verte, l'oignon, la coriandre hachée, le *chaat masala* et les miettes de *puri* dans une grande terrine et bien mélanger. Incorporer un peu de chaque chutney au *bhel puri* en variant les proportions selon l'effet souhaité. Le chutney au tamarin confère une saveur âpre, tandis que le chutney à la menthe est plus piquant. Servir la préparation dans des petits bols garnis de feuilles de coriandre.

LE RESTE de chutney à la menthe peut être dégusté avec des *samosa* (*voir* page 20) ou des *pakora* (*voir* page 41) mais il ne se conserve pas. En revanche, le reste de chutney au tamarin peut être conservé plusieurs semaines au réfrigérateur dans un récipient hermétique.

Un vendeur de *bhel puri* prépare des pommes de terre à Chowpatty Beach.

La Jama Masjid à Delhi.

KOFTA D'AGNEAU

CES PETITES BOULETTES DE VIANDE, SOUVENT SERVIES EN COLLATION DANS LES RESTAURANTS, ILLUSTRENT À MERVEILLE LES INFLUENCES PERSES PRÉSENTES DANS LA CUISINE INDIENNE. ELLES SONT DÉLICIEUSEMENT TENDRES À L'INTÉRIEUR CAR LA PÂTE EST TRAVAILLÉE AVEC SOIN AVANT LA CUISSON.

1 petit oignon, grossièrement haché
1 morceau de gingembre frais de 5 cm, grossièrement haché
2 gousses d'ail, grossièrement hachées
2 piments verts, épépinés et grossièrement hachés
15 g de feuilles de coriandre fraîche
2 cuil. à soupe de yaourt nature épais (*voir* page 280)
500 g de viande d'agneau hachée
2 cuil. à café 1/2 de cumin en poudre
1 cuil. à café 1/2 de coriandre en poudre
2 cuil. à café de *garam masala* (*voir* page 284)
1/4 de cuil. à café de poudre de piment
2 cuil. à café 1/2 de sel
1/2 cuil. à café de poivre noir moulu
3 à 4 cuil. à soupe d'huile

6 PERSONNES

METTRE l'ail, l'oignon, le gingembre, les feuilles de coriandre et les piments hachés dans un robot de cuisine et mixer jusqu'à obtention d'un mélange homogène. À défaut, piler les ingrédients dans un mortier ou les hacher très finement à l'aide d'un couteau tranchant. Ajouter le yaourt et bien mélanger.

METTRE la viande d'agneau hachée dans une terrine, ajouter le mélange précédent et malaxer à la main. Ajouter le sel, le poivre et les épices, et mélanger de nouveau. Couvrir et laisser reposer la préparation 2 heures au réfrigérateur, jusqu'à ce qu'elle soit plus ferme et qu'elle ait révélé ses arômes.

PRÉLEVER 1 cuillerée à soupe du mélange et façonner une boulette avec les mains humides. Procéder de même avec le reste du mélange de façon à obtenir 30 à 40 boulettes.

FAIRE CHAUFFER 1 cuillerée à soupe d'huile dans une grande poêle à fond épais. Lorsque l'huile est bien chaude, disposer 10 boulettes dans la poêle en une seule couche. Faire cuire 2 à 3 minutes en secouant régulièrement la poêle de façon à éviter de remuer à l'aide d'une cuillère et de briser les boulettes. Vérifier la cuisson d'une boulette en l'ouvrant en deux : si la viande est encore rose par endroits, laisser cuire encore 1 à 2 minutes. Retirer les boulettes de la poêle et égoutter sur du papier absorbant. Répéter l'opération avec le reste des boulettes. Servir garni de pique à cocktail. Le chutney à la menthe et à la coriandre (*voir* page 250) est un accompagnement idéal, mais d'autres chutneys peuvent également convenir.

ALOO KI TIKKI

CE SONT DES GALETTES DE POMME DE TERRE VENDUES DANS LES RUES DES VILLES D'INDE DU NORD. IL EN EXISTE DE NOMBREUSES VARIANTES, DONT CERTAINES INTÉGRANT DE LA VIANDE HACHÉE. SERVIS ACCOMPAGNÉS DE DIVERS CHUTNEYS, CES PÂTÉS SONT DÉLICIEUX EN HORS-D'ŒUVRE OU À L'APÉRITIF.

- 500 g de pommes de terre, coupées en morceaux
- 150 g de petits pois frais ou surgelés
- 4 cuil. à soupe d'huile
- 2 piments verts, finement hachés
- 1/2 oignon rouge, finement haché
- 1 morceau de gingembre frais de 2 cm, râpé
- 1 cuil. à café de curcuma en poudre
- 1 cuil. à café de cumin en poudre
- 1 cuil. à café de coriandre en poudre
- 1/2 cuil. à café de *garam masala* (*voir* page 284)
- 2 cuil. à soupe de *besan* (farine de pois chiche)
- 1 cuil. à soupe de jus de citron

24 ALOO KI TIKKI

FAIRE CUIRE les pommes de terre 15 minutes dans de l'eau bouillante, jusqu'à ce qu'elles soient assez tendres pour être réduites en purée. Bien les égoutter sans les laisser refroidir. Faire cuire les petits pois 4 minutes dans de l'eau bouillante, jusqu'à ce qu'ils soient tendres, puis les égoutter.

RÉDUIRE les pommes de terre en purée dans une terrine et ajouter les petits pois. Verser 1 cuillerée à soupe d'huile dans une petite casserole et faire revenir les piments, l'oignon, le gingembre et les épices 1 minute pour révéler leurs arômes. Ajouter le mélange obtenu et le *besan* aux pommes de terre et mélanger. Incorporer le jus de citron et saler. Diviser la préparation en boulettes et façonner des petites galettes épaisses.

FAIRE CHAUFFER le reste d'huile dans une poêle antiadhésive à fond épais. Faire cuire les galettes de pomme de terre jusqu'à ce qu'elles soient uniformément dorées. Servir chaud ou froid.

ALOO CHAAT

ALOO CHAAT

CE PLAT PEUT ÊTRE SERVI EN COLLATION OU EN SALADE D'ACCOMPAGNEMENT. ON UTILISE DE PRÉFÉRENCE DES POMMES DE TERRE NOUVELLES, QUI CONSERVENT BIEN LEUR FORME. LES SAVEURS PIQUANTES DU CHAAT MASALA ET DU TAMARIN CONFÈRENT À CE METS UN CARACTÈRE INDIEN TRÈS MARQUÉ.

- 1 kg de petites pommes de terre nouvelles non pelées
- 100 ml de concentré de tamarin (*voir* page 280)
- 4 piments verts, épépinés et finement hachés
- 4 cuil. à soupe de feuilles de coriandre hachées
- 2 cuil. à café de *chaat masala* (*voir* page 284)

4 PERSONNES

FAIRE CUIRE les pommes de terre avec leur peau 15 minutes dans de l'eau bouillante. Les peler, les couper en fines rondelles et disposer les rondelles dans un plat de service.

DÉLAYER le concentré de tamarin dans 50 ml d'eau et ajouter les autres ingrédients, puis mélanger de nouveau et saler.

NAPPER les rondelles de pommes de terre du mélange obtenu et servir en collation ou en salade d'accompagnement lors d'une chaude journée d'été.

ALOO KI TIKKI

LA CUISINE DE LA RUE est accessible à toute heure. Ce peut être un simple sachet de cacahuètes grillées servi par un vendeur ambulant, un *pakora* frit à la demande, un *pani puri* agrémenté d'une délicieuse eau de tamarin, ou un mets plus élaboré incluant *dal*, riz et *bhaji*. Ces délicieux en-cas sont tous proposés à n'importe quel moment de la journée.

CUISINE DE LA RUE

EN INDE, KIOSQUES À THÉ ET VENDEURS AMBULANTS SONT PRÉSENTS À PRESQUE TOUS LES COINS DE RUE. MANGER TOUT AU LONG DE LA JOURNÉE EST UN MODE DE VIE ET LA DIVERSITÉ DES METS PROPOSÉS EST ÉTONNANTE. .

La cuisine de la rue fait partie de la culture indienne. Née avec les migrations massives vers les villes, elle propose des mets délicieux en même temps qu'elle permet de lier de nouvelles connaissances. Ce mode alimentaire commence dès le petit déjeuner : les hommes en cravate grignotent en se hâtant vers leur lieu de travail. Les mêmes reviennent à l'heure du déjeuner pour avaler rapidement un plat de riz ou de *dal*. Le soir, les jeunes couples se promènent dans les parcs ou sur les plages et y dégustent des biscuits aux pois chiches ou des *pistachio kulfi* (glace à la pistache). À toute heure de la journée, on peut déguster un rafraîchissant verre de *lassi* (yaourt liquide) ou un *pani puri* (petit pain farci et frit).

Certains vendeurs ont un kiosque fixe et bien équipé, d'autres portent des paniers de nourriture sur la tête ou à la taille ou installent de larges conteneurs remplis d'huile bouillante pour la friture de diverses friandises.

La nourriture vendue dans les rues est représentative des coutumes alimentaires locales. Dans le Sud, *idli* (boulettes de farine de riz cuites à la vapeur), *dosa* (crêpes à la farine de riz) et *vada* (beignets frits à base de farine de lentille ou

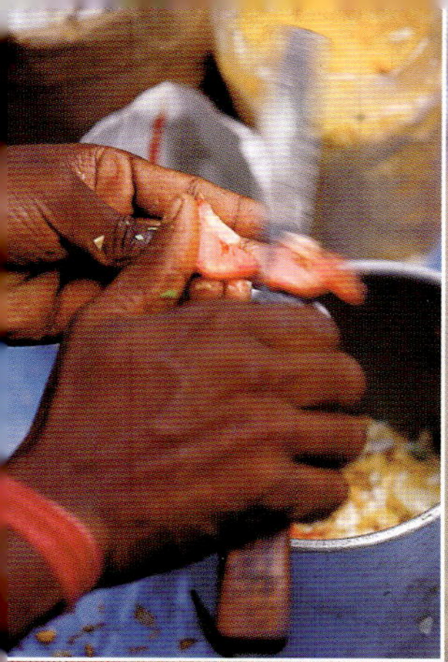

CHOWPATTY BEACH est l'endroit ou le tout Bombay se rassemble le soir venu pour prendre l'air et déguster des *chaat*. Familles, couples et groupes d'amis choisissent leurs mets tandis que les enfants s'amusent sur des manèges rudimentaires. Après le coucher du soleil, les lumières s'allument et l'ambiance se fait bruyante autour des échoppes les plus prisées.

de semoule) sont omniprésents. Les *samosa* (petits chaussons frits) sont trempés dans un chutney au tamarin et les *bonda* (boulettes de farine de lentille frites) sont accompagnés de chutney à la noix de coco. Dans le Nord, on trouve des *pakora* (beignets de farine de pois chiche) et des *kebab* enveloppés de *roti* (pain).

Lorsqu'ils se réunissent, les Indiens aiment déguster des *chaat*, petits en-cas épicés préparés à partir d'ingrédients divers. Les vendeurs ambulants confectionnent les *chaat* à la demande, selon leur propre recette ou celle choisie par leur client, et y ajoutent piments, chutney au tamarin, yaourt ou *chaat masala* pour épicer, aigrir, rafraîchir ou relever les saveurs. Le *chaat* est ensuite versé à la cuillère sur un *aloo ki tikki* (gâteau de pomme de terre), glissé à l'intérieur d'un *puri* (petit pain frit) ou mélangé à des lentilles ou à des nouilles à la farine de pois chiche.

Veillez à conserver la forme de demi-lune des *kachori* lors du roulage final.

KACHORI

SPÉCIALITÉS DU GUJARAT, ÉTAT RÉPUTÉ POUR SES ÉPICES, CES PETITS BEIGNETS FARCIS DE DAL SONT UN PEU LONGS À PRÉPARER, MAIS LE RÉSULTAT EN VAUT LA PEINE. ILS SONT DÉLICIEUX ACCOMPAGNÉS D'UN CHUTNEY POUR UNE ENTRÉE VÉGÉTARIENNE.

FARCE
100 g d'*urad dal* (lentilles noires)
1 cuil. à soupe $^{1}/_{2}$ d'huile
1 cuil. à café de graines de cumin
$^{1}/_{4}$ de cuil. à café de curcuma en poudre
$^{1}/_{4}$ de cuil. à café d'*asa fœtida*
3 piments verts, finement hachés (facultatif)
1 morceau de gingembre frais de 2 cm, râpé

PÂTE
200 g d'*atta*, ou mélange de 100 g de farine de blé complet et de 100 g de *maida* ou de farine
1 cuil. à café de *kalonji* (graines de nigelle)
2 cuil. à soupe d'huile ou de *ghee* (beurre clarifié)

huile, pour la friture

20 KACHORI

POUR la farce, faire tremper l'*urad dal* 2 heures dans 500 ml d'eau froide. L'égoutter, le transférer dans un robot de cuisine et le réduire en pâte épaisse. À défaut, le piler dans un mortier. Faire chauffer l'huile à feu moyen dans une casserole. Ajouter les graines de cumin, couvrir et faire griller jusqu'à ce qu'elles éclatent. Ajouter le curcuma, l'*asa fœtida*, les piments et le gingembre, et mélanger. Ajouter la pâte d'urad dal, mouiller avec 125 ml d'eau, puis laisser cuire à feu doux sans cesser de remuer jusqu'à évaporation du liquide. Saler selon son goût. Étaler sur un plat et laisser refroidir.

POUR la pâte, tamiser la farine et un peu de sel dans une terrine et ajouter le *kalonji*. Incorporer le *ghee* et mélanger jusqu'à obtention d'une consistance friable. Incorporer progressivement 140 à 170 ml d'eau tiède de façon à obtenir une pâte malléable. Sur un plan fariné, pétrir la pâte environ 5 minutes, jusqu'à ce qu'elle soit souple, couvrir et laisser reposer 15 minutes sans mettre au réfrigérateur.

DIVISER la pâte en 20 boulettes. Sur le plan fariné, abaisser une boulette en une galette de 8 à 10 cm de diamètre. Disposer 1 cuillerée à café de farce au centre de la galette et plier celle-ci en deux en scellant bien la jointure. Rouler doucement le chausson sur le plan fariné sans le déformer. Procéder de même avec les autres boulettes de pâte.

REMPLIR au tiers d'huile un *karhai* ou une sauteuse et faire chauffer à environ 180 °C (un dé de pain doit y dorer en 15 secondes). Placer un *kachori* dans la sauteuse et le maintenir immergé avec le dos d'une cuillère pour lui faire prendre du volume. Retourner le *kachori* et le faire cuire sur l'autre face jusqu'à ce qu'il soit légèrement doré. Égoutter sur une grille et réserver au chaud jusqu'au moment de servir.

PAKORA AUX CREVETTES ROSES

LES PAKORA (OU BHAJI) SONT DES PETITS EN-CAS CONFECTIONNÉS À PARTIR DE LÉGUMES HACHÉS, DE MORCEAUX DE POISSON OU DE CREVETTES ROSES, ET SOUVENT ACCOMPAGNÉS D'UN CHUTNEY À LA MANGUE OU À LA MENTHE. BESAN (FARINE DE POIS CHICHE) ET PÉPINS DE GRENADE DONNENT UNE SAVEUR PIQUANTE À LA PÂTE.

600 g de grosses crevettes roses
50 g de *besan* (farine de pois chiche)
1 gros oignon rouge, finement haché
1 cuil. à café de pépins de grenade séchés
4 piments verts, épépinés et finement hachés
2 cuil. à soupe de feuilles de coriandre finement hachées
1 pincée de bicarbonate de soude
ghee (beurre clarifié) ou huile, pour la friture

30 PAKORA

DÉCORTIQUER et déveiner les crevettes, puis les couper en petits morceaux. Tamiser le *besan* dans une terrine et ajouter 2 cuillerées à soupe d'eau en remuant à l'aide d'une fourchette de façon à obtenir une pâte épaisse dépourvue de grumeaux. Ajouter les crevettes et les autres ingrédients à la pâte, à l'exception de l'huile, puis saler et bien mélanger.

REMPLIR au tiers d'huile ou de *ghee* un *karhai* ou une sauteuse et faire chauffer à 180 °C (un dé de pain doit y dorer en 15 secondes). Verser 6 à 8 cuillerées à café de pâte dans l'huile et faire frire les *pakora* jusqu'à ce qu'ils soient uniformément dorés. Retirer de la sauteuse et égoutter sur du papier absorbant. Procéder de même avec le reste de pâte. Servir chaud.

Faites frire les *pakora* par petites quantités afin que l'huile demeure à bonne température. Au-delà de cette quantité, elle risque de refroidir.

GOLL BHAJI

CES PETITES BOULETTES FRITES SONT DÉGUSTÉES À L'HEURE DU THÉ. ELLES PORTENT SOUVENT UN NOM DIFFÉRENT SELON LA RÉGION. FORME, TYPE DE FARINE UTILISÉ ET ASSAISONNEMENT DE LA PÂTE SONT ÉGALEMENT SUJETS À DES VARIATIONS LOCALES. SERVIR ACCOMPAGNÉ D'UN CHUTNEY.

90 g de farine de riz
50 g de noix de cajou
75 g de *besan* (farine de pois chiche)
1 pincée de bicarbonate de soude
10 feuilles de curry, hachées
4 piments verts, épépinés et finement hachés
1 morceau de gingembre frais de 2 cm, râpé
1 oignon rouge, finement haché
1 cuil. à soupe de *ghee* (beurre clarifié)
huile, pour la friture

20 GOLL BHAJI

DANS une petite poêle, faire griller à sec et à feu doux la farine de riz. Faire griller à sec les noix de cajou dans la même poêle, puis les hacher finement. Mélanger la farine de riz et le besan, puis ajouter le bicarbonate de soude et une pincée de sel. Ajouter les noix de cajou, les feuilles de curry, les piments verts, le gingembre, l'oignon et le *ghee*. Mélanger en ajoutant un peu d'eau si nécessaire de façon à obtenir une pâte épaisse, puis diviser la pâte obtenue en 20 boulettes.

REMPLIR au tiers d'huile un *karhai* ou une sauteuse et faire chauffer à environ 180 °C (un dé de pain doit y dorer en 15 secondes). Faire frire 5 ou 6 boulettes à la fois jusqu'à ce qu'elles soient uniformément dorées. Égoutter sur du papier absorbant et répéter l'opération avec le reste des boulettes.

GOLL BHAJI

PAKORA AUX CREVETTES ROSES

Étal de piments au marché des épices de Delhi.

CÔTELETTES D'AGNEAU DU CACHEMIRE

AVEC LA CHAPELURE DE BESAN QUI FORME UNE CROÛTE DORÉE ET CROUSTILLANTE, CES CÔTELETTES SONT À LA FOIS DÉLICIEUSES ET TRÈS SIMPLES À RÉALISER. POUR LES DÉGUSTER, IL SUFFIT DE SAISIR L'EXTRÉMITÉ DE L'OS ENTRE SES DOIGTS.

1 kg de côtelettes d'agneau
3/4 de cuil. à café de graines de cumin
1 cuil. à café de graines de coriandre
3/4 de cuil. à café de grains de poivre noir
500 ml de lait
2 bâtons de cannelle
10 graines de cardamome
10 clous de girofle
1 morceau de gingembre frais de 2 cm, râpé
2 oignons, finement hachés
75 g de *besan* (farine de pois chiche)
2 cuil. à café de poudre de piment
125 ml de yaourt nature épais (*voir* page 280)
huile, pour la friture
quartiers de citron vert

6 PERSONNES

DÉGRAISSER et gratter l'extrémité de l'os de chaque côtelette. Dans une petite poêle, faire griller à sec et à feu doux les graines de cumin pour révéler leur arôme. Procéder de même avec les graines de coriandre. Utiliser un moulin à épices ou un mortier pour réduire en poudre le cumin, la coriandre et le poivre noir. Transférer le mélange dans une grande casserole à fond épais et ajouter le lait, la cannelle, la cardamome, les clous de girofle, le gingembre et les oignons, puis porter à ébullition à feu moyen. Ajouter les côtelettes et porter de nouveau à ébullition. Réduire le feu et laisser frémir 30 minutes, jusqu'à ce que les côtelettes soient bien tendres et que la sauce soit évaporée. Retirer les côtelettes de la casserole et les égoutter sur du papier absorbant.

MÉLANGER le *besan*, la poudre de piment, le yaourt et 60 ml d'eau de façon à obtenir une pâte.

REMPLIR au tiers d'huile un *karhai* ou une sauteuse et faire chauffer à 180 °C (un dé de pain doit y dorer en 15 secondes). Plonger les côtelettes dans la pâte, en éliminer l'excédent et faire frire dans la poêle jusqu'à ce qu'elles soient bien croustillantes. Les égoutter sur du papier absorbant et les réserver au chaud. Saler selon son goût et servir arrosé de jus de citron vert.

CÔTELETTES D'AGNEAU AU PIMENT

CÔTELETTES D'AGNEAU AU PIMENT

8 côtelettes d'agneau
1/4 de cuil. à café de poudre de piment
1/2 cuil. à café de curcuma en poudre
1 cuil. à café de *garam masala* (*voir* page 284)
1 morceau de gingembre frais de 2 cm, râpé
1 gousse d'ail, hachée
1 cuil. à soupe de yaourt nature épais (*voir* page 280)
3 cuil. à soupe de jus de citron

8 CÔTELETTES

DÉGRAISSER et gratter l'extrémité de l'os de chaque côtelette. Mélanger les autres ingrédients de façon à obtenir une pâte, en ajoutant un peu de jus de citron si nécessaire. Enrober les côtelettes de pâte, couvrir et laisser reposer une nuit au réfrigérateur.

PRÉCHAUFFER le gril du four à puissance maximale. Saupoudrer uniformément les côtelettes de sel et les faire griller 2 à 3 minutes sur chaque face. Arroser avec le reste de jus de citron vert et servir.

BHAJI DE LÉGUMES

CES LÉGUMES FRITS SONT DÉLICIEUX EN APÉRITIF OU EN ENTRÉE. EN INDE, ON LES TROUVE SUR LES ÉTALS DES VENDEURS DE RUE, PRÉSENTS TOUT AU LONG DE LA JOURNÉE AU MILIEU DES VOITURES, DES DEUX-ROUES ET DES PIÉTONS.

Faites frire les légumes en petits agrégats liés par la pâte, laquelle se solidifiera durant la cuisson.

240 g de *besan* (farine de pois chiche)
1 cuil. à café de poudre de piment
1 cuil. à café de curcuma en poudre
1/4 de cuil. à café d'*asa fœtida*
100 g de carottes, coupées en julienne
100 g de pois mange-tout, émincés
50 g de petites aubergines, coupées en julienne
6 feuilles de curry
huile, pour la friture

20 BHAJI

MÉLANGER le *besan*, la poudre de piment, le curcuma, l'*asa fœtida* et une pincée de sel. Ajouter suffisamment d'eau pour obtenir une pâte épaisse capable de lier les légumes. Incorporer les légumes et les feuilles de curry à la pâte et bien mélanger.

REMPLIR au tiers d'huile un *karhai* ou une sauteuse et faire chauffer à environ 180 °C (un dé de pain doit y dorer en 15 secondes). Retirer un peu de légumes de la pâte et les plonger dans l'huile avec précaution. Faire frire les *bhaji* jusqu'à ce qu'ils soient dorés et bien cuits, puis les égoutter sur du papier absorbant. Saler et servir chaud accompagné d'un chutney ou d'un *raita*.

MASALA VADA

100 g d'*urad dal* (lentilles noires)
120 g de *chana dal* (pois chiches)
2 piments verts, épépinés et finement hachés
8 feuilles de curry, grossièrement hachées
1/2 cuil. à café de graines de fenouil, pilées
1 oignon rouge, finement haché
1/2 cuil. à café de *garam masala* (*voir* page 284)
3 cuil. à soupe de noix de coco râpée (*voir* page 283)
1 morceau de gingembre frais de 3 cm, râpé
4 cuil. à soupe de feuilles de coriandre hachées
3 cuil. à soupe de farine de riz ou de farine d'*urad dal* (lentilles noires)
1 pincée de levure chimique (facultatif)
huile, pour la friture

18 MASALA VADA

FAIRE TREMPER les *dal* 4 heures dans de l'eau froide, puis les égoutter. Réserver 2 cuillerées à soupe du mélange et hacher grossièrement la quantité restante dans un robot de cuisine ou la piler dans un mortier. Ajouter les 2 cuillerées réservées à la pâte afin d'enrichir la texture et ajouter les piments, les feuilles de curry, les graines de fenouil, l'oignon, le *garam masala*, la noix de coco, le gingembre et les feuilles de coriandre. Bien mélanger et saler. Ajouter la farine et éventuellement la levure chimique, puis mélanger en ajoutant un peu d'eau si nécessaire de façon à obtenir une pâte malléable. Diviser la pâte en 18 boulettes et aplatir chaque boulette de façon à obtenir une petite galette.

REMPLIR au tiers d'huile un karhai ou une casserole à fond épais et faire chauffer à environ 180 °C (un dé de pain doit y dorer en 15 secondes). Faire frire les galettes dans l'huile chaude, par petites quantités, jusqu'à ce qu'elles soient dorées et croustillantes. Bien égoutter sur du papier absorbant et servir chaud accompagné d'un chutney.

MASALA VADA

BHAJI DE LÉGUMES

Façonner un cône avec un demi-disque puis remplissez-le de farce. Scellez les bords supérieurs afin que le *singhara* reste fermé durant la cuisson.

SINGHARA

ÉQUIVALENTS BENGALIS DES SAMOSA, LES SINGHARA SONT DE PETITS BEIGNETS FARCIS DE FORME TRIANGULAIRE SOUVENT SERVIS À L'OCCASION DE MARIAGES OU DE FÊTES RELIGIEUSES. LA FARCE AUX LÉGUMES DÉCRITE PAGE 20 PEUT ÉGALEMENT ÊTRE UTILISÉE POUR LEUR CONFECTION.

PÂTE
250 g de farine ou de *maida*
2 cuil. à soupe de *ghee* (beurre clarifié)

FARCE À LA VIANDE
4 tomates bien mûres
2 cuil. à soupe de *ghee* (beurre clarifié) ou d'huile
2 bâtons de cannelle
6 clous de girofle
1 gousse de cardamome
3 piments verts, hachés
1 gros oignon, finement haché
3 ou 4 feuilles de curry
4 gousses d'ail, hachées
1 cuil. à café de curcuma en poudre
1 morceau de gingembre frais de 5 cm, râpé
500 g de viande d'agneau, hachée
150 g de petits pois
1 cuil. à café de *garam masala* (*voir* page 284)

huile, pour la friture

24 SINGHARA

POUR la pâte, tamiser la farine dans une terrine et ajouter une pincée de sel. Ajouter le *ghee* et mélanger jusqu'à obtention d'une consistance friable. Incorporer progressivement environ 125 ml d'eau tiède de façon à obtenir une pâte malléable. Sur un plan fariné, pétrir la pâte environ 5 minutes, jusqu'à ce qu'elle soit souple, couvrir et laisser reposer 30 minutes sans réfrigérer.

POUR la farce, pratiquer une incision en croix sur la base des tomates et les plonger 20 secondes dans de l'eau bouillante. Bien les égoutter puis les peler en partant de l'incision. Concasser la pulpe, jeter cœurs et pépins, et réserver le jus. Chauffer le *ghee* ou l'huile dans un *karhai* ou une sauteuse à fond épais, et faire revenir à feu doux la cannelle, les clous de girofle, la cardamome et les piments. Ajouter l'oignon, les feuilles de curry, l'ail, le curcuma et le gingembre, et faire revenir encore 5 minutes. Ajouter la viande et faire cuire jusqu'à ce qu'elle soit bien dorée. Ajouter la pulpe de tomate, couvrir hermétiquement et laisser mijoter à feu doux en remuant de temps en temps jusqu'à ce que l'agneau soit bien tendre. Ajouter les petits pois, couvrir et prolonger la cuisson 5 minutes. Si la sauce est trop liquide, poursuivre la cuisson quelques minutes à feu vif en retirant le couvercle. Retirer les épices entières. Saler selon son goût et saupoudrer de *garam masala*.

DIVISER la pâte en 12 portions et abaisser chacune en un disque de 12 cm de diamètre. Couper les disques en deux et façonner des cônes en scellant bien la jointure avec un peu d'eau si nécessaire. Remplir les cônes de farce aux trois quarts, puis sceller les deux bords supérieurs.

REMPLIR au tiers d'huile un karhai ou une casserole à fond épais et faire chauffer à environ 180 °C (un dé de pain doit y dorer en 15 secondes). Faire frire les *singhara* par petites quantités jusqu'à ce qu'ils soient bien dorés. Les égoutter sur une grille et réserver au chaud jusqu'au moment de servir.

Kolkata (Calcutta)

CHIPS DE BANANE

CHIPS DE BANANE ET CACAHUÈTES GRILLÉES SONT VENDUES PAR DES MARCHANDS AMBULANTS QUI ARPENTENT LES RUES LA TÊTE SURMONTÉE D'UN GRAND PANIER. LA PLUPART PORTENT UN TURBAN QUI SERT À LA FOIS D'ASSISE POUR LE PANIER ET DE RÉCEPTACLE POUR L'ARGENT RÉCOLTÉ.

10 petites bananes vertes
huile, pour la friture
1 grosse cuil. à soupe de sel
curcuma en poudre (facultatif)

8 PERSONNES

AVANT DE COMMENCER, s'enduire les mains d'huile ou enfiler des gants jetables car les bananes vertes libèrent une sève épaisse et poisseuse. Couper les bananes en rondelles d'environ 5 mm d'épaisseur à l'aide d'un couteau ou d'une mandoline. Huiler la lame si nécessaire.

REMPLIR au tiers d'huile un *karhai* ou une casserole à fond épais et faire chauffer à environ 180 °C (un dé de pain doit y dorer en 15 secondes). Verser l'équivalent d'une banane directement dans l'huile chaude et faire frire sans cesser de remuer. Après 1 à 2 minutes de cuisson, ajouter 1 cuillerée à café de sel de façon à éviter les projections d'huile. Ajouter ensuite 1 cuillerée à café de sel après la cuisson de l'équivalent de deux bananes et procéder de même jusqu'à ce que toutes les rondelles de banane soient frites.

LORSQU'ELLES SONT bien dorées, retirer les rondelles de banane de la casserole ou de la sauteuse, les égoutter sur du papier absorbant et les saupoudrer de curcuma.

LAISSER complètement refroidir les chips de façon à éviter qu'elles deviennent rapidement molles et humides, et les conserver dans un récipient hermétique. Elles peuvent être conservées ainsi jusqu'à 15 jours, mais sont meilleures réchauffées après 10 jours. Pour cela, les réchauffer au four ou au gril jusqu'à ce qu'elles soient bien croustillantes.

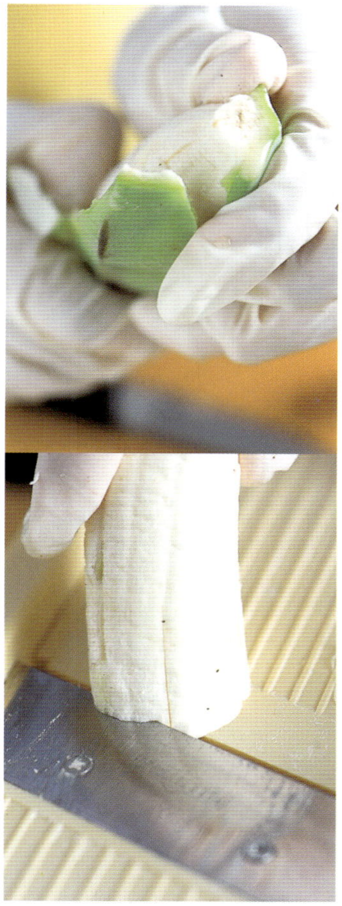

Les bananes vertes libèrent un liquide poisseux, c'est pourquoi il est préférable de porter des gants. Pour la découpe, utilisez de préférence une mandoline.

Le poivre, ici photographié frais, est originaire d'Inde.

RASAM

CE METS QUI S'APPARENTE À UNE SOUPE ÉTAIT AUTREFOIS APPELÉ MULLIGA THANNI, CE QUI SIGNIFIE LITTÉRALEMENT « EAU DE POIVRE ». EN INDE, LORS DES REPAS, IL EST SERVI À LA CUILLÈRE SUR DU RIZ ET CONSTITUE UNE PARTIE DU PLAT PRINCIPAL.

- 3 cuil. à soupe de concentré de tamarin (*voir* page 280)
- 1 cuil. à soupe 1/2 de graines de coriandre
- 2 cuil. à soupe de graines de cumin
- 1 cuil. à soupe de grains de poivre noir
- 1 cuil. à soupe d'huile
- 5 gousses d'ail non pelées, grossièrement écrasées
- 1 oignon rouge, émincé
- 2 ou 3 piments séchés, émincés
- 4 feuilles de curry
- 200 g de cuisses de poulet, sans la peau, désossées et coupées en petits morceaux

4 PERSONNES

DÉLAYER le concentré de tamarin dans 750 ml d'eau. Dans une petite poêle, faire griller à sec et à feu vif les graines de coriandre pour révéler leur arôme. Les retirer de la poêle et procéder de même avec les graines de cumin, puis avec les grains de poivre noir. Utiliser un moulin à épices ou un mortier pour réduire en poudre la coriandre, le cumin et le poivre.

FAIRE CHAUFFER l'huile à feu doux dans un grande casserole à fonds épais ou une sauteuse. Ajouter l'ail et l'oignon, et faire revenir jusqu'à ce qu'ils soient dorés. Ajouter les piments et les feuilles de curry, et faire revenir encore 2 minutes. Ajouter le tamarin délayé et les épices moulues, et saler. Porter à ébullition, puis réduire le feu et laisser frémir 10 minutes.

AJOUTER le poulet, mouiller avec 250 ml d'eau et laisser frémir 20 minutes en mouillant progressivement avec un autre quart de litre d'eau de sorte que la soupe reste très liquide. Retirer les pelures d'ail flottant à la surface. Saler selon son goût et servir accompagné de riz (*voir* page 276).

TAMATAR SHORBA

TAMATAR SHORBA

- 2 cuil. à soupe d'huile
- 1 oignon, finement haché
- 3 feuilles de *tej patta* (laurier des Indes)
- 1 bâton de cannelle de 5 cm
- 12 grains de poivre
- 2 cuil. à café de cumin en poudre
- 2 cuil. à café de *garam masala* (*voir* page 284)
- 800 g de tomates concassées en boîte
- 1 cuil. à café de sucre
- 250 ml de bouillon de poulet ou de légumes
- feuilles de coriandre

2 PERSONNES

FAIRE CHAUFFER l'huile dans une casserole à fond épais et faire revenir l'oignon, les feuilles de *tej patta*, la cannelle et les grains de poivre jusqu'à ce que l'oignon soit tendre. Ajouter le cumin, le *garam masala* et les tomates en prenant soin d'écraser celles-ci à l'aide d'une fourchette. Ajouter le sucre, mouiller avec le bouillon et porter lentement à ébullition. Laisser mijoter 30 minutes à feu doux.

FILTRER la soupe au tamis en écrasant les éléments solides avec le dos d'une cuillère à soupe de façon à extraire le plus de liquide possible. Jeter les éléments retenus dans le tamis. Réchauffer la soupe, saler selon son goût et garnir de feuilles de coriandre avant de servir.

RASAM

SAMBHAR

EN INDE, LE SAMBHAR EST SERVI AU PETIT DÉJEUNER OU AU DÉJEUNER, ACCOMPAGNÉ DE DOSA OU DE RIZ. LES LONGUES GOUSSES VERTES DE MORINGA OLEIFERA SONT VENDUES FRAÎCHES OU EN BOÎTE. DANS CE DERNIER CAS, ELLES NE DOIVENT ÊTRE AJOUTÉES QU'À LA FIN DE LA CUISSON.

225 g de *toor dal* (lentilles jaunes)
2 cuil. à soupe de graines de coriandre
10 grains de poivre noir
1/2 cuil. à café de graines de fenugrec
2 cuil. à soupe de noix de coco râpée (*voir* page 283)
1 cuil. à soupe de *chana dal* (pois chiches) grillés
6 piments séchés
2 gousses de *moringa oleifera*, coupés en morceaux de 5 cm
2 carottes, coupées en dés
1 oignon, grossièrement haché
125 g d'aubergines, coupées en dés
50 g de petits gombos, équeutés
1 cuil. à soupe de concentré de tamarin (*voir* page 280)
2 cuil. à soupe d'huile
1 cuil. à café de graines de moutarde noire
10 feuilles de curry
1/2 cuil. à café de curcuma en poudre
1/2 cuil. à café d'*asa fœtida*

6 PERSONNES

FAIRE tremper le *toor dal* 2 heures dans 500 ml d'eau. L'égoutter et le mettre dans une casserole avec 1 litre d'eau. Porter à ébullition et écumer la surface. Couvrir et laisser mijoter environ 2 heures, jusqu'à ce que le *toor dal* soit tendre.

DANS une petite poêle, faire griller à sec et à feu doux la coriandre, le poivre noir, le fenugrec, la noix de coco, le *chana dal* et les piments sans cesser de remuer, jusqu'à ce que la noix de coco soit bien dorée. Utiliser un moulin à épices ou un mortier pour réduire le mélange en poudre.

VERSER 750 ml d'eau dans une casserole et porter à ébullition. Ajouter les gousses de *moringa oleifera* et les carottes. Porter de nouveau à ébullition, puis laisser mijoter 10 minutes. Ajouter l'oignon, les aubergines et les gombos, et mouiller éventuellement avec un peu d'eau, si nécessaire. Laisser mijoter jusqu'à ce que les légumes soient presque cuits.

METTRE le *toor dal* et leur liquide de trempage, les épices et le dal moulus, le tamarin, les légumes et éventuellement leur bouillon dans une cocotte et porter lentement à ébullition. Réduire le feu et laisser mijoter 30 minutes. Saler selon son goût.

FAIRE CHAUFFER l'huile à feu moyen dans une petite casserole. Ajouter les graines de moutarde noire, couvrir et secouer la casserole jusqu'à ce que les graines commencent à éclater. Ajouter les feuilles de curry, le curcuma, l'*asa fœtida* et un peu de sel. Incorporer le mélange obtenu dans la cocotte et bien mélanger les ingrédients.

Aubergines et gousses de *moringa oleifera* sont souvent présentes sur les marchés d'Inde méridionale.

POISSONS & FRUITS DE MER

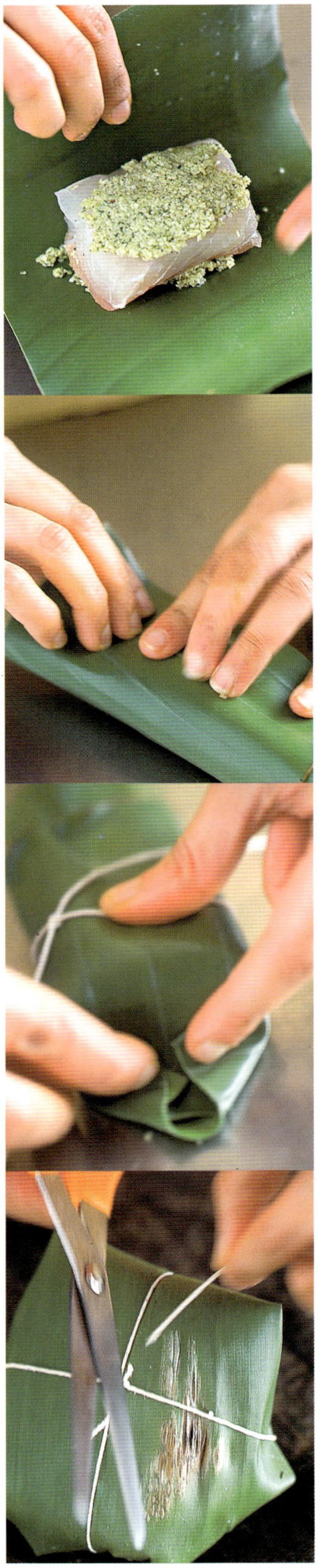

Enveloppez un morceau de filet de poisson dans un carré de feuille de bananier et nouez la papillote ainsi obtenue à l'aide de ficelle de cuisine.

PATRA NI MACCHI

LES PARSIS, DESCENDANTS DES PERSES QUI S'ÉTABLIRENT SUR LA CÔTE OUEST DE L'INDE, SERVENT SOUVENT CE PLAT LORS DES REPAS DE NOCES. LORSQU'ON LES OUVRE, LES PAPILLOTES DÉGAGENT UN ARÔME TRÈS APPÉTISSANT. TOUT POISSON À CHAIR BLANCHE ET FERME PEUT ÊTRE UTILISÉ POUR CETTE RECETTE.

500 g de filet de poisson (sole, saint-pierre ou sandre), sans la peau
petites feuilles de bananier
1 cuil. à café de cumin en poudre
1/2 cuil. à café de sucre
150 g de pulpe de noix de coco râpée (*voir* page 283)
4 piments verts, épépinés et hachés
4 cuil. à soupe de feuilles de coriandre hachées
quelques feuilles de menthe, ciselées
6 gousses d'ail, hachées
1 mangue verte non mûre, coupée en dés
3 cuil. à soupe d'huile ou de *ghee* (beurre clarifié)
3 cuil. à soupe de jus de citron vert ou de citron
feuilles de menthe fraîche
piments verts entiers

4 PERSONNES

LAVER les filets de poisson, les sécher à l'aide de papier absorbant puis les couper en morceaux d'environ 8 cm de long. Couper les feuilles de bananier en carrés d'environ 20 cm de côté. Tremper les carrés obtenus dans une grande casserole d'eau chaude pour les assouplir, puis les sécher à l'aide d'un linge propre. À défaut de feuilles de bananier, utiliser du papier d'aluminium.

METTRE le cumin, le sucre, la noix de coco, les piments, la coriandre, la menthe, l'ail et la mangue verte dans un robot de cuisine et mixer jusqu'à obtention d'un mélange homogène. À défaut, piler les ingrédients dans un mortier. Faire chauffer 1 cuillerée à soupe d'huile ou de *ghee* dans une poêle et faire revenir le mélange à feu moyen pour révéler ses arômes. Ajouter un peu de sel.

DISPOSER les carrés de feuille de bananier sur un plan de travail. Enrober un morceau de filet de poisson de pâte et l'arroser de jus de citron vert ou de citron. Le disposer au centre d'un carré de feuille de bananier et former une papillote nouée à l'aide de ficelle de cuisine. Répéter l'opération avec le reste du poisson.

FAIRE CHAUFFER le reste d'huile ou de *ghee* dans une grande poêle à fond épais et faire cuire les papillotes 5 minutes sur une face, jusqu'à ce qu'elles soient dorées. Faire cuire l'autre face encore 5 minutes. Les carrés de feuille de bananier ont tendance à noircir et à diminuer de volume. Couvrir et poursuivre la cuisson encore quelques minutes.

PLACER les papillotes sur des assiettes et les ouvrir. Garnir de feuilles de menthe fraîche et de « fleurs » de piment (inciser les piments entiers plusieurs fois sur leur longueur, du sommet vers la queue, et ouvrir les lanières ainsi créées).

MOLEE

LE MOLEE EST UN PLAT RICHE ET CRÉMEUX TRÈS POPULAIRE DANS LE KERALA, ÉTAT DE LA CÔTE OUEST DE L'INDE DONT IL EST ORIGINAIRE. IL EN EXISTE DE NOMBREUSES VARIANTES, CERTAINES TRÈS RELEVÉES. CELLE QUI EST PRÉSENTÉE ICI, PEU ÉPICÉE, CONVIENDRA POUR DES CONVIVES AU PALAIS DÉLICAT.

1 cuil. à soupe d'huile
1 gros oignon, émincé
3 gousses d'ail, hachées
2 petits piments verts, finement hachés
2 cuil. à café de curcuma en poudre
1 cuil. à café de coriandre en poudre
1 cuil. à café de cumin en poudre
4 clous de girofle
6 feuilles de curry
400 ml de lait de coco (*voir* page 283)
1/2 cuil. à café de sel
600 g de filet de poisson (sole, saint-pierre ou sandre), sans la peau
1 cuil. à soupe de feuilles de coriandre hachées
feuilles de curry, pour la garniture

6 PERSONNES

FAIRE chauffer l'huile dans un *karhai* ou une sauteuse. Ajouter l'oignon et faire revenir 5 minutes. Ajouter l'ail et les piments, et faire revenir encore 5 minutes, jusqu'à ce que l'oignon commence à fondre. Ajouter le curcuma, la coriandre, le cumin et les clous de girofle, et faire cuire encore 2 minutes sans cesser de remuer. Incorporer les feuilles de curry, mouiller avec le lait de coco et saler. Porter la préparation au point d'ébullition, puis réduire le feu et laisser mijoter 20 minutes.

DÉCOUPER chaque filet en deux ou en trois et ajouter les morceaux à la préparation. Augmenter le feu pour faire à nouveau frémir et faire cuire environ 5 minutes. Rectifier l'assaisonnement et incorporer les feuilles de coriandre hachées. Garnir de feuilles de curry avant de servir.

Un camion attend son chargement de poissons frais sur Sassoon Docks à Mumbai (Bombay).

POISSON À LA MODE DE BOMBAY

2 gousses d'ail, hachées
3 petits piments verts, épépinés et finement hachés
1/2 cuil. à café de curcuma en poudre
1/2 cuil. à café de clous de girofle moulus
1/2 cuil. à café de cannelle en poudre
1/2 cuil. à café de poivre de Cayenne
1 cuil. à soupe de concentré de tamarin (*voir* page 280)
160 ml d'huile
800 g de filet de poisson (sole, sandre ou saint-pierre), sans la peau
300 ml de crème de coco (*voir* page 283)
2 cuil. à soupe de feuilles de coriandre hachées

4 PERSONNES

MÉLANGER l'ail, les piments, les épices, le tamarin et 120 ml d'huile dans une terrine. Disposer les filets de poisson dans un plat et les enrober de marinade. Couvrir et mettre 30 minutes au réfrigérateur.

FAIRE CHAUFFER le reste d'huile dans une grande poêle à fond épais et faire revenir les filets par petites quantités 1 minute sur chaque face. Remettre tous les filets dans la poêle, réduire le feu et ajouter la crème de coco et le reste de marinade. Saler et faire cuire 3 à 5 minutes à feu doux. Si la sauce est trop liquide, poursuivre la cuisson quelques minutes à feu vif après avoir retiré les filets de la poêle. Garnir de feuilles de coriandre hachées et servir.

POISSON À LA MODE DE BOMBAY

MOLEE

La mangue verte non mûre offre une pulpe bien ferme. On l'utilise souvent pour donner une saveur acide aux préparations.

CREVETTES ROSES À LA MANGUE VERTE

- 250 g de grosses crevettes roses
- 1 cuil. à café 1/2 de poudre de piment
- 1 cuil. à café de curcuma en poudre
- 1/2 cuil. à café de graines de cumin
- 1/2 cuil. à café de graines de moutarde jaune
- 4 gousses d'ail, grossièrement hachées
- 1 morceau de gingembre frais de 4 cm, grossièrement haché
- 1 oignon rouge, grossièrement haché
- 4 cuil. à soupe d'huile
- 1 oignon rouge, émincé
- 1 mangue verte non mûre, finement hachée

4 PERSONNES

DÉCORTIQUER les crevettes en conservant les queues. Mettre la poudre de piment, le curcuma, le cumin, les graines de moutarde, l'ail, le gingembre et l'oignon haché dans un robot de cuisine et mixer jusqu'à obtention d'un mélange homogène. À défaut, piler les ingrédients dans un mortier. Ajouter un peu d'eau, si nécessaire.

FAIRE chauffer l'huile dans un *karhai* ou une poêle à fond épais et faire revenir l'oignon émincé jusqu'à ce qu'il soit doré, ajouter le mélange précédent et faire revenir l'ensemble pour révéler ses arômes.

AJOUTER les crevettes et mouiller avec 200 ml d'eau, puis couvrir et faire cuire 3 à 4 minutes, jusqu'à ce que les crevettes soient cuites. Ajouter la mangue et faire cuire 1 à 2 minutes afin d'épaissir la sauce. Saler.

CURRY DE CREVETTES À LA CRÈME DE COCO

CE CURRY EST UNE SPÉCIALITÉ DU BENGALE. TRADITIONNELLEMENT, LES CREVETTES SONT CUITES À L'INTÉRIEUR D'UNE NOIX DE COCO NON ENCORE MÛRE. ÉVITEZ DE TROP CUIRE LES CREVETTES QUI RISQUERAIENT DE DEVENIR CAOUTCHOUTEUSES.

- 500 g de grosses crevettes roses
- 1 cuil. à soupe 1/2 de jus de citron
- 3 cuil. à soupe d'huile
- 1/2 oignon, finement haché
- 1/2 cuil. à café de curcuma en poudre
- 1 bâton de cannelle de 5 cm
- 4 clous de girofle
- 7 gousses de cardamome
- 5 feuilles de *tej patta* (laurier des Indes)
- 1 morceau de gingembre frais de 2 cm, râpé
- 3 gousses d'ail, hachées
- 1 cuil. à café de poudre de piment
- 50 g de crème de coco délayée dans 150 ml d'eau ou 150 ml de lait de coco (*voir* page 283)

4 PERSONNES

DÉCORTIQUER les crevettes en conservant les queues, puis les mettre dans une terrine. Ajouter le jus de citron, remuer et laisser reposer 5 minutes. Rincer les crevettes à l'eau courante et les sécher à l'aide de papier absorbant.

FAIRE chauffer l'huile dans un *karhai* ou une sauteuse à fond épais et faire revenir l'oignon jusqu'à ce qu'il commence à dorer. Ajouter le curcuma, la cannelle, les clous de girofle, la cardamome, les feuilles de *tej patta*, le gingembre et l'ail, et faire revenir 1 minute. Ajouter la poudre de piment et la crème ou le lait de coco. Saler selon son goût. Porter à ébullition à feu doux, puis réduire le feu et laisser mijoter 2 minutes. Ajouter les crevettes et porter de nouveau à ébullition. Réduire le feu et laisser mijoter environ 5 minutes, jusqu'à ce que les crevettes soient bien cuites.

CURRY DE CREVETTES À LA CRÈME DE COCO

ROHU KALIA

DANS CETTE RECETTE BENGALIE, LE POISSON FRIT EST ASSOCIÉ À UNE SAUCE ÉPICÉE À BASE DE YAOURT. DES MORCEAUX DE ROHU CONGELÉS SONT PROPOSÉS DANS LES MAGASINS DE PRODUITS INDIENS, MAIS ON PEUT REMPLACER CE POISSON PAR DU SAUMON, DU FLÉTAN OU DU CABILLAUD.

4 à 6 cuil. à soupe d'huile de moutarde
850 g de filet de poisson (saumon, flétan ou morue), sans la peau, coupé en 12 morceaux
1 bâton de cannelle de 5 cm
5 gousses de cardamome
4 clous de girofle
4 feuilles de *tej patta* (laurier des Indes)
1 oignon, finement haché
4 gousses d'ail, hachées
1 morceau de gingembre frais de 7 cm, râpé
1/2 cuil. à café de curcuma en poudre
1 cuil. à café de cumin en poudre
1 cuil. à café de poudre de piment
500 ml de yaourt nature épais (*voir* page 280)
3 piments verts, hachés

4 PERSONNES

FAIRE chauffer l'huile à feu moyen dans un *karhai* ou une sauteuse à fond épais et faire revenir le poisson jusqu'à ce qu'ils soient uniformément dorés. Égoutter les morceaux sur du papier absorbant. Ajouter un peu d'huile dans la poêle et faire griller la cannelle, la cardamome, les clous de girofle et les feuilles de *tej patta* 1 minute à feu doux. Ajouter l'oignon et faire revenir environ 5 minutes, jusqu'à ce qu'il soit bien doré. Ajouter l'ail, le gingembre, le curcuma, le cumin et la poudre de piment, et faire revenir encore 30 secondes.

RETIRER la poêle du feu et incorporer le yaourt progressivement. Remettre la poêle sur le feu, ajouter les piments et porter à ébullition. Saler selon son goût, puis incorporer les morceaux de poisson et porter à nouveau à ébullition. Laisser mijoter environ 10 minutes, jusqu'à ce que le poisson soit bien cuit, et servir immédiatement.

Au sortir de la poêle, égouttez les morceaux de poisson frits sur du papier absorbant.

POISSON À LA SAUCE AU YAOURT

1 kg de filet de poisson à chair blanche (flétan ou cabillaud), sans la peau
3 cuil. à soupe d'huile
1 oignon, haché
1 morceau de gingembre frais de 4 cm, finement haché
6 gousses d'ail, hachées
1 cuil. à café de cumin en poudre
2 cuil. à café de coriandre en poudre
1/4 de cuil. à café de curcuma en poudre
1 cuil. à café de *garam masala* (*voir* page 284)
200 ml de yaourt nature épais (*voir* page 280)
4 piments verts, finement hachés
feuilles de coriandre

4 PERSONNES

COUPER chaque filet en deux morceaux. Rincer les morceaux et les sécher à l'aide de papier absorbant.

FAIRE chauffer l'huile à feu doux dans une poêle à fond épais et faire revenir l'oignon jusqu'à ce qu'il commence à dorer. Ajouter le gingembre, l'ail et les épices, et faire revenir encore 2 minutes sans cesser de remuer. Ajouter le yaourt et les piments, et porter à ébullition. Saler, couvrir et laisser mijoter 10 minutes. Incorporer les morceaux de poisson et poursuivre la cuisson 10 à 12 minutes, jusqu'à ce qu'ils soient bien cuits. Ne pas prolonger la cuisson plus qu'il ne faut car le poisson risque de dégorger et de « tuer » la sauce.

SERVIR immédiatement, garni de feuilles de coriandre.

POISSON À LA SAUCE AU YAOURT

Feuilles de bananier à la vente sur un marché de Chennai (Madras).

POISSON EN PAPILLOTE

L'HILSA EST UN POISSON LOCAL SOUVENT UTILISÉ POUR LA PRÉPARATION DE CETTE RECETTE TRADITIONNELLE DU BENGALE. L'HUILE DE MOUTARDE, INGRÉDIENT ESSENTIEL DE LA CUISINE BENGALIE, DONNE UNE SAVEUR PARTICULIÈRE AUX PLATS. ON PEUT LA REMPLACER PAR DE L'HUILE DE TOURNESOL.

4 filets de cabillaud ou de flétan d'environ 120 g
1 cuil. à soupe 1/2 de jus de citron
1/2 cuil. à café de sel
3 cuil. à soupe de graines de moutarde noire
1 morceau de gingembre frais de 5 cm, haché
4 piments verts, hachés
3 cuil. à soupe d'huile de moutarde
1/4 de cuil. à café de curcuma en poudre
1 cuil. à café de poudre de piment
4 carrés de feuille de bananier ou de papier d'aluminium

4 PERSONNES

RINCER les filets, les sécher à l'aide de papier absorbant, puis les enrober de sel et de jus de citron.

UTILISER un moulin à épices ou un mortier pour réduire en poudre les graines de moutarde. Mettre la poudre de moutarde, le gingembre, les piments, l'huile de moutarde, le curcuma et la poudre de piment dans un robot de cuisine et mixer jusqu'à obtention d'un mélange homogène. À défaut, piler les ingrédients dans un mortier. Plonger les feuilles de bananier dans une casserole d'eau très chaude pour les assouplir puis les sécher à l'aide d'un linge.

ENROBER les filets de pâte. Huiler les feuilles de bananier ou le papier d'aluminium, puis répartir les filets au centre, ajouter un peu de pâte et former une papillote nouée à l'aide de ficelle de cuisine. Mettre les papillotes dans un panier à étuver au-dessus d'une casserole d'eau frémissante. Couvrir et faire cuire 10 à 12 minutes. Servir directement sur les feuilles de bananier.

CURRY DE CALMAR

CURRY DE CALMAR

1 kg de calmars frais
1 cuil. à café de graines de cumin
1 cuil. à café de graines de coriandre
1 cuil. à café de poudre de piment
1/2 cuil. à café de curcuma en poudre
2 cuil. à soupe d'huile
1 oignon, finement haché
10 feuilles de curry
1/2 cuil. à café de graines de fenugrec
4 gousses d'ail, hachées
1 morceau de gingembre frais de 7 cm, râpé
4 cuil. à soupe de lait de coco en poudre, délayé dans 150 ml d'eau ou 100 ml de crème de coco (*voir* page 283)
3 cuil. à soupe de jus de citron vert

4 PERSONNES

POUR chaque calmar, retirer la tête, les tentacules et les entrailles. Ôter la membrane et la plume. Rincer les corps et les couper en anneaux de 2,5 cm.

DANS un petite poêle, faire griller à sec et à feu doux les graines de cumin pour révéler leur arôme. Retirer le cumin de la poêle et procéder de même pour la coriandre. Utiliser un moulin à épices ou un mortier pour réduire en poudre le cumin, la coriandre, le piment et le curcuma, puis saupoudrer les anneaux de calmar du mélange obtenu.

FAIRE chauffer l'huile dans un *karhai* ou une sauteuse et faire revenir l'oignon jusqu'à ce qu'il soit doré. Ajouter les feuilles de curry, le fenugrec, l'ail, le gingembre et la crème de coco. Porter lentement à ébullition. Incorporer le calmar et laisser mijoter 2 à 3 minutes, jusqu'à ce qu'ils soit bien tendre. Ajouter le jus de citron vert et servir immédiatement.

La marché aux poissons de Sassoon Dock, à Mumbai (Bombay).

CRABE AU PIMENT

CETTE RECETTE COMBINE SAVEURS ÉPICÉES, FORCE DU PIMENT ET DOUCEUR DE LA CHAIR DE CRABE. MUNISSEZ LES CONVIVES D'UN CASSE-NOIX, D'UNE PIQUE ET D'UN RINCE-DOIGTS, ET SERVEZ LE PLAT ACCOMPAGNÉ DE PETITS PAINS DE TYPE ROTI AFIN QU'ILS NE PERDENT RIEN DU DÉLICIEUX JUS.

4 crabes vivants de 250 g ou 2 crabes vivants de 500 g
120 ml d'huile
2 gousses d'ail, hachées
1 morceau de gingembre frais de 4 cm, râpé
1/2 cuil. à café de cumin en poudre
1/2 cuil. à café de coriandre en poudre
1/4 de cuil. à café de curcuma en poudre
1/4 de cuil. à café de poivre de Cayenne
1 cuil. à soupe de concentré de tamarin (*voir* page 280)
1 cuil. à café de sucre
2 petits piments rouges, finement hachés
2 cuil. à soupe de feuilles de coriandre hachées

4 PERSONNES

METTRE les crabes 2 heures au congélateur. À l'aide d'un couteau à lame épaisse, couper les deux pinces frontales de chaque crabe puis arracher les autres pinces. Retourner les crabes, ouvrir l'abdomen et retirer les branchies. Couper chaque crabe en 2 ou 4 morceaux, selon la taille choisie, et briser la coquille des pinces frontales à l'aide d'un rouleau à pâtisserie.

MÉLANGER l'ail, le gingembre, le cumin, la coriandre, le curcuma, le poivre de Cayenne, le tamarin, le sucre, les piments et la moitié de l'huile. Ajouter 1 pincée de sel et mélanger jusqu'à obtention d'un mélange homogène. Faire chauffer le reste d'huile à feu moyen dans un *karhai* ou une sauteuse, ajouter le mélange précédent et faire cuire 30 secondes sans cesser de remuer pour révéler ses arômes.

AJOUTER les morceaux de crabe et faire cuire 2 minutes sans cesser de remuer, en s'assurant que le mélange épicé se trouve bien en contact avec la face tranchée des morceaux de crabe. Mouiller avec 50 ml d'eau, couvrir et faire cuire à la vapeur 5 minutes en remuant plusieurs fois, jusqu'à ce que la chair de crabe soit bien cuite. Les pinces prennent une teinte rougeâtre et la chair devient blanche. S'assurer que les pinces frontales sont bien cuites. Transférer les morceaux de crabe et les pinces dans un plat de service et les arroser d'un peu de liquide de cuisson. Garnir de feuilles de coriandre et servir.

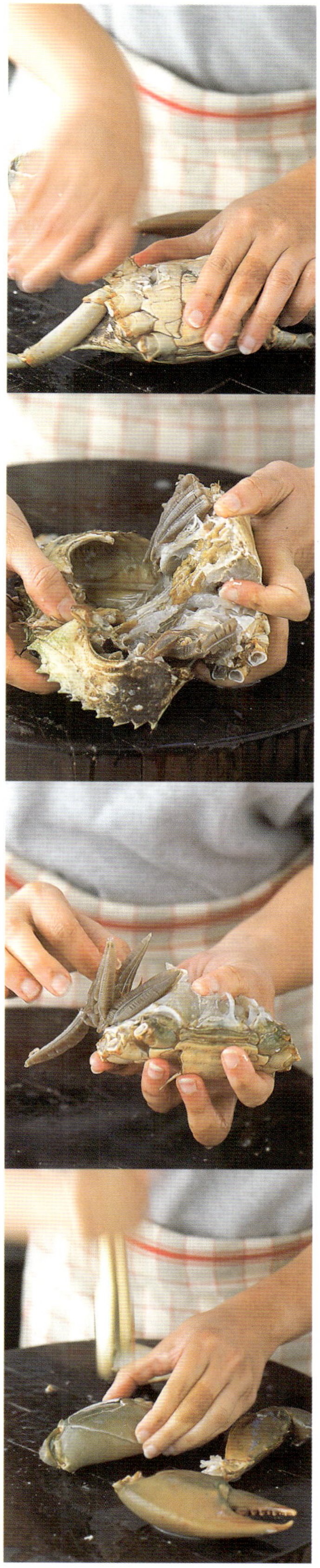

Coupez les pinces frontales et brisez leur coquille à l'aide d'un rouleau à pâtisserie. Ouvrez la carapace et ôtez les branchies.

Utilisez une cuillère pour retirer chair et pépins en une seule fois.

CREVETTES ROSES AU MELON AMER (MARGOSE)

LE GOÛT DU MELON AMER CORRESPOND À L'UNE DES CINQ SAVEURS FONDAMENTALES DE LA CUISINE INDO-ASIATIQUE : AMER, SUCRÉ, AIGRE, SALÉ ET AROMATIQUE. L'AMERTUME EST MOINDRE LORSQUE LE MELON AMER EST MIS À DÉGORGER. LES SUJETS À PEAU JAUNE SONT MOINS AMERS MAIS PLUS FIBREUX.

1 melon amer *(margose)* d'environ 1 kg
300 g de grosses crevettes roses
1 cuil. à soupe d'huile
1/2 cuil. à soupe de curcuma en poudre
1 cuil. à soupe de coriandre en poudre
1 cuil. à soupe de cumin en poudre
1 cuil. à café de poudre de piment
4 ou 5 piments verts
1 pincée de sucre
1 cuil. à soupe de *ghee* (beurre clarifié)
4 feuilles de curry
1/4 de cuil. à café de graines de cumin
feuilles de coriandre, hachées (facultatif)

4 PERSONNES

RINCER le melon amer, le couper en deux et retirer les pépins et les membranes. Couper la chair en tranches de 5 mm d'épaisseur, puis saupoudrer de sel et laisser dégorger 30 minutes dans une passoire. Rincer à l'eau courante, égoutter et sécher à l'aide de papier absorbant. Décortiquer les crevettes.

FAIRE chauffer l'huile dans une sauteuse. Ajouter le melon, couvrir et faire cuire 3 à 4 minutes en remuant de temps en temps. Mélanger le curcuma, le cumin, la coriandre et la poudre de piment, et ajouter un peu d'eau pour obtenir une pâte. Verser la pâte dans la sauteuse et faire cuire à feu vif jusqu'à ce que l'eau s'évapore. Ajouter crevettes et les piments, et faire cuire sans cesser de remuer jusqu'à ce que la préparation réduise complètement. Saler et sucrer.

POUR l'assaisonnement *(tarka)*, faire chauffer le *ghee* dans une petite poêle et faire griller le cumin et les feuilles de curry 1 minute. Répartir le mélange sur le melon puis incorporer la coriandre.

CURRY DE CREVETTES ROSES AU TAMARIN

CURRY DE CREVETTES ROSES AU TAMARIN

500 g de grosses crevettes roses
1/2 cuil. à café de graines de fenouil
1 cuil. à soupe d'huile
2 bâtons de cannelle
3 gousses de cardamome
1 gros oignon, finement haché
5 gousses d'ail, hachées
1 morceau de gingembre frais de 2 cm, râpé
feuilles de curry
1 cuil. à café de curcuma en poudre
1 cuil. à café de poudre de piment
1 cuil. à soupe 1/2 de concentré de tamarin (*voir* page 280)

4 PERSONNES

DÉCORTIQUER les crevettes en conservant les queues. Dans une petite poêle, faire griller à sec et à feu doux les graines de fenouil pour révéler leur arôme.

FAIRE chauffer l'huile dans un *karhai* ou une sauteuse et faire revenir les graines de fenouil, la cannelle, la cardamome et l'oignon jusqu'à ce que l'oignon commence à dorer. Incorporer l'ail, le gingembre et les feuilles de curry, puis ajouter les crevettes, le curcuma, la poudre de piment et le tamarin. Faire cuire à feu vif sans cesser de remuer jusqu'à ce que la queue des crevettes prennent une teinte rose vif. Retirer du feu et saler selon son goût avant de servir.

CURRY DE SAUMON

LA CONFECTION DE CETTE SPÉCIALITÉ DE GOA SE FAIT EN PLUSIEURS ÉTAPES, ET LA PRÉPARATION DE LA SAUCE ET DES ÉPICES DEMANDE UN PEU DE TEMPS. POUR FINIR, ON OBTIENT UN CURRY SEC DANS LEQUEL LA SAUCE ÉPAISSE SE MARIE MERVEILLEUSEMENT AVEC LA CHAIR RICHE DU SAUMON.

MÉLANGE D'ÉPICES
6 piments séchés
1 cuil. à soupe de graines de cumin
1 cuil. à café de graines de coriandre
1 cuil. à café de graines de moutarde
1/4 de cuil. à café de *garam masala* (*voir* page 284)
1/2 cuil. à café de curcuma en poudre

3 cuil. à soupe d'huile
1 oignon, émincé
2 oignons, finement hachés
1 tomate bien mûre, concassée
8 gousses d'ail, hachées
6 piments verts, hachés
1 morceau de gingembre frais de 5 cm, râpé
100 ml de concentré de tamarin (*voir* page 280)
3 cuil. à soupe de lait de coco en poudre ou de crème de coco (*voir* page 283)
1 kg de darnes de saumon

6 PERSONNES

POUR le mélange d'épices, utiliser un moulin à épices ou un mortier pour réduire en poudre les piments, le cumin, la coriandre et les graines de moutarde, puis incorporer le *garam masala* et le curcuma.

FAIRE chauffer l'huile dans une sauteuse assez large pour contenir les darnes de saumon sur une seule couche. Ajouter l'oignon émincé et faire revenir jusqu'à ce qu'il commence à dorer. Ajouter la tomate, les oignons hachés, l'ail, les piments hachés et le gingembre, et laisser cuire environ 20 minutes en remuant de temps en temps, jusqu'à ce que l'huile se dissocie de la sauce.

AJOUTER le mélange d'épices et le tamarin, et porter à ébullition. Incorporer la crème ou la poudre de coco et saler selon son goût. Disposer les darnes de poisson dans la sauteuse et porter lentement à ébullition. La sauce est peu liquide mais elle doit être portée à haute température pour cuire le poisson. Laisser bouillir 5 minutes, puis retourner les darnes et faire cuire encore 5 minutes pour achever la cuisson.

Découpes de noix de coco séchées pour la collecte du coprah, dans l'État du Kerala.

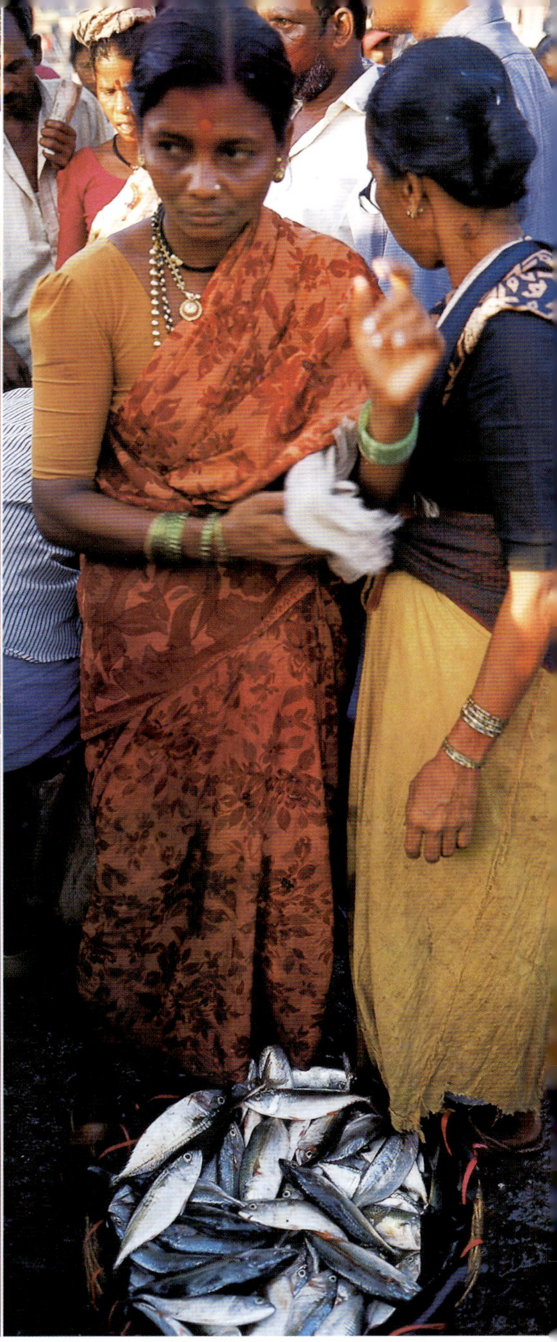

À MUMBAI (BOMBAY), les Sassoon Docks sont le théâtre d'une activité fébrile dès le petit matin. Les marins des bateaux de pêche déchargent leurs prises de la nuit en jetant de grands paniers sur les quais avec une incroyable dextérité. Ces produits de la mer sont ensuite vendus sur les étals d'un marché bruyant où se côtoient restaurateurs et particuliers.

PRODUITS DE LA MER

OUTRE SES 7 000 KM DE CÔTES, L'INDE PRÉSENTE UNE GRANDE QUANTITÉ D'ESTUAIRES, DE RIVIÈRES, DE LACS-RÉSERVOIRS ET D'ÉTANGS, TOUS RICHES EN POISSONS ET EN CRUSTACÉS.

Les plats de poisson abondent au Bengale et dans les États de Kerala, de Maharashtra et de Goa. Le poisson de mer est très apprécié sur la côte occidentale, mais la préférence est donnée au poisson d'eau douce sur la côte orientale, en particulier au Bengale. Tout ce qui est pêché est consommé : les petits poissons sont dégustés frits et entiers, et les sujets de grande taille tels que requins et espadons sont cuisinés en filets ou en darnes. Crabes et homards sont proposés le long des côtes ou dans les restaurants, tandis que huîtres, moules, palourdes et autres bivalves sont appréciés sur la côte occidentale mais largement ignorés partout ailleurs. Dans les régions où le poisson frais est rare, il est remplacé par du poisson séché, tel le fameux *Bombay duck*.

La pêche elle-même prend de multiples formes. À Mumbai (Bombay) les *Koli*, pêcheurs réputés, prennent la mer sur des embarcations de couleurs vives, tandis que dans le Kerala, le poisson est récolté dans des filets d'inspiration chinoise ou pêché en mer depuis des pirogues non motorisées. Au bord des rivières, des lacs et des étangs, on rencontre des pêcheurs à la ligne à tout moment de la journée, soucieux d'assurer leur prochain repas.

LES ESTUAIRES les estuaires et les eaux côtières du Kerala sont très riches en poissons et crustacés qui nourrissent les autochtones et sont vendus sur les marchés nationaux et internationaux. La pêche est une industrie en pleine expansion : lorsqu'ils ne sont pas en mer, les pêcheurs s'occupent à repriser leurs filets ou à vendre leurs prises.

Les produits de la mer sont vendus sur les étals des marchés ou directement sur les quais ou les plages. À Kochi (Cochin), ils sont proposés aux enchères sur un large rectangle de plastique bleu étendu à même le sol. Chaque lot est brièvement exposé avant d'être attribué au plus offrant. Sur les Sassoon Docks de Mumbai, d'énormes quantités de poissons et de crustacés sont déchargés sur les quais puis proposés à la vente dans des paniers, en une scène riche en couleurs où se côtoient pêcheurs, ménagères et acheteurs en gros.

Une partie de ces prises est destinée au marché international. Les poissons traditionnels de la cuisine indienne, tels que *rohu* et *hilsa*, sont conditionnés pour être vendus dans les communautés indiennes du monde entier. D'autres produits, tels que thon et crevettes roses, sont envoyés chaque jour sur les marchés japonais et européens, où ils sont en forte demande.

DES CREVETTES fraîches sont proposées sur le marché au poisson de Mumbai, tantôt entières, tantôt décortiquées (comme ici) et prêtes à l'emploi.

HOMARD TANDOORI

IL EXISTE ÉNORMÉMENT DE RECETTES TANDOORI MAIS CELLE-CI, À BASE DE HOMARD, EST PARTICULIÈREMENT INTÉRESSANTE CAR ELLE EST RAPIDE À PRÉPARER ET DÉVELOPPE DES COULEURS APPÉTISSANTES AUX ALLURES DE FÊTE.

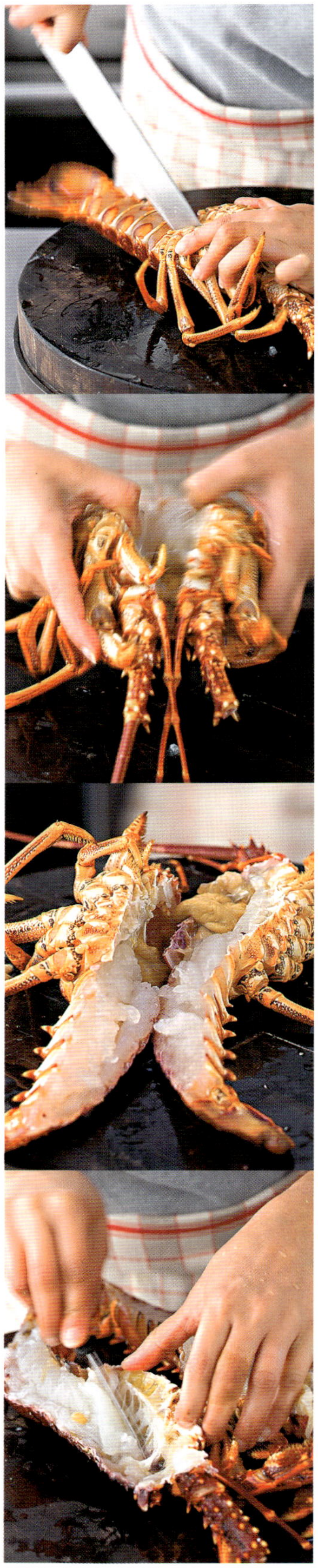

Coupez le homard en deux jusqu'au centre et écartez les deux moitiés pour les détacher. Raclez la carapace à l'aide d'un petit couteau pour détacher la chair.

2 gros ou 4 petits homarcs vivants
1 œuf
1 morceau de gingembre de 4 cm, râpé
1/2 cuil. à café de paprika
2 cuil. à café de sucre roux
150 ml de crème fraîche épaisse
1 pinçée d'*ajowan*
4 gousses d'ail, hachées
2 cuil. à soupe de jus de citron
2 cuil. à soupe de *besan* (farine de pois chiche)
2 cuil. à soupe de *garam masala* (*voir* page 284)
1/2 cuil. à café de poivre blanc moulu
20 g de beurre, fondu, pour graisser
feuilles de coriandre

4 PERSONNES

METTRE les homards au congélateur 2 heures pour les immobiliser. À l'aide d'un couteau à lame épaisse ou d'un couperet, couper les homards en deux dans l'épaisseur. Retirer la chair des carapaces sans l'émietter, puis la couper en gros morceaux. Nettoyer les carapaces, retirer les membranes, puis les rincer à l'eau courante.

CASSER l'œuf dans une terrine et ajouter le gingembre, le paprika, le sucre, la crème fraîche, l'*ajowan*, l'ail, le jus de citron, le *besan*, le *garam masala*, le poivre et 1 pincée de sel. Battre l'ensemble et en enrober les morceaux de homard. Mettre au réfrigérateur et laisser mariner 2 heures.

PRÉCHAUFFER le four à température maximale. Piquer les morceaux de homard sur des longues brochettes en métal en veillant à ce qu'ils soient espacés de 2 cm les uns des autres. Disposer les brochettes sur une grille placée sur une lèchefrite.

FAIRE RÔTIR le homard 6 minutes, en retournant les brochettes une fois, puis arroser de beurre fondu et faire cuire encore 2 à 4 minutes. Disposer les carapaces sur une plaque de four et faire cuire au four jusqu'à ce qu'elles soient rouge vif. Retirer délicatement la chair de homard des brochettes et disposer sur les carapaces. Parsemer de feuilles de coriandre et servir immédiatement.

POISSON AU KOKUM

morceaux de *kokum* (fruits du guttier) de 3 x 5 cm ou 2 cuil. à soupe de concentré de tamarin (*voir* page 280)
4 tomates bien mûres
2 cuil. à soupe d'huile
1 cuil. à café de graines de moutarde noire
$1/2$ cuil. à café de graines de fenugrec
1 morceau de gingembre frais de 3 cm, râpé
4 piments verts, coupés en deux dans la longueur
1 gousse d'ail, hachée
2 oignons, émincés
1 cuil. à café de curcuma en poudre
1 cuil. à soupe de coriandre en poudre
250 ml de lait de coco (*voir* page 283)
800 g de filet de poisson (sole, flétan ou aileron argenté), coupé en gros morceaux
feuilles de curry

6 PERSONNES

RINCER les morceaux de *kokum*, retirer les pépins et faire tremper dans une terrine d'eau froide quelques minutes pour les ramollir. Pratiquer une incision en croix à la base des tomates puis les plonger 20 secondes dans de l'eau bouillante. Bien les égoutter et les peler en partant de l'incision. Concasser la pulpe, jeter cœurs et pépins, et réserver le jus.

RETIRER les morceaux de *kokum* de la terrine et les couper en tranches.

FAIRE chauffer l'huile dans un *karhai* ou une sauteuse, ajouter les graines de moutarde et les faire griller jusqu'à ce qu'elles commencent à éclater. Ajouter le fenugrec, le gingembre, les piments, l'ail et les oignons, et faire revenir jusqu'à ce que les oignons commencent à fondre. Ajouter le curcuma et la coriandre, puis faire revenir encore 2 minutes. Ajouter le lait de coco, les tomates et les morceaux de *kokum*, porter à ébullition, puis laisser frémir 5 minutes. Ajouter le poisson dans la sauteuse et laisser frémir 2 à 3 minutes, jusqu'à ce que les morceaux soient bien cuits. Saler selon son goût, puis ajouter les feuilles de curry.

POISSON GRILLÉ À LA MODE BENGALIE

600 g de darne de saumon ou de truite arc-en-ciel
1 cuil. à soupe $1/2$ de jus de citron
$1/2$ cuil. à café de curcuma en poudre
$1/2$ cuil. à café de sel
3 piments verts, hachés
3 tomates bien mûres, concassées
1 morceau de gingembre frais de 5 cm, haché
4 cuil. à soupe d'huile de moutarde ou d'huile de tournesol
2 cuil. à café de *panch phoron* (*voir* page 284)
$1/2$ cuil. à café de *garam masala* (*voir* page 284)

4 PERSONNES

ARROSER le poisson de jus de citron et laisser reposer 10 minutes. Rincer les morceaux à l'eau courante et les sécher à l'aide de papier absorbant. Mélanger le sel et le curcuma, et enrober le poisson du mélange obtenu.

METTRE les piments, les tomates et le gingembre dans un robot de cuisine et mixer jusqu'à obtention d'un mélange homogène. À défaut, hacher très finement l'ensemble à l'aide d'un couteau.

FAIRE chauffer l'huile à feu doux dans une sauteuse et faire revenir les morceaux de poisson jusqu'à ce qu'ils soient uniformément dorés. Retirer de la sauteuse et égoutter sur du papier absorbant. Ajouter un peu d'huile et le *panch phoron* et faire revenir 1 minute pour révéler son arôme. Ajouter le mélange à base de tomates et laisser cuire encore 2 minutes. Mouiller avec 200 ml d'eau, porter lentement à ébullition, puis laisser mijoter 3 minutes. Saupoudrer de *garam masala* et saler selon son goût.

POISSON GRILLÉ À LA MODE BENGALIE

POISSON AU KOKUM

Un étal de poissons à Fort Kochi (Cochin), dans le Kerala.

Au petit matin, sur toutes les côtes indiennes, les pêcheurs vendent leurs poissons.

TIKKA DE POISSON

ICI, DES MORCEAUX DE POISSON SONT MARINÉS DANS UN MÉLANGE D'ÉPICES ET DE YAOURT, PUIS CUITS EN BROCHETTES. EN INDE, LA CUISSON S'EFFECTUE DANS UN TANDOOR, FOUR EN TERRE CUITE CHAUFFÉ AU CHARBON DE BOIS, MAIS UN BARBECUE MODERNE CONSTITUE UN SUBSTITUT TRÈS ACCEPTABLE.

MARINADE
500 ml de yaourt nature épais (*voir* page 280)
$^{1}/_{2}$ oignon, finement haché
1 morceau de gingembre frais de 2 cm, râpé
4 gousses d'ail, hachées
1 cuil. à café de coriandre en poudre
2 cuil. à soupe de jus de citron
1 cuil. à soupe $^{1}/_{2}$ de *garam masala* (*voir* page 284)
1 cuil. à café de paprika
1 cuil. à café de poudre de piment
2 cuil. à soupe de coulis de tomate
1 cuil. à café de sel

500 g de poisson à chair blanche et ferme (flétan ou baudroie), sans la peau
2 gros oignons, coupés chacun en 8 morceaux
2 petits piments rouges ou verts, coupés chacun en 8 morceaux

1 morceau de concombre de 50 g, pelé et coupé en dés
1 cuil. à soupe de coriandre hachée
quartiers de citron

8 PERSONNES

POUR la marinade, mettre la moitié du yacurt et les autres ingrédients de la marinade dans une terrine peu profonde et assez longue pour contenir les brochettes. Bien mélanger puis se munir de 8 brochettes.

COUPER le poisson en 24 à 32 cubes. Sur chaque brochette, piquer en alternance 3 ou 4 cubes de poisson et des morceaux d'oignon et de piment. Plonger les brochettes dans la marinade et les retourner régulièrement de sorte qu'elles soient imprégnées uniformément. Couvrir et laisser reposer au moins 1 heure au réfrigérateur. Faire cuire les brochettes 5 à 6 minutes au barbecue, en les retournant une fois ou deux, jusqu'à ce que les morceaux de poisson soient bien cuits et que les morceaux de piment commencent à griller.

MÉLANGER le concombre et la coriandre au reste de yaourt. Servir les brochettes accompagnées de cette préparation et de quartiers de citron.

VIANDES & VOLAILLES

TIKKA DE POULET

POUR CETTE RECETTE, DES BLANCS DE POULET SONT MARINÉS DANS UNE SAUCE AU YAOURT ÉPICÉE, PUIS CUITS DANS UN TANDOOR. LA CUISSON PEUT ÉGALEMENT S'EFFECTUER AU FOUR OU AU GRIL.

MARINADE
1/2 cuil. à soupe de paprika
1 cuil. à café de poudre de piment
2 cuil. à soupe de *garam masala* (*voir* page 284)
1/4 de cuil. à café de colorant alimentaire rouge
1 cuil. à soupe 1/2 de jus de citron
4 gousses d'ail, hachées
1 morceau de gingembre frais de 5 cm, grossièrement haché
15 g de feuilles de coriandre, hachées
100 ml de yaourt nature épais (*voir* page 280)

500 g de blanc de poulet, sans la peau et coupé en dés de 2,5 cm
quartiers de citron

4 PERSONNES

POUR LA MARINADE, mettre les ingrédients dans un robot de cuisine et mixer jusqu'à obtention d'un mélange homogène. À défaut, hacher très finement l'ail, le gingembre et les feuilles de coriandre, et les mélanger aux autres ingrédients. Saler selon son goût.

METTRE la marinade et les dés de poulet dans une terrine et bien mélanger. Couvrir et laisser reposer une nuit au réfrigérateur.

PRÉCHAUFFER le four à 200 °C (th. 6-7). Piquer les dés de poulet sur 4 brochettes en métal et mettre celles-ci sur la grille d'un four, d'un gril ou d'un barbecue. Faire griller les brochettes 15 à 20 minutes sans les couvrir, jusqu'à ce que les morceaux de poulet soient bien cuits et légèrement dorés. Servir les brochettes accompagnées de quartiers de citron.

TIKKA DE POULET MASALA

TIKKA DE POULET MASALA

1 cuil. à soupe d'huile
1 oignon, finement haché
2 gousses de cardamome
2 gousses d'ail, pilées
400 g de tomates concassées en boîte
1/4 de cuil. à café de cannelle en poudre
1 cuil. à soupe de *garam masala* (*voir* page 284)
1/2 cuil. à café de poudre de piment
1 cuil. à café de sucre roux
300 ml de crème fraîche allégée
1 cuil. à soupe d'amandes concassées
1 quantité de tikka de poulet (*voir* ci-dessus)
1 cuil. à soupe de feuilles de coriandre hachées

6 PERSONNES

FAIRE chauffer l'huile à feu doux dans un *karhai* ou une sauteuse. Ajouter l'oignon et la cardamome, et faire revenir jusqu'à ce que l'oignon commence à dorer. Ajouter l'ail, faire revenir 1 minute, puis ajouter les tomates concassées et laisser cuire jusqu'à obtention d'une pâte de consistance épaisse.

AJOUTER la cannelle, le *garam masala*, la poudre de piment et le sucre, et faire cuire encore 1 minute. Incorporer la crème fraîche et les amandes, puis ajouter la quantité de tikka de poulet et laisser mijoter 5 minutes, jusqu'à ce que les dés de poulet soient bien chauds. Transférer dans un plat de service et garnir de coriandre hachée.

Le Naya Bazaar à Delhi.

MURGH MASALA

CE PLAT PEU ÉPICÉ ORIGINAIRE DU NORD DE L'INDE CONVIENT À TOUS LES REPAS. LE MARIAGE DES TOMATES, DU GINGEMBRE ET DES ÉPICES OFFRE DE SUBTILES SAVEURS, ET LE YAOURT ENRICHIT SUPERBEMENT LA SAUCE.

1,5 kg de cuisses ou blanc de poulet, sans la peau
2 cuil. à café de cumin en poudre
2 cuil. à café de coriandre en poudre
1 cuil. à café 1/2 de *garam masala* (*voir* page 284)
1/4 cuil. à café de curcuma en poudre
2 oignons, finement hachés
4 gousses d'ail, grossièrement hachées
1 morceau de gingembre frais de 5 cm, grossièrement haché
2 tomates bien mûres, concassées
3 cuil. à soupe d'huile ou de *ghee* (beurre clarifié)
5 clous de girofle
8 gousses de cardamome
1 bâton de cannelle de 5 cm
10 feuilles de curry
150 ml de yaourt nature épais (*voir* page 280)

4 PERSONNES

DÉGRAISSER les morceaux de poulet et retirer les éventuels résidus de peau. Mélanger le cumin, la coriandre, le *garam masala* et le curcuma, et enrober le poulet de la préparation obtenue.

METTRE l'ail, le gingembre, les tomates concassées et la moitié des oignons dans un robot de cuisine et mixer jusqu'à obtention d'un mélange homogène. À défaut, hacher soigneusement les ingrédients, puis les mélanger.

FAIRE chauffer l'huile ou le *ghee* à feu doux dans un *karhai* ou une sauteuse. Ajouter le reste de l'oignon, les clous de girofle, la cardamome, la cannelle et les feuilles de curry, et faire revenir jusqu'à ce que l'oignon soit bien doré. Incorporer le mélange à base de tomates et laisser cuire encore 5 minutes. Saler selon son goût. Ajouter les morceaux de poulet, incorporer le yaourt et porter lentement à ébullition.

RÉDUIRE le feu, couvrir et laisser mijoter 50 minutes, jusqu'à ce que l'huile se dissocie de la sauce. Remuer de temps en temps pour éviter que les morceaux de poulet attachent au fond de la sauteuse. Si la sauce est trop liquide, poursuivre la cuisson quelques minutes à feu vif en retirant le couvercle. Saler selon son goût.

Dans le Kerala, nombre de boucheries sont signalées par des illustrations. Agneau, chèvre et poulet sont les viandes les plus populaires.

POULET À LA CARDAMOME

CE PLAT FAIT APPEL À UNE SAUCE À LA CARDAMOME TRÈS SAVOUREUSE RENDUE DÉLICIEUSEMENT CRÉMEUSE PAR L'AJOUT DE YAOURT. À DÉFAUT DE CONFECTIONNER VOUS-MÊME LE YAOURT, LAISSEZ ÉGOUTTER UNE NUIT ENTIÈRE UNE QUANTITÉ ÉQUIVALENTE DE YAOURT NATURE DU COMMERCE.

1 poulet de 1,5 kg ou 1,5 kg de morceaux de poulet
25 gousses de cardamome
4 gousses d'ail, hachées
1 morceau de gingembre frais de 3 cm, râpé
300 ml de yaourt nature épais (*voir* page 280)
1 cuil. à café $^1/_2$ de poivre noir
zeste d'un citron, râpé
2 cuil. à soupe d'huile ou de *ghee* (beurre clarifié)
400 ml de lait de coco (*voir* page 283)
6 piments verts, piqués sur toute la surface
2 cuil. à soupe de feuilles de coriandre hachées
3 cuil. à soupe de jus de citron

4 PERSONNES

LE POULET entier doit être divisé en 8 morceaux. Détacher les deux cuisses et séparer le pilon du haut de cuisse. Couper les deux extrémités de la colonne vertébrale et retirer celle-ci. Retourner le poulet et trancher verticalement au niveau du bréchet. Couper les blancs en deux morceaux en laissant l'aile attachée au morceau supérieur. Couper les ailerons et les jeter, puis retirer éventuellement la peau.

OUVRIR les gousses de cardamome, retirer les graines et les réduire en poudre dans un moulin à épices ou un mortier. Mettre l'ail, le gingembre et environ 50 ml de yaourt dans un robot de cuisine et mixer jusqu'à obtention d'un mélange homogène. À défaut, mélanger l'ensemble à l'aide d'une cuillère. Ajouter la cardamome, le poivre et le zeste de citron. Enrober les morceaux de poulet de la préparation obtenue, couvrir et laisser reposer une nuit au réfrigérateur.

FAIRE chauffer le *ghee* ou l'huile à feu doux dans un *karhai* ou une sauteuse à fond épais et faire revenir les morceaux de poulet jusqu'à ce qu'ils soient bien dorés. Ajouter le reste de yaourt et le lait de coco, et porter à ébullition. Incorporer les piments entiers et les feuilles de coriandre, puis laisser mijoter 20 à 30 minutes, jusqu'à ce que les morceaux de poulet soient bien cuits. Saler selon son goût, puis incorporer le jus de citron.

CAILLES MASALA

EN INDE AUSSI, LA CAILLE EST UNE DENRÉE QUI SORT DE L'ORDINAIRE. TRADITIONNELLEMENT, CET OISEAU ÉTAIT ACCOMMODÉ DE DIVERSES FAÇONS DANS LES CUISINES ROYALES INDIENNES. ICI, LES CAILLES SONT FARCIES DE RIZ ET CUITES À LA VAPEUR. ON PEUT ÉGALEMENT UTILISER DES COQUELETS.

6 cailles de 150 g

MARINADE
100 g d'amandes mondées
3 gousses d'ail, hachées
1 morceau de gingembre frais de 3 cm, râpé
1/2 oignon, finement haché
1/2 cuil. à café de poudre de piment
1/2 cuil. à café de clous de girofle moulus
1/2 cuil. à café de cannelle en poudre
1 cuil. à café de cumin en poudre
1 cuil. à café de *garam masala* (*voir* page 284)
2 cuil. à café de feuilles de menthe finement hachées
200 ml de yaourt nature épais (*voir* page 280)
1 cuil. à café de sucre roux

FARCE DE RIZ
60 g de riz
1 cuil. à café d'*amchoor* (poudre de mangue verte séchée)
50 g de pignons, concassés
1 cuil. à café 1/2 de jus de citron

2 petites feuilles de bananier
3 cuil. à soupe de jus de citron
rondelles de concombre
tranches de mangue ou de mangue verte
feuilles de menthe

6 PERSONNES

RINCER les cailles à l'eau courante et les sécher à l'aide de papier absorbant. Piquer la chair sur toute la surface pour que la marinade pénètre bien.

POUR la marinade, hacher finement les amandes dans un robot de cuisine ou à l'aide d'un couteau tranchant. Ajouter les autres ingrédients, puis enrober les cailles de la marinade obtenue. Couvrir et laisser reposer une nuit au réfrigérateur.

POUR la farce de riz, préchauffer le four à 200 °C (th. 6-7). Faire cuire le riz 15 minutes dans de l'eau bouillante, jusqu'à ce qu'il soit juste tendre. Bien l'égoutter, le laisser refroidir, puis le mélanger avec l'*amchoor*, les pignons et le jus de citron. Saler, puis farcir les cailles et les enrober de nouveau de marinade juste avant la cuisson. Si la farce est préparée à l'avance, la réserver au réfrigérateur.

COUPER les feuilles de bananier en morceaux assez grands pour contenir les cailles. Plonger les feuilles de bananier dans une casserole d'eau très chaude pour les assouplir, puis les essuyer à l'aide de papier absorbant. À défaut, utiliser du papier d'aluminium. Huiler l'intérieur des feuilles.

ENVELOPPER les cailles dans les feuilles de bananier et nouer en papillotes à l'aide de ficelle de cuisine. Placer les papillotes sur une grille de four, jointure vers le haut. Disposer sur une lèchefrite et faire cuire au four 25 à 30 minutes. Entrouvrir une papillote pour vérifier la cuisson : la chair doit être légèrement rosée et rendre un jus clair. Ouvrir complètement les papillotes 3 minutes avant la fin de la cuisson afin que les cailles commencent à dorer. Arroser les cailles de jus de citron et les servir directement dans les papillotes, accompagnées de feuilles de menthe, de rondelles de concombre et de tranches de mangue.

Enveloppez chaque caille dans un morceau de feuille de bananier afin que saveurs et jus de cuisson soient parfaitement conservés.

Le safran du Cachemire est réputé pour sa qualité supérieure. Il est vendu dans de petites boîtes.

POULET À LA MODE DU CACHEMIRE

DANS CETTE RECETTE, OÙ SE COMBINENT AMANDES, PISTACHES ET SAFRAN, LE POULET EST CUIT DANS UNE SAUCE CRÉMEUSE DÉLICATEMENT PARFUMÉE. POUR DE RICHES SAVEURS, IL EST PRÉFÉRABLE DE MOUDRE LES ÉPICES PLUTÔT QUE D'UTILISER LES POUDRES VENDUES DANS LE COMMERCE.

1 poulet de 1,5 kg ou 1,5 kg de morceaux de poulet
6 gousses de cardamome
1/2 cuil. à café de graines de coriandre
1/2 cuil. à café de graines de cumin
1 bâton de cannelle de 2 cm
8 grains de poivre
6 clous de girofle
100 g d'amandes mondées
65 g de pistaches mondées
2 cuil. à soupe d'huile ou de *ghee* (beurre clarifié)
1 oignon, finement haché
4 gousses d'ail, finement hachées
1 morceau de gingembre frais de 5 cm, finement haché
125 ml de bouillon de poulet
250 ml de yaourt nature épais (*voir* page 280)
1/2 cuil. à café de filaments de safran

4 PERSONNES

LE POULET entier doit être divisé en 8 morceaux. Détacher les deux cuisses et séparer le pilon du haut de cuisse. Couper les deux extrémités de la colonne vertébrale et retirer celle-ci. Retourner le poulet et trancher verticalement au niveau du bréchet. Détacher les blancs et les couper en cubes. La carcasse peut servir à la préparation du bouillon.

OUVRIR les gousses de cardamome et retirer les graines. Dans une petite poêle, faire griller à sec les graines de coriandre pour révéler leur arôme. Retirer de la poêle et procéder de même avec les graines de cumin, puis avec la cannelle. Utiliser un moulin à épices ou un mortier pour réduire en poudre les graines de cardamome, les épices grillées, les grains de poivre et les clous de girofle. Hacher finement les amandes et les pistaches dans un robot de cuisine ou à l'aide d'un couteau tranchant.

FAIRE chauffer l'huile ou le *ghee* à feu doux dans un *karhai* ou une sauteuse et faire revenir l'oignon jusqu'à ce qu'il commence à dorer. Ajouter l'ail, le gingembre et les morceaux de poulet, et laisser cuire environ 5 minutes. Ajouter les épices et mouiller avec le bouillon de poulet. Couvrir et laisser mijoter 30 minutes.

MÉLANGER les amandes et les pistaches concassées avec le yaourt. Délayer le safran dans 1 cuillerée à café d'eau chaude, puis ajouter dans la sauteuse avec le mélange à base de yaourt. Porter à ébullition, puis réduire le feu et laisser mijoter 10 minutes sans couvrir. Saler selon son goût.

FRITES DE POULET ÉPICÉES

CES FRITES DE POULET SONT IDÉALES POUR UN REPAS AU BARBECUE ACCOMPAGNÉE DE SALADES. ELLES SONT ÉGALEMENT TRÈS APPRÉCIÉES EN APÉRITIF OU EN COLLATION, ACCOMPAGNÉES D'UN CHUTNEY OU D'UN RAITA. LES ÉPICES GRILLÉES À SEC APPORTENT UNE SAVEUR INCOMPARABLE.

En Inde, les fours domestiques fonctionnent généralement au bois. Les récipients de cuisson sont placés au-dessus de l'ouverture sommitale.

MARINADE
- 3 cuil. à soupe de graines de coriandre
- 2 cuil. à café de graines de cumin
- 1 bâton de cannelle de 4 cm
- 1 cuil. à café de graines de cardamome
- 1 oignon, finement haché
- 6 à 8 gousses d'ail, finement hachées
- 1 morceau de gingembre frais de 2,5 cm, grossièrement haché
- 1/2 cuil. à café de clous de girofle moulus
- 1/2 cuil. à café de poivre de Cayenne
- 3 cuil. à soupe d'huile
- 1 cuil. à soupe de coulis de tomate
- 3 cuil. à soupe de vinaigre blanc
- 1 cuil. à café de sel

600 g de blanc de poulet sans la peau, coupé en lanières de 1 cm de large

6 PERSONNES

POUR la marinade, faire griller à sec et à feu doux les graines de coriandre dans une petite poêle pour révéler leur arôme. Retirer la coriandre de la poêle et procéder de même avec les graines de cumin, puis avec la cannelle. Utiliser un moulin à épices ou un mortier pour réduire en poudre l'ensemble.

METTRE tous les ingrédients de la marinade dans un robot de cuisine et mixer jusqu'à obtention d'un mélange homogène. À défaut, hacher finement l'oignon, l'ail et le gingembre, piler dans un mortier, puis incorporer les autres ingrédients. Ajouter les lanières de poulet à la marinade et bien mélanger. Couvrir et laisser reposer une nuit au réfrigérateur.

ALLUMER le barbecue ou préchauffer le gril à puissance maximale, et faire cuire les lanières de poulet 4 minutes de chaque côté. À défaut, disposer les lanières sur une plaque et faire cuire au four 8 à 10 minutes de chaque côté, jusqu'à ce que les frites de poulet soient grillées.

FOIES DE POULET À LA MODE CACHEMIRIE

- 225 g de foies de poulet, parés
- 3 cuil. à soupe d'huile
- 2 oignons, finement hachés
- 3 gousses d'ail, hachées
- 1 cuil. à café de graines de cumin
- 1 cuil. à café de poudre de piment
- 1 morceau de gingembre frais de 2 cm, râpé
- 1/2 cuil. à café de curcuma en poudre

4 PERSONNES

DÉTAILLER les foies de poulet en cubes.

FAIRE chauffer l'huile dans un *karhai* ou une sauteuse à fond épais. Ajouter l'oignon et le faire cuire jusqu'à ce qu'il soit translucide. Ajouter l'ail et les graines de cumin, faire revenir 1 minute, puis ajouter la poudre de piment, le gingembre et curcuma.

AUGMENTER légèrement le feu et faire revenir les morceaux de foie 2 à 3 minutes. Mouiller avec 250 ml d'eau, porter à ébullition et laisser frémir 10 à 15 minutes, jusqu'à ce que les morceaux de foie soient juste cuits. Saler selon son goût.

FOIES DE POULET À LA MODE CACHEMIRIE

La bicyclette est couramment utilisée comme moyen de transport dans l'ensemble de l'Inde.

POULET AU GHEE

LE POULET AU GHEE, OU MURGH MAKHNI, EST UN PLAT D'ORIGINE MOGHOLE DONT IL EXISTE UN GRAND NOMBRE DE VARIANTES. LE GHEE EST UN BEURRE CLARIFIÉ UTILISÉ EN INDE. LE RIZ CONSTITUE UN ACCOMPAGNEMENT IDÉAL ET DU NAN OU DU ROTI SERA PARFAIT POUR SAUCER.

- 1 morceau de gingembre frais de 2 cm, grossièrement haché
- 3 gousses d'ail, grossièrement hachées
- 75 g d'amandes mondées
- 150 ml de yaourt nature épais (*voir* page 280)
- 1/2 cuil. à café de poudre de piment
- 1/4 de cuil. à café de clous de girofle moulus
- 1/4 de cuil. à café de cannelle en poudre
- 1 cuil. à café de *garam masala* (*voir* page 284)
- 4 gousses de cardamome, légèrement écrasées
- 400 g de tomates concassées en boîte
- 1 cuil. à café 1/4 de sel
- 1 kg de cuisses de poulet, sans la peau, désossées et coupées en gros morceaux
- 5 cuil. à soupe de *ghee* (beurre clarifié)
- 1 gros oignon, émincé
- 6 cuil. à soupe de feuilles de coriandre finement hachées
- 4 cuil. à soupe de crème fraîche épaisse

6 PERSONNES

METTRE le gingembre et l'ail dans un robot de cuisine et mixer jusqu'à obtention d'un mélange homogène. À défaut, piler l'ail, râper finement le gingembre et mélanger les deux ingrédients. Hacher finement les amandes dans un robot de cuisine ou à l'aide d'un couteau tranchant. Transférer le mélange à base d'ail et les amandes dans une terrine et ajouter le yaourt, la poudre de piment, les clous de girofle, la cannelle, le *garam masala*, les gousses de cardamome, les tomates et le sel. Mélanger à l'aide d'une fourchette et incorporer les morceaux de poulet de sorte qu'ils soient bien enrobées de la préparation. Couvrir et laisser reposer une nuit au réfrigérateur.

PRÉCHAUFFER le four à 180 °C (th. 6). Faire chauffer le *ghee* dans un *karhai* ou une sauteuse. Ajouter l'oignon et faire revenir jusqu'à ce qu'il soit bien doré. Ajouter la préparation à base de poulet et laisser cuire 2 minutes. Incorporer la coriandre fraîche, puis transférer l'ensemble dans un plat allant au four peu profond. Ajouter la crème et bien remuer à l'aide d'une fourchette.

FAIRE cuire 1 heure. Si la surface dore trop rapidement, couvrir de papier d'aluminium. Après la cuisson, laisser reposer 10 minutes, jusqu'à ce que l'huile remonte à la surface, puis faire dorer 2 minutes sous un gril très chaud. Juste avant de servir, incliner légèrement le plat pour retirer l'excédent éventuel de *ghee*.

POULET PARSI AUX ABRICOTS

L'EMPLOI D'ABRICOTS SECS, DE SUCRE ROUX ET DE VINAIGRE CONFÈRE DE DÉLICIEUSES SAVEURS AIGRES-DOUCES À CE PLAT PARSI ORIGINAIRE DE MUMBAI (BOMBAY). LES PAILLETTES DE POMMES DE TERRE, AGRÉABLEMENT CROUSTILLANTES, CONSTITUENT UNE GARNITURE ORIGINALE.

1 poulet de 1,5 kg ou 1,5 kg de morceaux de poulet
3 cuil. à soupe d'huile
2 gros oignons, émincés
1 gousse d'ail, finement hachée
1 morceau de gingembre frais de 4 cm, finement haché
3 piments séchés
1 cuil. à café 1/2 de *garam masala* (*voir* page 284)
2 cuil. à soupe de coulis de tomate
1 cuil. à café de sel
2 cuil. à soupe de vinaigre blanc
1 cuil. à soupe 1/2 de sucre roux
12 abricots secs

PAILLETTES DE POMMES DE TERRE
1 grosse pomme de terre bien ferme
1 cuil. à soupe de sel
huile, pour la friture

4 PERSONNES

LE POULET entier doit être divisé en 8 morceaux. Détacher les deux cuisses et séparer le pilon du haut de cuisse. Couper les deux extrémités de la colonne vertébrale et retirer celle-ci. Retourner le poulet et trancher verticalement au niveau du bréchet. Couper les blancs en deux morceaux en laissant l'aile attachée au morceau supérieur. Couper les ailerons et les jeter.

FAIRE chauffer l'huile dans un *karhai* ou une sauteuse. Ajouter les oignons et faire cuire à feu moyen sans cesser de remuer jusqu'à ce qu'ils soient dorés. Incorporer l'ail, le gingembre, les piments séchés et le *garam masala*, puis ajouter les morceaux de poulet et remuer. Faire cuire 5 minutes, jusqu'à ce que le poulet soit doré, en veillant à ne pas laisser brûler l'oignon. Ajouter le coulis de tomate et le sel, mouiller avec 250 ml d'eau, puis porter à ébullition. Réduire le feu, couvrir et laisser mijoter 20 minutes.

AJOUTER le vinaigre, le sucre roux et les abricots secs. Couvrir de nouveau et laisser mijoter encore 15 minutes.

POUR les paillettes, peler les pommes de terre, les couper en fines tranches et couper les tranches en paillettes. Mettre les paillettes dans une terrine avec 1,5 l d'eau et 1 cuillerée à soupe de sel. Bien remuer, puis prélever une petite quantité de paillettes et les sécher à l'aide d'un linge propre. Procéder de même avec le reste des paillettes. Remplir au tiers d'huile un *karhai* ou une casserole à fond épais ou une sauteuse et faire chauffer à 160 °C. Ajouter une poignée de paillettes et faire cuire jusqu'à ce qu'elles soient croustillantes et bien dorées. Les retirer de l'huile et les égoutter sur du papier absorbant. Procéder de même avec le reste des paillettes.

SERVIR les morceaux de poulet accompagnés des paillettes de pomme de terre.

Une rue décorée de Mumbai (Bombay) durant la fête de *Divali*.

POULET À LA CORIANDRE ET AUX AMANDES

DANS LE NORD DE L'INDE, OÙ ELLES SONT ABONDANTES, LES AMANDES SONT SOUVENT MÉLANGÉES À DE LA CRÈME FRAÎCHE POUR LA CONFECTION DE METS SAVOUREUX. CE PLAT EST GÉNÉRALEMENT SERVI LORS DE REPAS DE FÊTES, ACCOMPAGNÉ DE PETITS PAINS PENDJABIS TELS QUE LES CHAPATI ET LES NAN.

1 poulet de 1,5 kg ou 1,5 kg de morceaux de poulet
50 g d'amandes mondées
2 oignons, finement hachés
4 gousses d'ail, grossièrement hachées
2 piments verts, grossièrement hachés
1 morceau de gingembre frais de 5 cm, grossièrement haché
7 cuil. à soupe d'huile ou de *ghee* (beurre clarifié)
2 feuilles de *tej patta* (laurier des Indes)
1 cuil. à soupe 1/2 de coriandre en poudre
1 cuil. à soupe de cumin en poudre
1/4 de cuil. à café de poudre de piment
1/4 de cuil. à café de curcuma en poudre
1/4 de cuil. à café de paprika
2 cuil. à café de sel
1 cuil. à café de poivre noir moulu
4 cuil. à soupe de feuilles de coriandre finement hachées
170 ml de crème fraîche légère

4 PERSONNES

LE POULET entier doit être divisé en 8 morceaux. Détacher les deux cuisses et séparer le pilon du haut de cuisse. Couper les deux extrémités de la colonne vertébrale et retirer celle-ci. Retourner le poulet et trancher verticalement au niveau du bréchet. Couper les blancs en deux morceaux en laissant l'aile attachée au morceau supérieur. Couper les ailerons et les jeter.

HACHER finement les amandes dans un robot de cuisine ou à l'aide d'un couteau.

METTRE les oignons, l'ail, le piment et le gingembre dans un robot de cuisine et mixer en veillant à ne pas obtenir une pâte. À défaut, hacher finement l'ensemble à l'aide d'un couteau tranchant.

FAIRE chauffer l'huile ou le *ghee* à feu moyen dans un *karhai* ou une sauteuse. Ajouter le mélange à base d'oignon et les feuilles de *tej patta*, et laisser cuire sans cesser de remuer jusqu'à ce que la préparation commence à dorer. Ajouter les morceaux de poulet et les faire revenir 10 minutes, jusqu'à ce qu'ils soient uniformément dorés.

AJOUTER la coriandre, le cumin, la poudre de piment, le curcuma, le paprika, le sel et le poivre, et laisser cuire encore 3 minutes sans cesser de remuer. Mouiller avec 100 ml d'eau et faire cuire 5 minutes à feu moyen jusqu'à obtention d'une sauce riche et épaisse. Mouiller de nouveau avec 150 ml d'eau et porter à ébullition. Réduire le feu, couvrir et laisser frémir 20 minutes. Ajouter les trois quarts de la coriandre et bien remuer.

METTRE les amandes et 140 ml de yaourt dans un robot de cuisine et mixer jusqu'à obtention d'un mélange homogène. À défaut, mélanger simplement les amandes pilées à la crème fraîche. Ajouter dans la sauteuse, bien remuer et laisser cuire jusqu'à ce que la crème soit chaude. Avant de servir, remuer jusqu'à ce que la crème fraîche et la sauce soient bien mélangées. Pour finir, parsemer la préparation avec le reste de coriandre.

POULET TANDOORI

TRADITIONNELLEMENT CUIT DANS UN TANDOOR (FOUR EN TERRE CUITE), CE PLAT DE POULET EST L'UN DES PLUS POPULAIRES DU NORD DE L'INDE, OÙ IL EST SERVI ACCOMPAGNÉ DE NAN ET DE LACCHA. SA SAVEUR EST PRESQUE IMPOSSIBLE À REPRODUIRE DANS UNE CUISINE MODERNE.

1 poulet de 1,5 kg ou 1,5 kg de pilons et hauts de cuisse de poulet, sans la peau

MARINADE
2 cuil. à café de graines de coriandre
1 cuil. à café de graines de cumin
1 oignon, grossièrement haché
3 gousses d'ail, grossièrement hachées
1 morceau de gingembre frais de 5 cm, grossièrement haché
250 ml de yaourt nature épais (*voir* page 280)
zeste d'un citron, râpé
3 cuil. à soupe de jus de citron
2 cuil. à soupe de vinaigre blanc
1 cuil. à café de paprika
2 cuil. à café de *garam masala* (*voir* page 284)
1/2 cuil. à café de colorant alimentaire rouge (facultatif)

2 cuil. à soupe de *ghee* (beurre clarifié)
rondelles d'oignon
quartiers de citron

4 PERSONNES

COUPER le poulet en deux et pratiquer des incisions de 2,5 cm en biais sur les blancs, les pilons et les hauts de cuisse en veillant à ne pas trancher jusqu'à l'os. En cas d'utilisation de pilons et de hauts de cuisse, dégraisser et inciser chaque morceau.

POUR la marinade, faire griller à sec et à feu doux les graines de coriandre pour révéler leur arôme. Retirer la coriandre de la poêle et procéder de même avec les graines de cumin. Utiliser un moulin à épices ou un mortier pour réduire les graines en fine poudre. Mettre les ingrédients de la marinade dans un robot de cuisine et mixer jusqu'à obtention d'un mélange homogène. Saler selon son goût. À défaut, hacher finement l'oignon, l'ail et le gingembre, et incorporer les autres ingrédients.

AJOUTER les morceaux de poulet dans la marinade et mélanger. Laisser reposer une nuit en remuant souvent de sorte que le poulet soit bien imprégné de marinade.

PRÉCHAUFFER le four à 200 °C (th. 6-7). Placer les morceaux de poulet sur la grille d'un four, disposer sur une lèchefrite et couvrir de papier d'aluminium. Faire cuire le poulet 45 à 50 minutes, jusqu'à ce qu'il soit bien cuit, en l'enrobant de marinade au moins une fois. Piquer une cuisse pour vérifier la cuisson : la chair doit rendre un jus clair. Retirer le papier d'aluminium 15 minutes avant la fin de la cuisson de sorte que les morceaux de poulet soient dorés. Préchauffer le gril à puissance maximale.

FAIRE chauffer le *ghee*, napper les morceaux de poulet et faire cuire au gril 5 minutes, jusqu'à ce qu'ils « noircissent » et figurent la cuisson au *tandoor*.

SERVIR les morceaux de poulet avec des rondelles d'oignon et de quartiers de citron. La cuisson peut également s'effectuer au barbecue ou à la broche.

Le yaourt frais est mis à reposer dans un récipient en terre cuite aux parois poreuses, ce qui permet de l'épaissir.

Feuilles de bananier en vente sur un marché de Kolkata (Calcutta).

POULET ROTI ÉPICÉ EN PAPILLOTE

DANS CETTE RECETTE, LE POULET EST ENVELOPPÉ DANS PLUSIEURS FEUILLES DE BANANIER AVANT D'ÊTRE RÔTI, CE QUI LUI APPORTE UNE SAVEUR ET UN MOELLEUX TRÈS DISTINCTIFS. CE PLAT CONVIENT BIEN POUR UN REPAS DE FÊTE, ACCOMPAGNÉ, PAR EXEMPLE, D'UN PULAO.

1 poulet de 2 kg
3 cuil. à soupe de jus de citron
1 cuil. à soupe d'huile
2 gros oignons, finement hachés
4 gousses d'ail, hachées
1 morceau de gingembre frais de 4 cm, finement haché
30 g d'amandes, concassées
1/2 cuil. à café de poudre de piment
1 cuil. à café de curcuma en poudre
2 cuil. à café de *garam masala* (*voir* page 284)
3 racines de coriandre, hachées
4 cuil. à soupe de feuilles de coriandre hachées
3 ou 4 jeunes feuilles de bananier

6 PERSONNES

DÉGRAISSER le poulet, puis le sécher à l'aide de papier absorbant. Piquer la chair sur toute la surface à l'aide d'une brochette pour que la marinade pénètre bien. Mélanger 1 cuillerée à café de sel et le jus de citron, et enrober uniformément le poulet du mélange obtenu.

FAIRE chauffer l'huile à feu doux dans une sauteuse. Ajouter les oignons et laisser cuire jusqu'à ce qu'ils commencent à dorer. Ajouter l'ail et le gingembre, et faire cuire encore 2 minutes. Ajouter les amandes, la poudre de piment, le curcuma et le *garam masala,* et faire cuire encore 1 minute. Laisser refroidir la préparation.

TRANSFÉRER la préparation dans un robot de cuisine, ajouter les racines et les feuilles de coriandre, puis mixer jusqu'à obtention d'un mélange homogène. À défaut, piler les ingrédients dans un mortier. Enrober uniformément le poulet, couvrir et laisser reposer une nuit au réfrigérateur.

PRÉCHAUFFER le four à 200 °C (th. 6-7). Plonger les feuilles de bananier dans une casserole d'eau très chaude pour les assouplir, puis les essuyer à l'aide de papier absorbant. Attacher les pattes du poulet de sorte qu'il soit maintenu.

ENVELOPPER le poulet dans plusieurs feuilles de bananier de sorte qu'il soit entièrement recouvert, puis nouer les feuilles de bananier à l'aide de ficelle de cuisine. À défaut, envelopper le poulet dans un grande feuille de papier d'aluminium. Disposer le poulet sur une plaque et faire cuire au four 1 h 30. Découvrir la partie supérieure du poulet, l'arroser de jus de cuisson et laisser cuire encore 10 minutes, jusqu'à ce que le poulet soit bien doré. Piquer une cuisse pour vérifier la cuisson : la chair doit rendre un jus clair. Laisser reposer le poulet 10 minutes, puis le découper.

NAYA BAZAAR est le marché aux épices de Delhi. Dans ce labyrinthe de ruelles étroites et d'escaliers, piments, curcuma, gingembre et diverses graines sont vendus en gros. Les porteurs titubent sous le poids d'énormes sacs qui sont pesés sur le plateau d'imposantes balances. Les édifices qui entourent cet espace abritent les bureaux et entrepôts des marchands.

ÉPICES

LES ÉPICES ONT ÉTÉ DES DENRÉES PRÉCIEUSES DÈS LES PREMIERS TEMPS DU COMMERCE. FACILEMENT STOCKÉES ET TRANSPORTÉES, CERTAINES VALAIENT LEUR PESANT D'OR.

En mai 1498, le navigateur portugais Vasco de Gama, à la recherche d'une route maritime vers les Indes, aborde à Calicut, sur la côte de Malabar. Cette découverte a un impact considérable sur le commerce européen des épices car elle permet de briser le monopole des marchands arabes.

Dès lors, clous de girofle et noix muscade des Moluques sont acheminées depuis Malacca (actuelle Malaisie) jusqu'en Inde du Sud, où la cargaison est augmentée de poivre noir et de cannelle du Kerala et de l'actuel Sri Lanka. Ces denrées sont ensuite expédiées vers l'Europe depuis les ports de la côte de Malabar. Délivré des incertitudes et dangers des routes terrestres, ce commerce maritime permet un flux continu des marchandises et une relative stabilité des prix. Un peu plus tard, la culture de plantes telles que giroflier et muscadier, auparavant rencontrées uniquement dans l'archipel des Moluques, est introduite dans le sud de l'Inde.

Dès le milieu du XIVe siècle, la cité portuaire de Kochi (Cochin), dans le Kerala, s'établit comme l'un des principaux centres pour le commerce des épices. Aujourd'hui encore, le quartier de Mattancherry est le théâtre d'une intense activité commerciale, et les chariots chargés d'épices vont et viennent entre les entrepôts et les échoppes des marchands. Aujourd'hui, le poivre, la cardamome, la noix muscade, le macis, le gingembre, la vanille et le curcuma sont produits

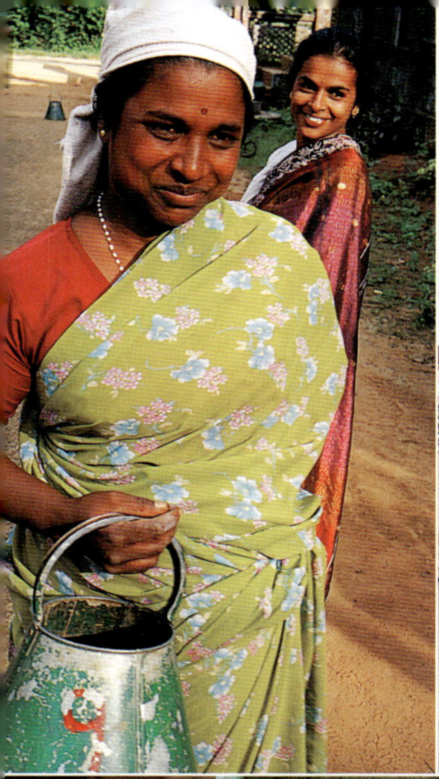

LA CARDAMOME figure au troisième rang mondial des épices les plus onéreuses. Originaire d'Inde du Sud, la cardamome de Malabar est cultivée dans les hautes collines du Kerala. Les gousses sont récoltées à la main juste avant maturation, blanchies par amidonnage puis mises à sécher. Elles sont ensuite triées par taille à l'aide de grands tamis.

dans le Kerala et le Tamil Nadu, tandis que les graines de coriandre, de cumin, d'aneth et de fenouil sont plutôt des spécialités du Gujarat et du Rajasthan. Les piments sont cultivés dans tous les États et territoires de l'Inde. Le safran est produit dans le Cachemire, la moutarde dans l'Andhra Pradesh et le fenugrec dans l'Uttar Pradesh.

Les épices sont étroitement associées avec la cuisine indienne, qui figure parmi les plus relevées au monde. Dans le nord, elles sont souvent grillées à sec et moulues avant utilisation, et des mélanges aromatiques tels que le *garam masala* servent à l'assaisonnement des plats. En Inde du Sud, les épices sont moulues puis mêlées à de la noix de coco ou à des herbes aromatiques jusqu'à obtention d'une pâte humide. Bien souvent, un assaisonnement *(tarka)*, mélange frit de graines de moutarde, de feuilles de curry et de piment séché, est ajouté au plat en fin de cuisson.

LE QUARTIER DE JEW TOWN, plaque tournante du commerce des épices en Inde, fut édifié sur des terres données au XVIe siècle à la communauté juive par le rajah de Kochi (Cochin).

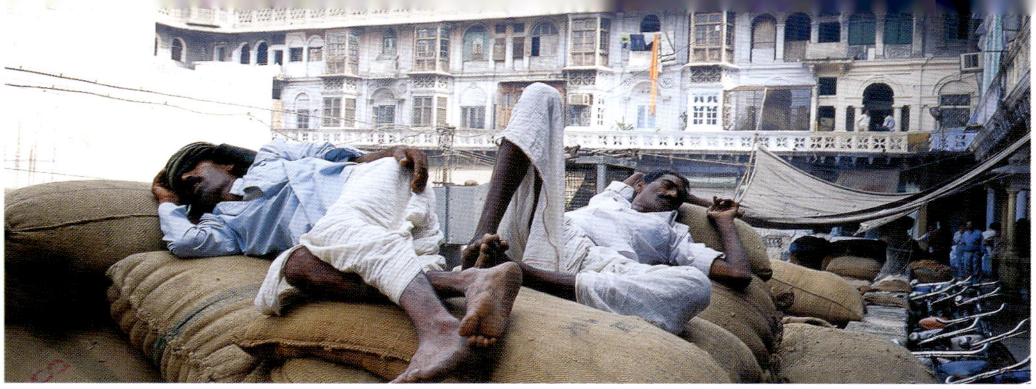

ROGAN JOSH

IL EXISTE DIVERSES PÂTES DE CURRY PERMETTANT LA PRÉPARATION DE CE PLAT RÉPUTÉ, MAIS L'UTILISATION D'ÉPICES FRAÎCHEMENT MOULUES EST TOUJOURS PRÉFÉRABLE. ICI, LE ROGAN JOSH DOIT SA BELLE COULEUR À LA PRÉSENCE DE POUDRE DE PIMENT ET DE PAPRIKA.

8 gousses d'ail, hachées
1 morceau de gingembre frais de 6 cm, râpé
2 cuil. à café de cumin en poudre
1 cuil. à café de poudre de piment du Cachemire
2 cuil. à café de paprika
2 cuil. à café de coriandre en poudre
1 kg d'épaule ou de gigot d'agneau désossé, coupés en dés de 3 cm
5 cuil. à soupe d'huile ou de *ghee* (beurre clarifié)
1 oignon, finement haché
6 gousses de cardamome
4 clous de girofle
2 feuilles de *tej patta* (laurier des Indes)
1 bâton de cannelle de 8 cm
200 ml de yaourt nature épais (*voir* page 280)
4 filaments de safran, infusés dans 2 cuil. à soupe de lait
1/4 de cuil. à café de *garam masala*

6 PERSONNES

METTRE l'ail, le cumin, le gingembre, la poudre de piment, le paprika et la coriandre dans une grande terrine. Ajouter les morceaux d'agneau et mélanger de sorte qu'ils soient bien enrobés de la préparation. Couvrir et laisser reposer une nuit au réfrigérateur.

FAIRE chauffer le *ghee* ou l'huile à feu doux dans un *karhai* ou une sauteuse et faire revenir l'oignon 10 minutes, jusqu'à ce qu'il commence à dorer. Retirer l'oignon de la sauteuse et réserver.

METTRE les gousses de cardamome, les clous de girofle, les feuilles de *tej patta* et la cannelle dans la sauteuse, et faire revenir 1 minute. Augmenter le feu, incorporer l'agneau et l'oignon, et faire cuire encore 2 minutes. Remuer de nouveau, puis réduire le feu, couvrir et laisser cuire 15 minutes. Retirer le couvercle et poursuivre la cuisson 3 minutes, jusqu'à ce que l'agneau soit sec. Mouiller avec 100 ml d'eau, couvrir et faire cuire 5 à 7 minutes, jusqu'à ce que l'eau s'évapore et que l'huile remonte la surface. Faire revenir encore 1 à 2 minutes, puis mouiller de nouveau avec 250 ml d'eau. Couvrir et laisser mijoter 40 à 50 minutes, jusqu'à ce que la viande soit bien tendre. Le liquide de cuisson doit réduire presque entièrement.

INCORPORER le yaourt en veillant à ce que la viande n'attache pas au fond de la sauteuse. Ajouter le safran et le lait, bien mélanger et saler selon son goût. Retirer du feu et saupoudrer de *garam masala*.

Les graines de pavot utilisées dans la cuisine indienne sont blanches plutôt que noires. Elles sont souvent moulues et ajoutées à une pâte humide.

Échoppe proposant du yaourt frais à Hyderabad.

KORMA D'AGNEAU

CE PLAT PEU ÉPICÉ EXISTE EN DE NOMBREUSES VERSIONS. LA CUISSON DOIT S'EFFECTUER TRÈS LENTEMENT AFIN QUE LES SUBTILES SAVEURS SOIENT BIEN RÉVÉLÉES. ICI, GRAINES DE PAVOT ET NOIX DE CAJOU SERVENT À ÉPAISSIR LA SAUCE, QUI EST RENDUE CRÉMEUSE PAR L'AJOUT DE YAOURT.

1 kg d'épaule ou de gigot d'agneau désossé, coupés en dés de 2,5 cm
2 cuil. à soupe de yaourt nature épais (*voir* page 280)
1 cuil. à soupe de graines de coriandre
2 cuil. à café de graines de cumin
5 gousses de cardamome
2 oignons
2 cuil. à soupe de noix de coco râpée (*voir* page 283)
1 cuil. à soupe de graines de pavot blanches *(khus khus)*
3 piments verts, grossièrement hachés
4 gousses d'ail, hachées
1 morceau de gingembre frais de 5 cm, râpé
25 g de noix de cajou
6 clous de girofle
1/4 de cuil. à café de cannelle en poudre
2 cuil. à soupe d'huile

4 PERSONNES

METTRE les morceaux d'agneau dans une terrine, ajouter le yaourt et remuer de sorte que la viande soit bien enrobée.

DANS une petite poêle, faire griller à sec et à feu doux les graines de coriandre pour révéler leur arôme. Retirer la coriandre de la poêle et procéder de même avec les graines de cumin. Utiliser un moulin à épices ou un mortier pour réduire les graines en fine poudre. Ouvrir les gousses de cardamome, retirer les graines et les réduire en poudre dans un moulin à épices ou un mortier.

ÉMINCER l'un des oignons et hacher grossièrement l'autre. Mettre l'oignon haché, les épices moulues, la noix de coco, les graines de pavot, les piments, l'ail, le gingembre, les noix de cajou, les clous de girofle et la cannelle dans un robot de cuisine. Ajouter 150 ml d'eau et mixer jusqu'à obtention d'un mélange homogène. À défaut, piler les ingrédients dans un mortier ou les hacher finement à l'aide d'un couteau tranchant, puis incorporer l'eau.

FAIRE chauffer l'huile à feu moyen dans un *karhai* ou une sauteuse et faire revenir l'oignon émincé jusqu'à ce qu'il soit doré. Incorporer la préparation précédente, saler et faire cuire 1 minute à feu doux, jusqu'à ce que la sauce réduise. Ajouter les morceaux d'agneau et le yaourt, puis porter lentement à ébullition. Couvrir et laisser cuire environ 1 h 30 à feu doux en remuant de temps en temps, jusqu'à ce que les morceaux d'agneau soient bien tendres et que la sauce épaississe. Mouiller avec 125 ml d'eau si la sauce s'évapore complètement au cours de la cuisson.

AGNEAU À LA MODE MOGHOLE

ICI ENCORE, LA VIANDE D'AGNEAU EST PLACÉE À MARINER UNE NUIT AVANT LA CUISSON AFIN QU'ELLE S'IMPRÈGNE BIEN DES PARFUMS. L'AJOUT DE CRÈME PERMET D'ADOUCIR QUELQUE PEU LE PLAT.

6 gousses d'ail, grossièrement hachées
1 morceau de gingembre frais de 4 cm, grossièrement haché
50 g d'amandes, mondées
2 oignons, émincés
750 g d'épaule ou de gigot d'agneau désossé, coupés en dés de 2,5 cm
2 cuil. à café de graines de coriandre
40 g de *ghee* (beurre clarifié)
7 gousses de cardamome
5 clous de girofle
1 bâton de cannelle
1 cuil. à café de sel
300 ml de crème fraîche allégée
1/2 cuil. à café de poivre de Cayenne
1/2 cuil. à café de *garam masala* (*voir* page 284)
amandes effilées grillées

4 PERSONNES

MIXER l'ail, le gingembre, les amandes et 50 g d'oignon dans un robot de cuisine. À défaut, piler les ingrédients dans un mortier ou les hacher finement à l'aide d'un couteau tranchant. Ajouter un peu d'eau si nécessaire de façon à obtenir un mélange homogène. Transférer le mélange dans une terrine, ajouter les morceaux d'agneau et mélanger de sorte que la viande soit bien enrobée. Couvrir et laisser reposer une nuit au réfrigérateur.

DANS une petite poêle, faire griller à sec et à feu doux les graines de coriandre pour révéler leur arôme, puis les retirer de la poêle et les réduire en poudre dans un moulin à épices ou un mortier.

FAIRE chauffer le *ghee* dans un *karhai* ou une sauteuse et ajouter les gousses de cardamome, les clous de girofle et le bâton de cannelle. Faire revenir environ 10 secondes, puis ajouter le reste de l'oignon et laisser cuire jusqu'à ce qu'il commence à dorer. Transférer l'oignon sur une assiette et réserver.

FAIRE revenir l'agneau et la marinade dans la sauteuse jusqu'à ce que la préparation ait réduit et que les morceaux de viande soient dorés. Mouiller avec 150 ml d'eau chaude, couvrir et laisser cuire 30 minutes à feu doux en remuant de temps en temps.

AJOUTER la coriandre moulue, le sel, la crème fraîche, le poivre de Cayenne et l'oignon réservé. Couvrir et faire cuire 30 minutes, jusqu'à ce que l'agneau soit bien tendre. Remuer de temps en temps pour éviter que la viande n'attache au fond de la sauteuse. Retirer les gousses de cardamome, les clous de girofle et le bâton de cannelle, puis incorporer le *garam masala*. Servir parsemé d'amandes effilées grillées.

Vestiges d'une école religieuse construite en 1354 à Haus Khas, Territoire de Delhi.

À Hyderabad, le *kheema matar* est servi au petit déjeuner, accompagné de *poppadom* et de chutney.

KHEEMA MATAR

DURANT LES MOIS D'HIVER, SAISON DES PETITS POIS DANS LE NORD DE L'INDE, CE CURRY SEC EST SOUVENT SERVI EN ACCOMPAGNEMENT DE PLATS VÉGÉTARIENS TELS QU'ALOO GOBI ET ALOO METHI. POUR UNE VERSION PLUS DOUCE AU PALAIS, ON LAISSERA DE CÔTÉ LES PIMENTS.

- 2 oignons, grossièrement hachés
- 4 gousses d'ail, grossièrement hachées
- 1 morceau de gingembre frais de 5 cm, grossièrement haché
- 4 piments verts
- 160 ml d'huile
- 2 feuilles de *tej patta* (laurier des Indes)
- 500 g de viande d'agneau, hachée
- 1 pincée d'*asa fœtida*
- 2 cuil. à soupe de coulis de tomate
- 1/4 de cuil. à café de curcuma en poudre
- 1/2 cuil. à café de poudre de piment
- 2 cuil. à soupe de coriandre en poudre
- 2 cuil. à soupe de cumin en poudre
- 2 cuil. à soupe de yaourt nature épais (*voir* page 280)
- 3 cuil. à café de sel
- 1 cuil. à café de poivre noir moulu
- 225 g de petits pois frais ou surgelés
- 1/4 de cuil. à café de *garam masala* (*voir* page 284)
- 5 cuil. à soupe de feuilles de coriandre finement hachées

4 PERSONNES

HACHER finement les oignons, l'ail, le gingembre et 2 piments dans un robot de cuisine. À défaut, piler les ingrédients dans un mortier ou les hacher à l'aide d'un couteau tranchant.

FAIRE chauffer l'huile à feu moyen dans un *karhai* ou une sauteuse à fond épais. Ajouter la préparation précédente et les feuilles de *tej patta*, et faire revenir 3 à 4 minutes, jusqu'à ce que la préparation soit bien dorée. Ajouter l'agneau haché et faire cuire 15 minutes en remuant de temps en temps et en émiettant la viande à l'aide d'une fourchette de sorte qu'elle s'imprègne des arômes d'oignon, d'ail, de gingembre et de piment. Ajouter l'*asa fœtida* et le coulis de tomate, bien remuer et réduire le feu.

AJOUTER le curcuma, la poudre de piment, la coriandre et le cumin, et faire revenir environ 1 minute sans cesser de remuer. Ajouter le yaourt, le sel et le poivre, et laisser cuire encore 5 minutes. Mouiller très progressivement avec 200 ml d'eau, puis ajouter les petits pois et les deux piments restants. Mélanger et laisser mijoter 20 minutes jusqu'à ce que les petits pois soient bien cuits. À défaut de petits pois frais, laisser cuire l'agneau et les piments 20 minutes, puis ajouter les petits pois surgelés 5 minutes avant la fin de la cuisson. Incorporer le *garam masala* et la coriandre hachée, et servir.

Affiche de film peinte à la main dans une rue de Chennai (Madras).

AGNEAU À LA MODE DE MADRAS

EN INDE, LES VIANDES DE MOUTON ET DE CHÈVRE SONT BIEN SOUVENT LES SEULES DISPONIBLES. ICI, LA VIANDE DE CHÈVRE EST REMPLACÉE PAR DE L'AGNEAU, PLUS TENDRE, ET CUIT TRÈS LENTEMENT AFIN QUE LES SAUCES SOIENT BIEN ABSORBÉES. ON PEUT AUSSI UTILISER DE LA VIANDE DE BŒUF.

1 kg d'épaule ou de gigot d'agneau désossé, coupés en dés de 2,5 cm
1 cuil. à café 1/2 de curcuma en poudre
2 cuil. à soupe de graines de coriandre
2 cuil. à soupe de graines de cumin
10 piments séchés
12 feuilles de curry
10 gousses d'ail, grossièrement hachées
1 morceau de gingembre frais de 5 cm, grossièrement haché
1 cuil. à café de graines de fenouil
1 cuil. à soupe de concentré de tamarin (*voir* page 280)
4 cuil. à soupe d'huile ou de *ghee* (beurre clarifié)
3 gros oignons, émincés
600 ml de lait de coco (*voir* page 283)
1 bâton de cannelle de 8 cm
6 gousses de cardamome
feuilles de curry, en garniture

6 PERSONNES

ENROBER les morceaux d'agneau de curcuma en poudre. Dans une petite poêle, faire griller à sec et à feu doux les graines de coriandre pour révéler leur arôme. Retirer la coriandre de la poêle et procéder de même avec les graines de cumin, puis les piments séchés. Utiliser un moulin à épices ou un mortier pour réduire l'ensemble en poudre. Ajouter 6 feuilles de curry, l'ail et le gingembre, et piler l'ensemble jusqu'à obtention d'un mélange homogène.

Faire griller à sec les graines de fenouil dans la même poêle jusqu'à ce qu'elles éclatent. Délayer le concentré de tamarin dans 125 ml d'eau chaude.

FAIRE chauffer l'huile ou le *ghee* à feu doux dans un *karhai* ou une sauteuse et faire revenir les oignons 5 à 10 minutes, jusqu'à ce qu'ils soient tendres. Ajouter le mélange à base d'épices et de piment, et faire cuire encore quelque minutes pour révéler les arômes. Incorporer les morceaux d'agneau, puis mouiller avec 500 ml de lait de coco et 60 ml d'eau. Porter à ébullition et laisser mijoter 10 minutes à feu moyen, jusqu'à ce que la sauce ait réduit.

AJOUTER le reste du lait de coco, le bâton de cannelle, les gousses de cardamome et les graines de fenouil entières. Saler et poivrer. Couvrir à moitié et faire cuire 1 heure à feu moyen en remuant de temps en temps, jusqu'à ce que l'agneau soit tendre. Incorporer le tamarin et rectifier l'assaisonnement. Faire chauffer sans cesser de remuer jusqu'à ce que l'huile se dissocie de la sauce. Dégraisser la surface à l'aide d'une cuillère ou de papier absorbant, puis retirer la sauteuse du feu.

REMUER et ajouter les 6 autres feuilles de curry avant de servir. Garnir de feuilles de curry supplémentaires.

Des feuilles de curry fraîches sont proposées chaque jour sur les étals des marchés.

Utilisez vos deux mains pour modeler la galette de hachis autour de l'œuf. Lissez la jointure pour obtenir une forme régulière.

Vente d'œufs à l'étalage sur un marché de Kolkata (Calcutta).

NARGISI KOFTA

CES CHAUSSONS D'AGNEAU FARCIS D'UN ŒUF SONT MODELÉS À LA MAIN PUIS FRITS DANS L'HUILE. LORSQU'ILS CONSTITUENT LE METS PRINCIPAL D'UN REPAS, ILS SONT SERVIS AVEC UNE SAUCE ÉPICÉE, MAIS CETTE SAUCE N'EST PAS NÉCESSAIRE POUR UNE DÉGUSTATION EN COLLATION.

KOFTA
10 petits œufs
1 oignon, finement haché
4 gousses d'ail, hachées
1 cuil. à café de sel
1/2 cuil. à café de curcuma en poudre
1 cuil. à café de *garam masala* (*voir* page 284)
1 cuil. à café de poudre de piment
550 g de viande d'agneau, hachée
3 cuil. à soupe de farine de riz
huile, pour la friture

SAUCE
2 grosses tomates bien mûres
1 cuil. à soupe d'huile
1 oignon, finement haché
2 gousses d'ail, hachées
1 morceau de gingembre frais de 2 cm, râpé
1 cuil. à café de curcuma en poudre
1 cuil. à café de sel
1/2 cuil. à café de poudre de piment (facultatif)
1/2 cuil. à café de sucre
1 cuil. à café de *garam masala* (*voir* page 284)
125 ml de yaourt nature épais (*voir* page 280)

4 PERSONNES

POUR les *kofta*, faire cuire 8 œufs 10 minutes dans de l'eau bouillante, puis les plonger immédiatement dans de l'eau froide. Attendre que les œufs durs soient froids, puis les écaler.

METTRE l'ail, l'oignon, le sel, le curcuma, le *garam masala* et la poudre de piment dans une grande terrine. Ajouter l'agneau haché et pétrir la préparation obtenue. Battre un des œufs restants et l'incorporer à la préparation.

DIVISER la préparation en 8 portions égales et façonner une boule avec chaque portion. Aplatir une boule sur la paume d'une main pour obtenir une petite galette et disposer un œuf dur au centre de la galette. Envelopper l'œuf uniformément avec la galette. Procéder de même avec les autres œufs, puis saupoudrer les *kofta* de farine de riz.

REMPLIR au tiers d'huile un *karhai* ou une sauteuse à fond épais et faire chauffer à 180 °C. Battre le dernier œuf avec un peu d'eau. Tremper un *kofta* dans l'œuf battu, l'égoutter légèrement et le faire frire dans l'huile jusqu'à ce qu'il soit bien doré. Retirer le *kofta* de l'huile et l'égoutter sur du papier absorbant. Procéder de même avec les autres *kofta*, puis jeter l'huile.

POUR la sauce, pratiquer une incision en croix sur la base des tomates et les plonger 20 secondes dans de l'eau bouillante. Les égoutter, puis les peler en partant de l'incision. Concasser la pulpe, jeter cœur et pépins, et réserver le jus. Faire chauffer l'huile dans le *karhai* et faire revenir l'ail, l'oignon et le gingembre environ 5 minutes. Incorporer le curcuma, le sel, la poudre de piment, le sucre et le *garam masala*. Remuer et ajouter la pulpe de tomate. Faire cuire 2 à 3 minutes à feu doux, incorporer le yaourt et mouiller avec 125 ml d'eau chaude. Laisser mijoter encore 3 minutes, ajouter les *kofta* et faire cuire 10 minutes en les retournant souvent, jusqu'à ce qu'ils soient bien chauds. Couper les *kofta* en deux et les servir avec la sauce.

SAAG GOSHT

CE PLAT RICHEMENT PARFUMÉ DU NORD DE L'INDE PEUT ÊTRE SERVI ACCOMPAGNÉ DE RIZ OU DE GALETTES DE PAIN. LA CUISSON S'EFFECTUE LENTEMENT JUSQU'À OBTENTION D'UNE SAUCE ÉPAISSE. À DÉFAUT DE FEUILLES D'ÉPINARD FRAÎCHES, ON PEUT UTILISER DES FEUILLES D'ÉPINARD SURGELÉES.

2 cuil. à café de graines de coriandre
1 cuil. à café 1/2 de graines de cumin
3 cuil. à soupe d'huile
1 kg d'épaule ou de gigot d'agneau désossé, coupés en dés de 2,5 cm
4 oignons, finement hachés
6 clous de girofle
6 gousses de cardamome
1 bâton de cannelle de 10 cm
10 grains de poivre noir
4 feuilles de *tej patta* (laurier des Indes)
3 cuil. à café de *garam masala* (*voir* page 284)
1/4 de cuil. à café de curcuma en poudre
1 cuil. à café de paprika
1 morceau de gingembre frais de 7 cm, râpé
4 gousses d'ail, hachées
190 ml de yaourt nature épais (*voir* page 280)
450 g de feuilles d'épinard ou d'amarante, ciselées

6 PERSONNES

FAIRE griller à sec et à feu doux les graines de coriandre dans une petite poêle pour révéler leur arôme. Retirer la coriandre de la poêle et procéder de même avec les graines de cumin. Utiliser un moulin à épices ou un mortier pour réduire les graines en poudre.

FAIRE chauffer l'huile à feu doux dans un *karhai* ou une sauteuse et faire revenir les morceaux d'agneau par petites quantités, jusqu'à ce qu'ils soient bien dorés. Retirer les morceaux de la sauteuse. Ajouter un peu d'huile et faire revenir l'oignon, les clous de girofle, les gousses de cardamome, le bâton de cannelle, les grains de poivre noir et les feuilles de *tej patta* jusqu'à ce que l'oignon commence à dorer. Ajouter le cumin et la coriandre moulus, le *garam masala*, le curcuma et le paprika, et faire revenir encore 30 secondes. Ajouter les morceaux de viande, l'ail, le gingembre et le yaourt, mouiller avec 425 ml d'eau et porter à ébullition. Réduire le feu, couvrir et laisser mijoter 1 h 30 à 2 heures, jusqu'à ce que la viande soit bien tendre. Si la sauce est trop liquide, poursuivre la cuisson quelques minutes à feu vif en retirant le couvercle. Saler selon son goût.

FAIRE cuire les feuilles d'épinard dans de l'eau bouillante jusqu'à ce qu'elles commencent à se flétrir, puis les rincer à l'eau courante. Bien les égoutter et les hacher finement.

AJOUTER le hachis d'épinard à la préparation et faire cuire 3 minutes sans cesser de remuer de sorte que les morceaux d'agneau soient bien enrobés. Poursuivre éventuellement la cuisson pour laisser réduire la sauce.

Les feuilles d'amarante peuvent être remplacées par des feuilles d'épinard dans toutes les recettes de *saag*.

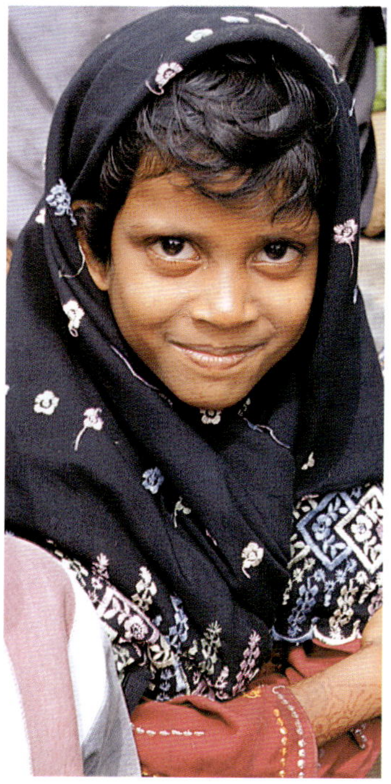

KEBAB D'AGNEAU

- 5 gousses d'ail, grossièrement hachées
- 1 morceau de gingembre frais de 5 cm, grossièrement haché
- 3 piments verts, grossièrement hachés
- 1 oignon, grossièrement haché
- 3 cuil. à soupe de yaourt nature épais (*voir* page 280)
- 3 cuil. à soupe de feuilles de coriandre
- 1/2 cuil. à café de poivre noir moulu
- 500 g de viande d'agneau, hachée
- rondelles d'oignon rouge
- quartiers de citron

4 PERSONNES

METTRE l'ail, le gingembre, les piments, l'oignon, le yaourt et les feuilles de coriandre dans un robot de cuisine et mixer jusqu'à obtention d'un mélange homogène. À défaut, piler les ingrédients dans un mortier ou hacher à l'aide d'un couteau tranchant. Transférer le mélange dans une terrine, ajouter le poivre et saler. Incorporer la viande d'agneau, puis prélever 2 cuillerées à soupe du mélange obtenu et façonner une petite galettes ovale. Procéder de même avec le reste du mélange de façon à obtenir 16 galettes. Couvrir et laisser reposer 20 minutes au réfrigérateur.

PRÉCHAUFFER le gril à puissance maximale. Piquer les galettes d'agneau sur 4 brochettes en métal et les faire cuire 7 minutes de chaque côté, jusqu'à ce qu'elles soient bien dorées. Servir accompagné de rondelles d'oignon et de quartiers de citron.

AGNEAU DO PIAZA

AGNEAU DO PIAZA

DANS CETTE RECETTE, LA QUANTITÉ D'OIGNON ATTEINT PRESQUE LA MOITIÉ DE CELLE DE VIANDE D'AGNEAU, ET L'OIGNON EST UTILISÉ DE DEUX FAÇONS DIFFÉRENTES.

- 1 cuil. à café 1/2 de graines de cumin
- 2 cuil. à café 1/2 de graines de coriandre
- 4 gousses d'ail, grossièrement hachées
- 1 morceau de gingembre frais de 8 cm, grossièrement haché
- 400 g d'oignons, finement hachés
- 3 cuil. à soupe d'huile
- 1 kg d'épaule ou de gigot d'agneau désossé, coupés en dés de 3 cm
- 2 cuil. à café de *garam masala* (*voir* page 284)
- 1 cuil. à café de curcuma en poudre

4 PERSONNES

FAIRE griller à sec et à feu doux les graines de cumin dans une petite poêle pour révéler leur arôme. Retirer le cumin de la poêle et procéder de même avec les graines de coriandre. Utiliser un moulin à épices ou un mortier pour réduire en poudre les graines de cumin et de coriandre. Hacher finement l'ail, le gingembre et les deux tiers de l'oignon à l'aide d'un couteau tranchant.

FAIRE chauffer l'huile dans un *karhai* ou une sauteuse et faire revenir le reste de l'oignon jusqu'à ce qu'il soit bien doré. Ajouter les morceaux d'agneau et faire cuire jusqu'à ce qu'ils soient uniformément dorés. Incorporer les épices moulues, le *garam masala* et le curcuma, puis ajouter le mélange à base d'ail. Mouiller avec 250 ml d'eau et porter lentement à ébullition. Couvrir, réduire le feu et laisser cuire 1 heure à feu doux, jusqu'à ce que la viande soit bien tendre. Mouiller avec 125 ml d'eau si la sauce s'évapore complètement au cours de la cuisson. Si la sauce est trop liquide, poursuivre la cuisson quelques minutes à feu vif en retirant le couvercle.

KEBAB D'AGNEAU

DHANSAK

CE SAVOUREUX PLAT PARSI EST SOUVENT SERVI À L'OCCASION DE FÊTES. LE MÉLANGE DES DIFFÉRENTS TYPES DE DAL ENRICHIT LA PRÉPARATION, MAIS ELLE DEMEURE TOUT AUSSI DÉLICIEUSE SI L'ON SE CONTENTE D'UTILISER DES MASOOR DAL (LENTILLES ROUGES) ET DES TOOR DAL (LENTILLES JAUNES).

100 g de *toor dal* (lentilles jaunes)
25 g de *moong dal* (haricots mungo cassés)
25 g de *chana dal* (pois chiches)
50 g de *masoor dal* (lentilles rouges)
1 aubergine, non pelée
1 potiron de 150 g, non pelé
150 g de feuilles d'amarante ou d'épinard
2 tomates
2 piments verts
2 cuil. à soupe d'huile ou de *ghee* (beurre clarifié)
1 oignon, finement haché
3 gousses d'ail, hachées
1 morceau de gingembre frais de 2 cm, râpé
1 kg d'épaule ou de gigot d'agneau désossé, coupés en dés de 3 cm
1 bâton de cannelle de 2 cm
5 gousses de cardamome, légèrement écrasées
3 clous de girofle
1 cuil. à soupe de coriandre en poudre
1 cuil. à café de curcuma en poudre
1 cuil. à café de poudre de piment
3 cuil. à soupe de jus de citron vert

6 PERSONNES

FAIRE tremper le *toor dal*, le *moong dal* et le *chana dal* environ 2 heures dans une grande terrine d'eau, puis bien les égoutter.

METTRE les *dal* dans une grande casserole avec environ 1 litre d'eau, puis couvrir et porter à ébullition. Retirer le couvercle et laisser frémir 15 minutes en remuant de temps en temps et en écumant la surface. Réduire l'ensemble en purée épaisse.

FAIRE cuire le potiron et l'aubergine 10 à 15 minutes dans de l'eau bouillante, jusqu'à ce qu'ils soient tendres. Prélever la chair du potiron à l'aide d'une cuillère et la concasser. Peler délicatement l'aubergine et concasser la chair. Ciseler les feuilles d'amarante ou d'épinard en lanières de 5 cm de long, couper les tomates en deux et trancher les piments dans la longueur en retirant les pépins.

FAIRE chauffer le *ghee* ou l'huile dans un *karhai* ou une sauteuse et faire revenir l'oignon, le gingembre et l'ail 5 minutes, jusqu'à ce qu'ils soient légèrement dorés. Ajouter les morceaux d'agneau et faire revenir environ 10 minutes. Ajouter la cannelle, les gousses de cardamome, les clous de girofle, la coriandre, le curcuma et la poudre de piment, et faire cuire encore 5 minutes pour révéler les arômes. Mouiller avec 175 ml d'eau, couvrir et laisser mijoter jusqu'à ce que la viande soit bien tendre.

AJOUTER la purée de *dal*, puis incorporer les légumes cuits et crus. Saler, poivrer et incorporer le jus de citron vert. Laisser frémir 15 minutes en ajoutant un peu d'eau si la sauce est trop épaisse. Mélanger et rectifier l'assaisonnement. Le *dhansak* doit être très parfumé, avec des saveurs à la fois acides et épicées.

ALOO GOSHT

ORIGINAIRE DU NORD DE L'INDE, CETTE RECETTE AUX ARÔMES SUBTILS ASSOCIE VIANDE D'AGNEAU ET POMMES DE TERRE. L'OS DU GIGOT ET SA MOELLE AJOUTENT ENCORE AUX SAVEURS DURANT LA CUISSON, TANDIS QUE L'AMIDON DES POMMES DE TERRE AIDE À ÉPAISSIR LA SAUCE.

1 gigot d'agneau sur l'os de 1 kg
350 g de pommes de terre bien fermes
1 cuil. à café 1/2 de graines de coriandre
1 cuil. à café 1/2 de graines de cumin
2 cuil. à soupe d'huile
1 oignon, haché
2 feuilles de *tej patta* (laurier des Indes)
1/4 de cuil. à café de curcuma en poudre
2 cuil. à café de *garam masala* (*voir* page 284)
400 g de tomates concassées en boîte
3 piments verts, hachés
4 gousses d'ail, hachées
1 morceau de gingembre frais de 3 cm, râpé
1 cuil. à soupe de coulis de tomate

6 PERSONNES

DÉGRAISSER le gigot, retirer l'os et couper la viande en dés de 3 cm. Réserver l'os et sa moelle.

COUPER chaque pomme de terre en 3 ou 4 morceaux et réserver dans une terrine d'eau froide.

DANS une petite poêle, faire griller à sec et à feu doux les graines de coriandre pour révéler leur arôme. Retirer la coriandre de la poêle et procéder de même avec les graines de cumin. Utiliser un moulin à épices ou un mortier pour réduire les graines en poudre.

FAIRE chauffer l'huile à feu doux dans un karhai ou une sauteuse et faire revenir l'oignon et les feuilles de *tej patta* jusqu'à ce qu'ils commencent à dorer. Incorporer les épices moulues, le curcuma et 1 cuillerée à café de *garam masala*, puis ajouter les tomates, les piments, l'ail et le gingembre, et faire cuire jusqu'à ce que l'huile se dissocie de la sauce. Incorporer le coulis de tomate et mouiller avec 250 ml d'eau. Ajouter les morceaux d'agneau et l'os, mélanger et porter à ébullition. Couvrir, réduire le feu et laisser mijoter 1 heure.

AJOUTER les morceaux de pomme de terre et faire cuire encore 1 heure en remuant de temps en temps afin d'éviter que la viande n'attache au fond de la sauteuse. Mouiller avec 125 ml d'eau si la sauce s'évapore complètement au cours de la cuisson. À la fin de la cuisson, la sauce doit être très épaisse. Saler selon son goût.

RETIRER l'os et saupoudrer le reste de *garam masala* avant de servir.

KOFTA À LA SAUCE À LA TOMATE ET AU YAOURT

CHAQUE PAYS DU MONDE SEMBLE POSSÉDER AU MOINS UNE RECETTE DE BOULETTES DE VIANDE FRITES DANS L'HUILE. CELLE PRÉSENTÉE ICI EST ORIGINAIRE DU NORD DE L'INDE, ET LES PAINS NAN SONT PARFAITS POUR ACCOMPAGNER LA RICHE SAUCE À LA TOMATE ET AU YAOURT.

Les gousses de cardamome poussent à la base de la plante. Elles sont récoltées à la main.

KOFTA
1 oignon
500 g de viande d'agneau, hachée
1 morceau de gingembre frais de 2 cm, râpé
3 gousses d'ail, finement hachées
2 piments verts, épépinés et finement hachés
1/2 cuil. à café de sel
1 œuf

SAUCE À LA TOMATE ET AU YAOURT
2 cuil. à café de graines de coriandre
2 cuil. à café de graines de cumin
3 cuil. à soupe d'huile
1 bâton de cannelle de 10 cm
6 clous de girofle
6 gousses de cardamome
1 oignon, finement haché
1/2 cuil. à café de curcuma en poudre
1 cuil. à café de paprika
1 cuil. à café de *garam masala* (*voir* page 284)
1/2 cuil. à café de sel
200 g de tomates concassées en boîte
150 ml de yaourt nature épais (*voir* page 280)

feuilles de coriandre

4 PERSONNES

POUR les *kofta*, râper l'oignon, puis le mettre dans une passoire et le presser avec le dos d'une cuillère pour en exprimer tout le liquide. Transférer le liquide dans une terrine et ajouter le gingembre, les piments verts, l'ail, le sel, l'œuf et la viande d'agneau hachée. Mélanger l'ensemble, puis diviser la pâte en 20 portions égales. Façonner une boulette avec chaque portion et couvrir de film alimentaire. Laisser reposer les boulettes 2 heures au réfrigérateur ou au congélateur de sorte qu'elles soient fermes et conservent leur forme après l'ajout de la sauce.

POUR la sauce, faire griller à sec et à feu doux les graines de coriandre dans une petite poêle pour révéler leur arôme. Retirer la coriandre de la poêle et procéder de même avec les graines de cumin. Utiliser un moulin à épices ou un mortier pour réduire les graines en poudre.

FAIRE chauffer l'huile à feu doux dans un *karhai* ou une sauteuse et faire revenir la cannelle, les clous de girofle, les gousses de cardamome et l'oignon jusqu'à ce que l'oignon soit doré. Ajouter les épices moulues et en poudre et le sel, et faire revenir encore 30 secondes. Incorporer les tomates concassées, retirer la sauteuse du feu et ajouter le yaourt progressivement. Remettre la sauteuse sur le feu, y ajouter les boulettes de viande et porter à ébullition. Réduire le feu et laisser mijoter 1 heure à feu très doux, sans couvrir et en remuant de temps en temps afin d'éviter que les boulettes n'attachent au fond de la sauteuse. Mouiller avec 125 ml d'eau si la sauce s'évapore complètement au cours de la cuisson. Retirer les épices entières et servir garni de feuilles de coriandre.

Regroupez les épices entières dans un conteneur spécifique afin qu'elles soient facilement accessibles.

En Inde, les feuilles de fenugrec sont vendues en bottes sur les marchés.

METHI GOSHT

EN INDE, LE MOT METHI EST L'UN DE CEUX EMPLOYÉS POUR DÉSIGNER LE FENUGREC. DANS LE NORD DU PAYS, LES FEUILLES DE FENUGREC SONT COMBINÉES À DE LA VIANDE D'AGNEAU POUR LA PRÉPARATION DE DÉLICIEUX EN-CAS SERVIS AVEC DU RIZ OU DES GALETTES DE PAIN.

2 oignons, grossièrement hachés
4 gousses d'ail, grossièrement hachées
1 morceau de gingembre frais de 8 cm, grossièrement haché
3 piments verts, épépinés
140 ml d'huile
2 feuilles de *tej patta* (laurier des Indes)
1 kg d'épaule ou de gigot d'agneau désossé, coupés en dés de 2,5 cm
1 cuil. à soupe de cumin en poudre
2 cuil. à soupe de coriandre en poudre
1/2 cuil. à café de *garam masala* (*voir* page 284)
1/2 cuil. à café de poudre de piment
2 cuil. à café de sel
1/2 cuil. à café de poivre noir moulu
200 g de feuilles de fenugrec fraîches, finement hachées

4 PERSONNES

HACHER finement l'ail, les oignons, le gingembre et les piments dans un robot de cuisine. À défaut, piler les ingrédients dans un mortier ou les hacher finement à l'aide d'un couteau tranchant.

FAIRE chauffer l'huile à feu moyen dans un *karhai* ou une sauteuse, ajouter le mélange précédent et les feuilles de *tej patta*, puis faire revenir 3 minutes, jusqu'à ce que la préparation commence à dorer et à attacher au fond du faitout. Ajouter progressivement l'agneau et faire cuire 20 minutes sans cesser de remuer, jusqu'à ce que la viande soit uniformément dorée et que l'huile se dissocie de la sauce.

AJOUTER les épices, le sel et le poivre, et faire revenir 3 minutes sans cesser de remuer pour révéler les arômes et imprégner l'agneau. Mouiller avec 200 ml d'eau et porter à ébullition. Réduire le feu, couvrir et laisser mijoter 45 minutes en ajoutant de l'eau si la sauce réduit trop au cours de la cuisson. Incorporer délicatement les feuilles de fenugrec et laisser cuire 15 minutes, jusqu'à ce que l'huile se dissocie de la sauce et que celle-ci prenne une riche couleur vert olive.

RAAN D'AGNEAU

CE PLAT DE BELLE APPARENCE ET TRÈS FACILE À PRÉPARER CONVIENT BIEN POUR UN REPAS ENTRE AMIS. LA VIANDE D'AGNEAU EST MISE À MARINER UNE NUIT ENTIÈRE AFIN QU'ELLE S'IMPRÈGNE BIEN DES SAVEURS DES ÉPICES. SERVIR ACCOMPAGNÉ DE RIZ ET DE LÉGUMES.

1 gigot d'agneau de 1,7 kg

MARINADE
1 cuil. à café de graines de cardamome
1 oignon, grossièrement haché
4 gousses d'ail, grossièrement hachées
1 morceau de gingembre frais de 2 cm, grossièrement haché
3 piments verts, épépinés
2 cuil. à café de cumin en poudre
1/2 cuil. à café de clous de girofle moulus
1 cuil. à soupe 1/2 de jus de citron
250 ml de yaourt nature épais (*voir* page 280)

ENROBAGE AUX AMANDES
3 cuil. à soupe d'amandes mondées
1 cuil. à soupe de sucre roux
125 ml de yaourt nature épais (*voir* page 280)
1/2 cuil. à café de colorant alimentaire rouge (facultatif)

feuilles de coriandre (facultatif)

6 PERSONNES

DÉGRAISSER le gigot et piquer la chair sur toute la surface pour que la marinade pénètre bien.

POUR la marinade, utiliser un moulin à épices ou un mortier pour réduire les graines de cardamome en poudre. Mettre l'oignon, l'ail, le gingembre et les piments dans un robot de cuisine et mixer jusqu'à obtention d'un mélange homogène. À défaut, hacher finement ces ingrédients à l'aide d'un couteau tranchant et les piler dans un mortier. Incorporer la cardamome moulue, le cumin et les clous de girofle, et ajouter le jus de citron et le yaourt.

ENROBER le gigot de la moitié de la marinade. Couvrir de film alimentaire et laisser reposer une nuit au réfrigérateur. Couvrir le reste de marinade et réserver au réfrigérateur.

POUR l'enrobage aux amandes, préchauffer le four à 190 °C (th. 6-7). Hacher finement les amandes dans un robot de cuisine ou à l'aide d'un couteau tranchant, incorporer à la marinade réservée, puis ajouter le sucre roux, le yaourt et colorant alimentaire. Enduire uniformément le gigot de la préparation obtenue, le disposer sur une plaque de four et le couvrir sommairement de papier sulfurisé. Faire cuire 1 heure, puis retirer le papier sulfurisé et poursuivre la cuisson 30 minutes, jusqu'à ce que le gigot soit cuit et l'enrobage bien doré. Piquer le gigot à l'aide d'une brochette pour vérifier la cuisson : la brochette doit ressortir brûlante.

REMETTRE avec soin sur le gigot les morceaux d'enrobage éventuellement tombés au cours de la cuisson.

DÉCOUPER le gigot au moment de servir, garnir de feuilles de coriandre et surmonter chaque portion d'un peu d'enrobage aux amandes.

Construite en 1872, la Haute Cour de justice de Kolkata (Calcutta) reprend les formes du Staadhaus de la ville belge d'Ypres.

AGNEAU AUX NAVETS À LA MODE MOGHOLE

CE PLAT ORIGINAIRE DU PENDJAB ÉTAIT SANS DOUTE SERVI À LA TABLE DES PRINCES MOGHOLS DU TEMPS OÙ CEUX-CI RÉGNAIENT SUR L'INDE. AUJOURD'HUI ENCORE, IL EST SOUVENT DÉGUSTÉ LORS DE REPAS DE FÊTES, ACCOMPAGNÉ DE PAINS PENDJABIS TELS QUE LES CHAPATI ET LES NAN.

Piliers richement décorés de la mosquée Jama Masjid à Delhi. Elle fut construite au XVIIe siècle.

2 oignons, finement hachés
4 gousses d'ail, finement hachées
1 morceau de gingembre frais de 5 cm, finement haché
2 piments verts
160 ml d'huile
2 feuilles de *tej patta* (laurier des Indes)
1 kg d'épaule ou de gigot d'agneau désossé, coupés en dés de 2,5 cm
1 pincée d'*asa fœtida*
1 cuil. à café de poudre de piment
2 cuil. à soupe de coriandre en poudre
2 cuil. à soupe de cumin en poudre
1/4 de cuil. à café de curcuma en poudre
1/2 cuil. à café de *garam masala* (*voir* page 284)
1 cuil. à soupe de coulis de tomates
2 cuil. à soupe de yaourt nature épais (*voir* page 280)
1 cuil. à soupe de sel
1 cuil. à soupe de poivre noir moulu
450 g de petits navets primeur, les plus gros coupés en deux

4 PERSONNES

METTRE l'ail, les oignons, le gingembre et les piments dans un robot de cuisine et mixer jusqu'à obtention d'un mélange homogène. À défaut, hacher finement les ingrédients et les piler dans un mortier.

FAIRE chauffer l'huile dans un *karhai* ou une sauteuse et faire revenir le mélange précédent et les feuilles de *tej patta* 5 minutes à feu vif, puis 2 minutes à feu moyen. Incorporer les morceaux d'agneau de sorte qu'ils soient bien enrobés du mélange et faire revenir 15 minutes sans cesser de remuer pour révéler les arômes. Arrêter la cuisson au moment où l'huile commence à se dissocier de la sauce.

AJOUTER l'*asa fœtida*, la poudre de piment, la coriandre, le cumin, le curcuma et le *garam masala*, et bien remuer. Faire cuire 1 à 2 minutes, ajouter le coulis de tomates et le yaourt, et faire cuire encore 1 minute. Ajouter le sel et le poivre, mouiller progressivement avec 500 ml d'eau et laisser mijoter à petits bouillons jusqu'à ce que la sauce épaississe. Couvrir et laisser mijoter 30 minutes à feu doux.

AJOUTER les navets et poursuivre la cuisson encore 45 minutes à feu doux, jusqu'à ce que les navets et les morceaux d'agneaux soient bien tendres. En fin de cuisson, l'huile doit se dissocier de la sauce et prendre une couleur orange vif.

KALIA D'AGNEAU

EN INDE, LA VIANDE DE MOUTON EST PLUS FRÉQUEMMENT UTILISÉE QUE CELLE D'AGNEAU, ET IL FAUT SOUVENT PLUSIEURS HEURES DE PRÉPARATION POUR L'ATTENDRIR. ICI, LE TEMPS DE MACÉRATION EST RÉDUIT ET LE GINGEMBRE ET LE YAOURT TIENNENT LIEU D'AGENTS ATTENDRISSEURS.

2 cuil. à café 1/2 de graines de cumin
125 ml de yaourt nature épais (*voir* page 280)
2 cuil. à café de vinaigre blanc
1 cuil. à café de sel
1 cuil. à soupe de jus de gingembre (*voir* page 280)
3 cuil. à café de poudre de piment
1 cuil. à café de curcuma en poudre
1 kg de gigot ou de selle d'agneau, coupés en dés de 2,5 cm
2 pommes de terre, coupées en dés de 2,5 cm
huile, pour la friture
1 bâton de cannelle de 3 cm
2 gousses de cardamome, pilées
4 gousses d'ail, hachées
1/2 cuil. à café de sucre
4 oignons, émincés
2 feuilles de *tej patta* (laurier des Indes)
1 cuil. à soupe de coulis de tomate

6 PERSONNES

DANS une petite poêle, faire griller à sec et à feu doux 2 cuillerées à café de graines de cumin pour révéler leur arôme, puis utiliser un moulin à épices ou un mortier pour les réduire en poudre.

METTRE le cumin moulu, le yaourt, le vinaigre, le sel, le jus de gingembre, la poudre de piment et 1/2 cuillerée à café de curcuma en poudre dans une grande terrine et mélanger. Incorporer les morceaux de viande de sorte qu'ils soient uniformément enrobés du mélange, puis couvrir et laisser reposer 2 heures au réfrigérateur.

ENROBER les dés de pomme de terre du reste de curcuma en poudre. Remplir au tiers d'huile un *karhai* ou une sauteuse et faire chauffer à 180 °C. Faire frire les dés de pommes de terre jusqu'à ce qu'ils soient bien dorés, puis les égoutter sur du papier absorbant. Laisser l'huile refroidir légèrement et la jeter en conservant 2 cuillerées à soupe dans la sauteuse.

FAIRE chauffer l'huile à feu moyen et faire griller les graines de cumin restantes jusqu'à ce qu'elles commencent à éclater. Ajouter la cannelle, les gousses de cardamome, l'ail, sucre et les oignons, et faire revenir jusqu'à ce que l'ensemble commence à dorer.

AJOUTER les morceaux de viande et faire revenir jusqu'à ce qu'ils commencent à dorer, en ajoutant éventuellement un peu d'huile. Ajouter les feuilles de *tej patta* et le coulis de tomate, mouiller avec 250 ml d'eau et réduire le feu. Couvrir et laisser mijoter environ 1 heure, jusqu'à ce que la viande soit bien tendre. Si la sauce est trop liquide, poursuivre la cuisson quelques minutes à feu vif en retirant le couvercle. Incorporer les dés de pommes de terre avant de servir.

Retirez les graines des piments afin de privilégier la douceur, et prenez soin de faire griller les piments uniformément.

Version indienne du mortier et du pilon. La base est appelée *sil*, la pierre *nora*.

PORC À LA MODE DE MANGALORE

LA CUISINE DE MANGALORE EST TYPIQUE DU SUD DE L'INDE, MAIS AVEC DES INFLUENCES PORTUGAISES. LES ÉPICES SONT CUITES DANS LE JUS DE PORC POUR DE DÉLICIEUX ARÔMES, ET LA PRÉSENCE DE PIMENTS ROUGES DU CACHEMIRE EXPLIQUE LES SAVEURS LÉGÈREMENT SUCRÉES.

- 20 piments rouges du Cachemire, épépinés
- 2 cuil. à café de graines de coriandre
- 1 cuil. à café de graines de cumin
- 1/2 cuil. à café de curcuma en poudre
- 10 grains de poivre noir
- 2 cuil. à soupe de concentré de tamarin (*voir* page 280)
- 1,5 kg d'épaule de porc, coupée en dés de 3 cm
- 1 cuil. à soupe d'huile
- 2 oignons, coupés en petits morceaux
- 1 morceau de gingembre frais de 2 cm, finement haché
- 6 piments verts, coupés en deux dans leur longueur
- 8 clous de girofle
- 1 bâton de cannelle de 2 cm, brisé en morceaux
- 1 cuil. à soupe de vinaigre rouge
- 3 gousses d'ail, finement hachées
- 1 piment vert, épépiné et coupé en fines lamelles dans sa longueur, en garniture

6 PERSONNES

DANS une petite poêle, faire griller à sec et à feu doux les piments rouges, les graines de coriandre, les graines de cumin, le curcuma en poudre et les grains de poivre noir pour révéler les arômes. Utiliser un moulin à épices ou un mortier pour réduire l'ensemble en poudre.

TRANSFÉRER la poudre obtenue dans une terrine et ajouter le tamarin et les morceaux de viande. Bien remuer, couvrir et laisser reposer 2 heures au réfrigérateur.

FAIRE chauffer l'huile à feu vif dans un *karhai* ou une sauteuse. Ajouter une partie de la préparation précédente et faire revenir jusqu'à ce que le porc soient bien dorés. Retirer les morceaux de la sauteuse et répéter l'opération avec le reste du mélange, en procédant éventuellement en plusieurs fois. Remettre tous les morceaux de porc dans la sauteuse, puis ajouter les oignons, le gingembre, les piments verts, les clous de girofle et la cannelle. Bien mélanger, réduire le feu et laisser cuire 20 minutes à feu doux, jusqu'à ce que le jus du porc et les épices forment une sauce épaisse.

AJOUTER le vinaigre et l'ail, mouiller avec 250 ml d'eau et faire cuire 1 heure à 1 h 15, jusqu'à ce que les morceaux de porc soient bien tendres et que l'huile se dissocie de la sauce et remonte à la surface. Saler selon son goût. Dégraisser à l'aide d'une écumoire ou de papier absorbant. Garnir de lamelles de piment vert avant de servir.

PORC AUX POIVRONS ET AUX POMMES DE TERRE

CE PLAT MÊLANT PORC, POIVRONS ET POMMES DE TERRE DES MONTAGNES EST UNE SPÉCIALITÉ DE LA CITÉ DE SIMLA, DANS LE NORD DE L'INDE. IL SE MARIE PARFAITEMENT AVEC LES PETITS PAINS INDIENS TELS QUE PARATHA, PURI ET CHAPATI.

À Delhi, le marché aux épices englobe échoppes et bureaux des négociants.

140 ml d'huile
1 gros oignon, haché
4 gousses d'ail, hachées
1 morceau de gingembre frais de 7 cm, haché
2 feuilles de *tej patta* (laurier des Indes)
600 g de côtelettes de porc, désossées et coupées en dés de 2 cm
1 pincée d'*asa fœtida*
1 cuil. à café de poudre de piment
1/2 cuil. à café de curcuma en poudre
1 cuil. à soupe 1/2 de cumin en poudre
1 cuil. à soupe 1/2 de coriandre en poudre
1/2 cuil. à café de *garam masala* (*voir* page 284)
1 cuil. à soupe 1/2 de jus de citron
4 piments séchés
1 cuil. à café de *kalonji* (graines de nigelle)
1 cuil. à café de graines de moutarde jaune
2 tomates, finement concassées
4 piments verts
2 cuil. à café de paprika
2 poivrons rouges, coupés en dés de 2,5 cm
2 poivrons verts, coupés en dés de 2,5 cm
1 cuil. à soupe de sel
1 cuil. à café de poivre noir moulu
500 g de pommes de terre, coupées en dés de 3 cm
10 feuilles de curry
1 cuil. à café de *garam masala* (*voir* page 284)

6 PERSONNES

FAIRE chauffer 100 ml d'huile à feu moyen dans un karhai ou une sauteuse. Ajouter les feuilles de *tej patta* et la moitié de l'oignon, de l'ail et du gingembre, puis faire revenir 2 minutes, jusqu'à ce que l'oignon soit tendre. Augmenter le feu, ajouter les morceaux de porc et l'*asa fœtida*, et faire revenir 2 minutes sans cesser de remuer, jusqu'à ce la viande soit bien dorée. Réduire le feu et laisser cuire encore 10 minutes. Retirer la sauteuse du feu, puis transférer les morceaux de porc dans une terrine à l'aide d'une spatule.

AJOUTER la poudre de piment, le curcuma, 1 cuillerée à soupe 1/4 de cumin, 2 cuillerées à café de coriandre et le *garam masala* aux morceaux de viande tant qu'ils sont encore chauds et bien remuer. Incorporer le jus de citron.

FAIRE chauffer le reste d'huile à feu moyen dans la sauteuse et faire revenir 2 à 3 minutes le reste d'oignon, d'ail et de gingembre, jusqu'à ce que l'oignon soit tendre. Ajouter les piments séchés, le *kalonji*, les graines de moutarde jaune et le reste de la coriandre et du cumin. Faire cuire 2 minutes, jusqu'à ce que les graines commencent à éclater, puis ajouter les tomates concassées. Faire cuire encore 1 minute, réduire le feu et laisser mijoter environ 5 minutes à feu doux jusqu'à ce que le jus des tomates ait réduit.

INCORPORER les piments verts et le paprika, ajouter les morceaux de porc et faire cuire 2 minutes à feu moyen sans cesser de remuer, jusqu'à ce que la viande ait absorbé toute la sauce. Ajouter les poivrons rouges et verts, réduire le feu et couvrir. Il n'est pas nécessaire d'ajouter de l'eau car les poivrons dégorgent. Faire cuire environ 10 minutes, saler et poivrer, puis ajouter les dés de pommes de terre. Mouiller avec 100 ml d'eau, couvrir et laisser cuire 1 heure à feu doux en remuant de temps en temps. Ajouter les feuilles de curry et faire cuire encore 15 minutes. Si le porc et les pommes de terre ne sont pas tout à fait tendres, poursuivre la cuisson 15 minutes. Ajouter le *garam masala* et saler.

Le fenugrec est utilisé pour son arôme caractéristique de curry.

PORC VINDALOO

CE METS BIEN CONNU POUR SES SAVEURS TRÈS ÉPICÉES A VU LE JOUR AU SEIN DE LA COMMUNAUTÉ PORTUGAISE DE GOA. LES VINAIGRES DE NOIX DE COCO ET DE MÉLASSE PEUVENT ÊTRE REMPLACÉS PAR UN VINAIGRE BLANC ET UN VINAIGRE ROUGE.

1 kg de cuisse de porc sur l'os
6 gousses de cardamome
1 cuil. à café de grains de poivre noir
4 piments séchés
4 cuil. à café de clous de girofle
1 bâton de cannelle de 10 cm, brisé en morceaux
1 cuil. à café de graines de cumin
1/2 cuil. à café de curcuma en poudre
1/2 cuil. à café de graines de coriandre
1/4 de cuil. à café de graines de fenugrec
4 cuil. à soupe de vinaigre blanc
1 cuil. à soupe de vinaigre rouge
4 cuil. à soupe d'huile
2 oignons, émincés
10 gousses d'ail, émincées
1 morceau de gingembre frais de 5 cm, coupé en bâtonnets
3 tomates bien mûres, grossièrement concassées
4 piments verts, hachés
1 cuil. à café de sucre *jaggery* ou de sucre roux

4 PERSONNES

DÉGRAISSER la cuisse de porc, retirer l'os et le réserver. Découper la viande en dés de 2,5 cm.

OUVRIR les gousses de cardamome et retirer les graines. Utiliser un moulin à épices ou un mortier pour réduire en poudre les graines de cardamome, les grains de poivre noir, les piments séchés, les clous de girofle, la cannelle, les graines de cumin, le curcuma, les graines de coriandre et les graines de fenugrec.

TRANSFÉRER la poudre obtenue dans une grande terrine, ajouter les vinaigres et bien mélanger. Incorporer le porc de sorte qu'il soit bien enrobé d'épices et de vinaigre, couvrir et laisser mariner 3 heures au réfrigérateur.

FAIRE chauffer l'huile à feu doux dans un karahi ou une sauteuse et faire revenir les oignons jusqu'à ce qu'ils commencent à dorer. Ajouter le gingembre, l'ail, les tomates et les piments, et bien mélanger. Ajouter les morceaux de porc, augmenter le feu et faire revenir 3 à 5 minutes, jusqu'à ce qu'ils soient bien dorés. Mouiller avec 250 ml d'eau et ajouter le reste de marinade. Réduire le feu et porter lentement à ébullition. Ajouter le sucre et l'os réservé. Bien couvrir et faire cuire environ 1 h 30 à feu doux, en remuant de temps en temps, jusqu'à ce que la viande soit bien tendre. Retirer l'os et saler selon son goût.

BŒUF FRIT DU KERALA

huile, pour la friture
1 pomme de terre, coupée en dés
500 g de viande de bœuf, coupée en lanières
3 gousses d'ail, hachées
1 cuil. à café de poivre noir moulu
1 cuil. à soupe de jus de gingembre (*voir* page 280)
2 cuil. à soupe d'huile
2 oignons, émincés en rondelles
60 ml de bouillon de bœuf
2 cuil. à soupe de coulis de tomate
1/2 cuil. à soupe de sauce de soja
1 cuil. à café de poudre de piment
3 cuil. à soupe de jus de citron
3 tomates, concassées
60 g de petits pois frais ou surgelés
feuilles de coriandre (facultatif)

4 PERSONNES

REMPLIR au tiers d'huile une sauteuse et faire chauffer l'huile à 180 °C. Faire frire les dés de pomme de terre jusqu'à ce qu'ils soient bien dorés, puis les égoutter sur du papier absorbant.

METTRE la viande dans une terrine, ajouter l'ail, le poivre et jus de gingembre, et bien mélanger. Faire chauffer l'huile dans une sauteuse, faire revenir la viande à feu vif en plusieurs fois, puis réserver au chaud. Réduire le feu, faire revenir les oignons jusqu'à ce qu'ils soit bien dorés et les retirer de la sauteuse.

METTRE le bouillon de bœuf, le coulis de tomate, la sauce de soja, la poudre de piment et le jus de citron dans la sauteuse et laisser cuire à feu moyen jusqu'à ce que le mélange ait réduit. Ajouter l'oignon frit et faire cuire 3 minutes. Ajouter les tomates et les petits pois, et laisser cuire encore 1 minute sans cesser de remuer. Incorporer la viande et les dés de pomme de terre, et garnir de feuilles de coriandre.

Riziculture aux environs de Kochi (Cochin), dans le Kerala.

CURRY DE BŒUF DE GOA

8 gousses de cardamome
1 cuil. à café de graines de fenouil
8 clous de girofle
1 bâton de cannelle de 10 cm
1/2 cuil. à café de graines de fenugrec
1/2 cuil. à café de poivre noir moulu
3 cuil. à café de graines de coriandre
3 cuil. à café de graines de cumin
125 ml d'huile
2 oignons, finement hachés
6 gousses d'ail, finement hachées
1 morceau de gingembre frais de 10 cm, râpé
1 kg de viande de bœuf à braiser, coupée en dés de 2,5 cm
1/2 cuil. à café de curcuma en poudre
2 cuil. à café de poudre de piment
100 g de crème de coco délayée dans 300 ml d'eau ou 300 ml de lait de coco (*voir* page 283)

6 PERSONNES

OUVRIR les gousses de cardamome et retirer les graines. Utiliser un moulin à épices ou un mortier pour réduire en poudre les graines de cardamome, les graines de fenouil, les clous de girofle, la cannelle, les graines de fenugrec, le poivre noir et les graines de cumin et de coriandre.

FAIRE chauffer l'huile à feu moyen dans un *karhai* ou une sauteuse et faire revenir les oignons, l'ail et le gingembre jusqu'à ce qu'ils commencent à dorer. Ajouter les morceaux de bœuf et faire revenir jusqu'à ce qu'ils soient uniformément dorés. Ajouter les épices moulues et en poudre, et laisser cuire encore 1 minute. Ajouter la crème de coco et porter lentement à ébullition. Couvrir, réduire le feu et laisser cuire environ 1 heure à feu doux, jusqu'à ce que la viande soit bien tendre.

MOUILLER avec 200 ml d'eau bouillante si la sauce s'évapore complètement en cours de cuisson. Si la sauce est trop liquide, poursuivre la cuisson quelque minutes à feu vif en retirant le couvercle. Saler selon son goût.

CURRY DE BŒUF DE GOA

LÉGUMES

Les courges massues sont des légumes exceptionnellement longs, qui poussent suspendus à des supports.

ALOO GOBI

3 cuil. à soupe d'huile
1/2 cuil. à café de graines de moutarde noire
1/2 oignon, finement émincé
200 g de pommes de terre, coupées en dés
1/4 de cuil. à café de curcuma en poudre
1 cuil. à café de cumin en poudre
1 cuil. à café de coriandre en poudre
1 cuil. à café 1/2 de *garam masala* (*voir* page 284)
4 tomates mûres, concassées
1 gros chou-fleur (environ 1,25 kg), séparé en fleurettes
1 morceau de gingembre frais de 2 cm
1 cuil. à café de sucre

4 PERSONNES

FAIRE chauffer l'huile à feu doux dans un *karhai* ou une sauteuse profonde à fond épais. Ajouter les graines de moutarde, couvrir et faire griller jusqu'à ce qu'elles éclatent. Ajouter l'oignon et les pommes de terre, et faire revenir jusqu'à ce qu'ils soient dorés.

AJOUTER le curcuma, le cumin, la coriandre et le *garam masala,* et faire revenir 2 secondes. Incorporer les tomates de sorte qu'elles soient bien imprégnées d'épices, ajouter les fleurettes de chou-fleur et bien mélanger. Incorporer le gingembre et le sucre. Mouiller avec 125 ml d'eau, augmenter le feu et porter à ébullition. Réduire le feu, couvrir et laisser mijoter 15 minutes, jusqu'à ce que les légumes soient tendres. Saler selon son goût.

POURSUIVRE la cuisson 1 à 2 minutes à feu vif en retirant le couvercle si la sauce est trop liquide.

COURGE MASSUE AU YAOURT

COURGE MASSUE AU YAOURT

POUR CETTE RECETTE, VOUS POUVEZ UTILISER DE LA COURGE MASSUE, DU MELON AMER OU DE L'AUBERGINE.

250 g de courge massue
1 cuil. à café de curcuma en poudre
1 cuil. à soupe d'huile
1/2 cuil. à café de graines de moutarde noire
1/2 cuil. à café d'*urad dal* (lentilles noires)
2 piments séchés, coupés en deux
4 brins de feuilles de curry
1 oignon rouge 1/2, finement émincé
250 ml de yaourt nature épais (*voir* page 280)

4 PERSONNES

PELER la courge massue, la couper en deux dans le sens de la longueur, puis en biais, en morceaux d'environ 1 cm d'épaisseur. Saupoudrer les morceaux de curcuma et d'une pincée de sel, et les enrober en frottant bien. Mettre la courge massue dans une passoire et laisser dégorger.

FAIRE chauffer l'huile à feu doux dans un *karhai* ou une sauteuse à fond épais. Ajouter les graines de moutarde et l'*urad dal*, faire griller jusqu'à ce que les graines de moutarde s'ouvrent, puis ajouter les feuilles de curry et un tiers de l'oignon. Faire cuire jusqu'à ce que l'oignon soit doré et tendre. Ajouter la courge massue et faire revenir à feu doux environ 10 minutes sans cesser de remuer, jusqu'à ce que le mélange ait l'air sec et que la courge soit tendre. Retirer du feu.

MÉLANGER le yaourt et le reste d'oignon dans une terrine, incorporer la courge massue frite juste avant de servir et saler selon son goût.

AUBERGINE AUX ÉPICES

DANS CE FABULEUX PLAT, L'AUBERGINE EST CUITE AVEC DES ÉPICES DE MARINADE. VOUS POUVEZ LA SERVIR EN TANT QU'ACCOMPAGNEMENT OU COMME PLAT PRINCIPAL VÉGÉTARIEN, AVEC DU RIZ ET DU YAOURT.

Égouttez bien les aubergines frites pour éliminer l'excédent de graisse.

- 800 g d'aubergines, coupées en morceaux de 4 à 5 cm
- 400 g de tomates mûres ou concassées en boîte
- 1 morceau de gingembre de 2,5 cm, râpé
- 6 gousses d'ail, hachées
- 300 ml d'huile
- 1 cuil. à café de graines de fenouil
- 1/2 cuil. à café de *kalonji* (graines de nigelle)
- 1 cuil. à soupe de coriandre en poudre
- 1/4 de cuil. à café de curcuma en poudre
- 1/2 cuil. à café de poivre de Cayenne
- 1 cuil. à café de sel

6 PERSONNES

METTRE les morceaux d'aubergine dans une passoire, les saupoudrer de sel et laisser dégorger 30 minutes. Rincer, égoutter l'excédent d'eau et sécher à l'aide de papier absorbant. Pratiquer une incision en croix à la base des tomates et les plonger 20 secondes dans de l'eau bouillante. Bien les égoutter, puis les peler en partant de l'incision. Concasser la pulpe, jeter cœurs et pépins, et réserver le jus.

METTRE le gingembre, l'ail et un tiers des tomates dans un robot de cuisine et mixer jusqu'à obtention d'un mélange homogène. À défaut, émincer finement les tomates et incorporer le gingembre et l'ail.

FAIRE chauffer 125 ml d'huile dans une sauteuse à fond épais et y déposer autant de morceaux d'aubergine que possible. Faire cuire à feu doux jusqu'à ce qu'ils soient uniformément dorés, puis transférer dans une passoire pour égoutter l'excédent d'huile. Ajouter le reste d'huile dans la sauteuse et faire cuire le reste des aubergines en plusieurs fois si nécessaire.

FAIRE chauffer de nouveau l'huile restant dans la sauteuse, puis ajouter les graines de fenouil et le *kalonji*, couvrir et faire griller quelques secondes jusqu'à ce que les graines éclatent. Ajouter les tomates et la préparation à base de gingembre ainsi que les autres ingrédients, hormis l'aubergine. Faire revenir 5 à 6 minutes en remuant régulièrement, jusqu'à ce que le mélange épaississe et soit relativement homogène, en prenant garde aux projections. Ajouter délicatement l'aubergine de manière à ce que les morceaux restent entier, couvrir et laisser cuire à feu doux environ 10 minutes.

METTRE l'aubergine et la sauce au réfrigérateur. Retirer l'excédent d'huile et servir froid ou réchauffé à feu doux.

BHINDI MASALA

LES BHINDIS, APPELÉS COMMUNÉMENT GOMBOS OU OKRAS, SONT TRÈS RÉPANDUS DANS TOUTE L'INDE. LORSQUE VOUS LES ACHETEZ, VEILLEZ À CE QU'ILS SOIENT VERT VIF, QU'ILS AIENT L'AIR CROQUANT ET FERME, ET QU'ILS SOIENT LÉGÈREMENT COURBÉES À L'EXTRÉMITÉ LA PLUS MINCE.

- 500 g de gombos, d'une longueur d'environ 5 cm
- 3 piments verts
- 3 cuil. à soupe d'huile
- 1 cuil. à café de graines de moutarde noire
- 1 oignon rouge, finement émincé
- 1 cuil. à café de cumin en poudre
- 1 cuil. à café de coriandre en poudre
- 2 cuil. à café de *garam masala* (*voir* page 284)
- 1 cuil. à café de curcuma en poudre
- 4 gousses d'ail, finement émincées

4 PERSONNES

RINCER les gombos et les sécher à l'aide de papier absorbant. Couper les extrémités. Le liquide collant et gélatineux qui s'en écoule disparaîtra à la cuisson.

COUPER les piments en deux dans le sens de la longueur en conservant la tige et retirer les graines. Faire chauffer l'huile dans un *karhai* ou une sauteuse profonde à fond épais, ajouter les graines de moutarde et l'oignon, et faire revenir jusqu'à ce que les graines éclatent et que l'oignon soit doré. Ajouter le cumin, la coriandre, le *garam masala* et le curcuma, et faire griller jusqu'à ce que les graines éclatent.

AJOUTER l'ail, les gombos et le piment, et faire revenir 5 minutes. Remuer et laisser cuire encore 2 minutes. Mouiller progressivement avec 60 ml d'eau à l'aide d'une cuillère à soupe et faire revenir sans cesser de remuer jusqu'à obtention d'une sauce. Saler et faire cuire encore 15 minutes, jusqu'à ce que les gombos soient cuits et que la sauce soit épaisse.

BHINDI BHAJI

BHINDI BHAJI

- 450 g de gombos
- 2 cuil. à soupe d'huile
- 1 petit oignon, finement émincé
- 1/2 cuil. à café de cumin en poudre
- 1/2 cuil. à café de coriandre en poudre
- 1/2 cuil. à café de poudre de piment (facultatif)
- 1/4 de cuil. à café de curcuma en poudre
- 150 g de tomates concassées en boîte

4 PERSONNES

RINCER les gombos et les sécher à l'aide de papier absorbant. Couper les extrémités et couper en morceaux de 2,5 cm. Le liquide collant et gélatineux qui s'en écoule disparaîtra à la cuisson.

FAIRE chauffer l'huile à feu doux dans un *karhai* ou une sauteuse profonde à fond épais et faire revenir l'oignon jusqu'à ce qu'il soit doré. Ajouter les épices et les tomates, et faire revenir 1 minute en écrasant les tomates pour les réduire en purée.

INCORPORER les gombos puis porter à ébullition. Couvrir et laisser mijoter 5 à 8 minutes, jusqu'à ce que les gombos soient cuits et ne soient plus gluants. Si la sauce est trop liquide, poursuivre la cuisson quelques minutes à feu vif en retirant le couvercle. Saler selon son goût.

BHINDI MASALA

POIVRONS FARCIS

LES LÉGUMES FARCIS SONT CUISINÉS POUR DES OCCASIONS SPÉCIALES. CES POIVRONS FARCIS SONT MIJOTÉS DANS UNE SAUCE PARFUMÉE À LA NOIX DE COCO. ILS DOIVENT ÊTRE DE LA PETITE VARIÉTÉ UTILISÉE EN INDE, PLUTÔT QUE LES GROS. VOUS POUVEZ ÉGALEMENT LES CHOISIR ROUGE OU JAUNE.

400 g de pommes de terre, coupées en quartiers
6 petits poivrons verts
2 cuil. à soupe d'huile
2 oignons, finement émincés
2 cuil. à café de cumin en poudre
2 cuil. à café de coriandre en poudre
1/2 cuil. à café de curcuma en poudre
1/2 cuil. à café de poudre de piment

SAUCE
1/2 oignon, finement émincé
6 clous de girofle
6 gousses de cardamome
2 gousses d'ail, finement émincées
1 morceau de gingembre frais de 2 cm, finement émincé
1 bâton de cannelle
1 cuil. à café de coriandre en poudre
1 cuil. à café de cumin en poudre
1/4 de cuil. à café de curcuma en poudre
1/2 cuil. à café de poudre de piment
50 g de crème de coco délayée dans 250 ml d'eau ou 250 ml de lait de coco (*voir* page 283)

6 PERSONNES

FAIRE cuire les pommes de terre dans de l'eau bouillante 15 minutes, jusqu'à ce qu'elles soient tendres. Les égoutter et les couper en dés. Porter une grande casserole d'eau à ébullition, ajouter les poivrons et les faire cuire 5 minutes. Rafraîchir les poivrons à l'eau courante, retirer la tige et les pépins, et égoutter à l'envers.

FAIRE chauffer l'huile à feu doux dans une petite sauteuse et faire revenir les oignons jusqu'à ce qu'ils soient tendres, sans laisser dorer. Ajouter le cumin, la coriandre, le curcuma et la poudre de piment. Bien mélanger. Incorporer les pommes de terre et saler selon son goût. Diviser le mélange obtenu en 6 portions et en farcir chaque poivron.

POUR la sauce, mettre tous les ingrédients dans une sauteuse à fond épais et porter lentement à ébullition. Réduire le feu, couvrir et laisser mijoter 2 minutes. Saler selon son goût, disposer les poivrons farcis à la verticale dans la sauteuse, en une seule couche, et laisser cuire encore 5 minutes, jusqu'à ce que la sauce épaississe. Servir les poivrons arrosés d'un peu de sauce.

Veillez à ce que la farce remplisse correctement les poivrons, mais ne tassez pas trop, pour ne pas qu'elle déborde lors de la cuisson.

SHEBU BHAJI

SHEBU BHAJI

L'ANETH EST UNE HERBE QUE L'ON PEUT UTILISER EN GRANDES QUANTITÉS, COMME C'EST LE CAS DANS CE PLAT, SANS QU'ELLE SOIT TROP FORTE. EN EFFET, ELLE POSSÈDE UNE SAVEUR DOUCE, QUOIQUE CARACTÉRISTIQUE. L'ANETH INDIEN EST SEMBLABLE À LA VARIÉTÉ EUROPÉENNE ; ILS SONT INTERCHANGEABLES DANS CETTE RECETTE.

200 g de pommes de terre
200 g d'aneth
2 cuil. à soupe d'huile
2 gousses d'ail, émincées
1/2 cuil. à café de curcuma en poudre
1 cuil. à café de graines de moutarde noire
1 pincée d'*asa fœtida*
1 piment séché

2 PERSONNES

COUPER les pommes de terre en dés de 2,5 cm et les faire cuire dans de l'eau bouillante 15 minutes, jusqu'à ce qu'elles soient cuites. Bien égoutter.

RINCER l'aneth plusieurs fois et couper l'extrémité des tiges dures. Hacher grossièrement.

FAIRE chauffer l'huile à feu doux dans une sauteuse à fond épais, ajouter l'ail et faire revenir 30 secondes. Ajouter le curcuma, les graines de moutarde, l'*asa fœtida* et le piment entier, couvrir et faire griller jusqu'à ce que les graines éclatent. Incorporer les pommes de terre et ajouter l'aneth. Couvrir et faire revenir à feu doux 5 minutes. L'aneth contient suffisamment d'eau pour cuire sans adjonction d'eau. Saler selon son goût.

MOOLI BHAJI

LE RADIS ASIATIQUE, LE MOOLI, EST BEAUCOUP PLUS DOUX QUE SON ÉQUIVALENT OCCIDENTAL. IL RESSEMBLE À UNE ÉNORME CAROTTE BLANCHE, À LA CHAIR CROQUANTE ET JUTEUSE. BHAJI EST LE NOM QUE L'ON DONNE À DE NOMBREUX PLATS DE LÉGUMES, AU SENS LARGE « LÉGUMES FRITS ».

MOOLI BHAJI

500 g de *mooli*
25 g de noix de coco râpée (*voir* page 283)
2 cuil. à soupe d'huile
1/4 de cuil. à café de graines de moutarde noire
1 oignon, émincé
1/4 de cuil. à café de curcuma en poudre
1 pincée d'*asa fœtida*
1 piment vert, finement émincé

4 PERSONNES

COUPER le *mooli* en julienne. Dans une sauteuse, faire griller à sec la noix de coco sans cesser de remuer jusqu'à ce qu'elle soit dorée.

FAIRE chauffer l'huile dans un *karhai* ou une casserole à fond épais. Ajouter les graines de moutarde, couvrir et faire griller jusqu'à ce qu'elles éclatent. Ajouter l'oignon et faire cuire jusqu'à ce qu'il soit légèrement doré. Incorporer le curcuma, l'*asa fœtida*, le piment et le *mooli*. Bien mélanger, mouiller avec 125 ml d'eau et laisser mijoter 5 à 7 minutes, jusqu'à ce que le *mooli* soit cuit et tendre. Saler selon son goût et décorer de noix de coco.

FLEUR DE BANANIER AUX ÉPICES

CHAQUE PARTIE DU BANANIER S'UTILISE DE MANIÈRE DIFFÉRENTE : LES FEUILLES COMME « PAPILLOTES » AROMATIQUES ET COMME ASSIETTES ; LE FRUIT, LA FLEUR ET LES ANNEAUX TENDRES DE LA TIGE SONT CONSOMMÉS. PORTEZ DES GANTS EN PLASTIQUE POUR NE PAS QUE LA SÈVE VOUS TÂCHE LES MAINS.

1 fleur de bananier
jus d'un demi-citron
200 g de crevettes
20 g de noix de coco râpée
(*voir* page 283)
1 cuil. à soupe d'huile
120 ml de jus de citron vert
1 piment rouge, finement émincé
2 cuil. à soupe de sucre *jaggery* ou de sucre roux
1 cuil. à soupe de zeste de citron vert ou de feuilles de citron vert hachées
feuilles de menthe

4 PERSONNES

RETIRER une à une les feuilles recouvrant la fleur bananier ainsi que les bananes non mûres ressemblant à des bâtonnets jaunes de façon à découvrir le cœur blanc. Retirer l'extrémité supérieure du cœur et couper le reste en quartiers. Mettre à tremper 1 heure dans une terrine d'eau avec 1 cuillerée à café de sel. Égoutter la fleur de bananier, la mettre dans une casserole, puis couvrir d'eau froide et ajouter le jus du demi-citron. Porter à ébullition et laisser mijoter 15 à 20 minutes, jusqu'à ce que la fleur de bananier soit tendre et prenne une couleur foncée. Égoutter et couper en julienne. Décortiquer et déveiner les crevettes, puis les couper en deux.

DANS une sauteuse à fond épais, faire griller à sec et à feu doux la noix de coco sans cesser de remuer, jusqu'à ce qu'elle soit dorée. Hacher dans un robot de cuisine ou piler dans un mortier.

FAIRE chauffer l'huile dans la sauteuse et faire revenir les crevettes jusqu'à ce qu'elles soient roses et cuites. Incorporer le jus de citron vert, le piment, le sucre et le zeste de citron vert. Saler selon son goût, puis laisser refroidir.

INCORPORER le cœur de banane et la noix de coco à la préparation à base de crevettes. Servir froid, garni de feuilles de menthe.

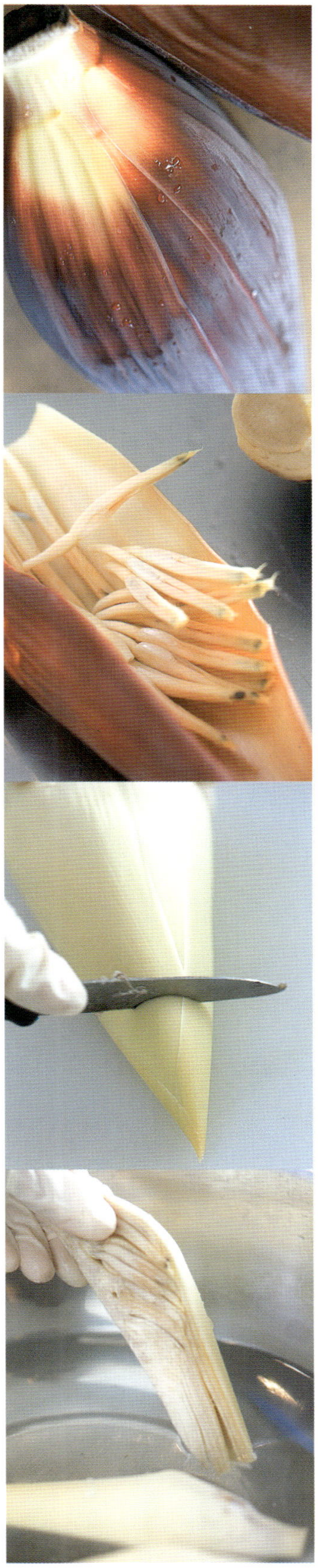

Retirez les feuilles et les bananes non mûres jusqu'à ce que vous atteigniez le cœur, puis coupez l'extrémité. Faites tremper les quartiers de cœur dans de l'eau salée.

CHOU ET POIS CASSÉS

L'ASSOCIATION DES POIS CASSÉS ET DU CHOU CONFÈRE À CE PLAT UNE TEXTURE INHABITUELLE. LES GRAINES ÉCLATENT EN GRILLANT, LIBÉRANT UN ARÔME DE NOISETTE SUCRÉ. LES POIS CASSÉS SONT MIS À TREMPER LONGTEMPS À L'AVANCE POUR LES ATTENDRIR ET RÉDUIRE LE TEMPS DE CUISSON.

125 g de pois cassés
3 cuil. à soupe d'huile
1/4 de cuil. à café de graines de moutarde noire
2 cuil. à café de graines de cumin
8 feuilles de curry
2 piments séchés
1 pincée d'*asa fœtida*
1/4 de cuil. à café de curcuma en poudre
450 g de chou vert, râpé
feuilles de coriandre (facultatif)

4 PERSONNES

FAIRE TREMPER les pois cassé 2 heures dans 750 ml d'eau bouillante. Bien égoutter.

FAIRE chauffer l'huile à feu doux dans un *karhai* ou une sauteuse à fond épais. Ajouter les graines de moutarde et de cumin, couvrir et faire griller jusqu'à ce que les graines éclatent. Ajouter les feuilles de curry, les piments séchés et les pois cassés, et faire revenir 5 minutes en remuant souvent. Ajouter l'*asa fœtida*, le curcuma et le chou, et faire revenir à feu doux jusqu'à ce que le chou soit cuit et tendre. Saler selon son goût. Servir éventuellement garni de feuilles de coriandre.

CHOU DU PUNJAB

CHOU DU PUNJAB

IL S'AGIT DE L'UN DES PLATS LES PLUS PLÉBISCITÉS DU NORD DE L'INDE. IL EST SERVI AVEC D'AUTRES PLATS VÉGÉTARIENS OU DE VIANDE ET, CELA VA DE SOI, LES PAINS TELS QUE LES PARATHA, PHULKAS OU AUTRES CHAPATI. IL ACCOMPAGNE À MERVEILLE LE POULET OU LE CURRY DE VIANDE HACHÉE TEL QUE LE KHEEMA MATAR.

1/2 oignon, grossièrement émincé
1 gousse d'ail, grossièrement hachée
1 morceau de gingembre de 2,5 cm, émincé
2 piments verts, épépinés et émincés
4 cuil. à soupe d'huile
1 cuil. à café de graines de cumin
1 cuil. à café de curcuma en poudre
500 g de chou vert, finement râpé
1 cuil. à café de sel
1/2 cuil. à café de poivre noir moulu
2 cuil. à café de cumin en poudre
1 cuil. à café de coriandre en poudre
1/4 de cuil. à café de poudre de piment
20 g de beurre

4 PERSONNES

HACHER finement l'oignon, l'ail, le gingembre et les piments dans un robot de cuisine ou à l'aide d'un couteau tranchant, sans réduire en purée.

FAIRE chauffer l'huile à feu doux dans un *karhai* ou une sauteuse à fond épais et faire revenir le mélange jusqu'à ce qu'il soit tendre, sans laisser dorer. Ajouter les graines de cumin et de curcuma, et faire revenir 1 minute. Incorporer le chou de sorte qu'il soit bien enrobé de sauce. Ajouter le sel, le poivre, le cumin en poudre, la coriandre et la poudre de piment, mélanger et laisser cuire 10 minutes partiellement couvert en remuant de temps en temps, jusqu'à ce que le chou soit tendre. Ajouter 1 à 2 cuillerées à soupe d'eau si la sauce s'évapore complètement au cours de la cuisson. Incorporer le beurre et saler selon son goût.

CHOU ET POIS CASSÉS

MATAR PANEER

DANS LE NORD DE L'INDE, LES PRODUITS LAITIERS TELS QUE LE PANEER SONT CONSOMMÉS RÉGULIÈREMENT. CETTE VARIANTE DU MATAR PANEER EST SÈCHE, MAIS IL EN EXISTE PLUSIEURS SORTES. SI VOUS NE VOULEZ PAS LE FAIRE VOUS-MÊME, VOUS POUVEZ LE TROUVER DANS DES ÉPICERIES OU DES SUPERMARCHÉS INDIENS.

225 g ou 1/2 *paneer* (*voir* page 279)
2 cuil. à soupe de *ghee* (beurre clarifié)
50 g d'oignons, émincés
200 g de petits pois frais ou surgelés
1/2 cuil. à café de sucre
1 morceau de gingembre frais de 5 cm, râpé
2 à 3 piments verts, finement émincés
1 oignon vert, finement émincé
1/2 cuil. à café de *garam masala* (*voir* page 284)
1 cuil. à soupe de feuilles de coriandre ciselées

4 PERSONNES

COUPER le *paneer* en dés de 2 cm. Faire chauffer le *ghee* à feu moyen dans un *karhai* ou une sauteuse à fond épais et faire revenir le *paneer* jusqu'à ce qu'il soit uniformément doré. Retirer de la sauteuse.

FAIRE revenir l'oignon avec le *ghee* resté dans le *karhai*, jusqu'à ce qu'il soit tendre et légèrement doré. Retirer de la sauteuse, ajouter 5 cuillerées à soupe d'eau chaude et 1 pincée de sel au *ghee* resté dans le *karhai* et faire revenir 1 minute. Ajouter les petits pois et le sucre, couvrir et faire cuire 5 à 6 minutes, jusqu'à ce que les petits pois soient presque cuits.

AJOUTER l'oignon, le *paneer*, le gingembre, les piments et l'oignon vert, et faire cuire 2 à 3 minutes. Incorporer le *garam masala* et les feuilles de coriandre, et saler.

Faites revenir les cubes de *paneer* jusqu'à ce qu'ils soient dorés. Veillez à ce que l'huile soit suffisamment chaude, pour ne pas qu'ils collent au fond.

SAAG PANEER

LES LÉGUMES VERTS FONT PARTIE DE NOMBREUSES RECETTES NOVATRICES, DU NORD AU SUD DE L'INDE. CETTE RECETTE ASSOCIE ÉPINARDS, TOMATES ET PANEER POUR DONNER UN PLAT À LA TEXTURE PLUS INTÉRESSANTE QUE LES VERSIONS DE PURÉE LISSE SERVIES DANS NOMBRE DE RESTAURANTS D'INDE DU NORD.

500 g de feuilles d'épinard
1/2 cuil. à café de cumin en poudre
1/2 cuil. à café de coriandre en poudre
1/2 cuil. à café de graines de fenugrec
1 cuil. à soupe d'huile
1 oignon rouge, finement émincé
5 gousses d'ail, hachées
200 g de tomates concassées en boîte
1 morceau de gingembre frais de 2 cm, râpé
1 cuil. à café de *garam masala* (*voir* page 284)
225 g ou 1/2 *paneer* (*voir* page 279), coupé en dés

4 PERSONNES

FAIRE cuire les feuilles d'épinard 2 minutes dans de l'eau bouillante. Rafraîchir à l'eau courante, égoutter et hacher très finement. Dans une petite sauteuse, faire griller à sec et à feu doux le cumin pour révéler son arôme. Retirer de la poêle et procéder de même avec la coriandre et le fenugrec.

FAIRE chauffer l'huile à feu doux dans un *karhai* ou une sauteuse à fond épais et faire revenir l'oignon, l'ail, le cumin, la coriandre et le fenugrec jusqu'à ce qu'ils soient dorés, pour révéler les arômes. Incorporer les tomates, le gingembre et le *garam masala*, puis porter à ébullition. Ajouter les épinards et laisser cuire jusqu'à ce que la sauce réduise. Ajouter le *paneer* en veillant à ne pas briser les morceaux. Réchauffer sans cesser de remuer et saler selon son goût.

SAAG PANEER

MATAR PANEER

À l'aide de pinces, tenez l'aubergine au-dessus d'une flamme jusqu'à ce qu'elle soit uniformément brûlée. La peau doit alors se peler facilement.

AUBERGINE FUMÉE AUX ÉPICES

À LA SAISON DES AUBERGINES EN INDE, ON LES PLACE SOUVENT SUR LES BRAISES MOURANTES D'UN FEU DE CHARBON POUR QU'ELLES SOIENT FUMÉES TOUTE LA NUIT, PRÊTES À ÊTRE FRITES ET MÉLANGÉES À DES ÉPICES LE MATIN SUIVANT. SERVEZ CE PLAT AVEC DES PAINS OU COMME ACCOMPAGNEMENT FROID.

600 g d'aubergine (2 grosses aubergines)
1 oignon rouge, émincé
1 gousse d'ail, hachée
1 morceau de gingembre frais de 2,5 cm, émincé
1 piment vert, émincé
100 ml d'huile
1/4 cuil. à café de poudre de piment
1/2 cuil. à café de *garam masala* (*voir* page 284)
2 cuil. à café de cumin en poudre
2 cuil. à café de coriandre en poudre
2 cuil. à café de sel
1/2 cuil. à café de poivre noir moulu
2 tomates mûres, concassées
3 à 4 cuil. à soupe de feuilles de coriandre finement ciselées

4 PERSONNES

FAIRE griller les aubergines en les maintenant sur une flamme à feu moyen, sous un gril ou sur une plaque chauffante, et en les retournant souvent de sorte qu'elles soient uniformément grillées. Laisser refroidir puis peler la peau brûlée. Concasser grossièrement la chair. Les petits points noirs qui subsistent confèrent l'arôme fumé.

METTRE l'oignon, l'ail, le gingembre et le piment dans un robot de cuisine et mixer jusqu'à obtention d'un mélange homogène, sans réduire en purée.

FAIRE chauffer l'huile à feu moyen dans une sauteuse profonde à fond épais. Ajouter le mélange à base d'oignon et faire revenir jusqu'à ce qu'il soit doré. Ajouter toutes les épices, le sel et le poivre, et faire revenir 1 minute sans cesser de remuer. Ajouter les tomates concassées et laisser mijoter jusqu'à ce que la sauce ait réduit. Incorporer les aubergines dans la sauteuse, les écraser à l'aide d'une cuillère en bois, puis laisser mijoter 10 minutes, jusqu'à ce que les aubergines soient tendres.

INCORPORER les feuilles de coriandre ciselées et saler selon son goût.

GAJAR MATAR

DANS LE NORD DE L'INDE, LES POIS (MATAR) DE SIMLA, DANS L'ÉTAT D'HIMACHAL PRADESH, SONT CONNUS POUR LEUR SAVEUR SUCRÉE. ILS SONT SOUVENT SERVIS AVEC DES CAROTTES EN HIVER, LORSQUE CES DEUX LÉGUMES SONT DE SAISON. LE GAJAR MATAR EST UN PLAT DE LÉGUMES DE CONSOMMATION COURANTE QUI ACCOMPAGNE À MERVEILLE TOUS LES PLATS INDIENS.

1 petit oignon, grossièrement émincé
1 gousse d'ail, grossièrement hachée
1 morceau de gingembre de 2,5 cm, émincé
125 ml d'huile
1 cuil. à café de graines de cumin
1 cuil. à café 1/2 de curcuma en poudre
320 g de carottes, coupées en dés
1 cuil. à café de cumin en poudre
1 cuil. à café de coriandre en poudre
250 g de petit pois frais ou surgelés
3 cuil. à café de sel
1/4 de cuil. à café de sucre
1/4 de cuil. à café de poudre de piment
4 cuil. à café de graines de grenade (facultatif)
1/2 cuil. à café de *garam masala* (*voir* page 284)

6 PERSONNES

HACHER finement l'oignon, l'ail et le gingembre dans un robot de cuisine ou à l'aide d'un couteau tranchant.

FAIRE chauffer l'huile dans un *karhai* ou une sauteuse. Ajouter le mélange à base d'oignon et faire revenir à feu vif 2 minutes sans cesser de remuer, jusqu'à ce qu'il soit tendre. Réduire le feu, ajouter les graines de cumin et le curcuma, et faire griller jusqu'à ce que les graines éclatent. Incorporer les carottes et faire revenir 2 minutes sans cesser de remuer. Ajouter le cumin et la coriandre, et faire cuire encore 2 minutes. Incorporer les petits pois, puis le sel, le sucre et la poudre de piment. Ajouter 2 cuillerées à soupe d'eau en cas d'utilisation de petits pois surgelés ou 4 cuillerées à soupe s'il s'agit de petits pois frais. Réduire le feu, incorporer éventuellement les graines de grenade, puis couvrir partiellement. Laisser mijoter 15 minutes, jusqu'à ce que les carottes et les petits pois soient tendres. Incorporer le *garam masala*.

SAAG BHAJI

SAAG BHAJI

200 g de petits navets, finement hachés
1 kg de feuilles d'épinard et d'amarante, finement ciselées
1/2 cuil. à café de poudre de piment
1 cuil. à soupe de *ghee* (beurre clarifié) ou d'huile
1 morceau de gingembre frais de 2 cm, râpé
1 oignon, finement émincé
1 cuil. à soupe 1/2 de jus de citron

4 PERSONNES

PORTER 125 ml d'eau à ébullition dans une grande sauteuse à fond épais, ajouter les navets et faire cuire 1 à 2 minutes. Ajouter les feuilles d'épinard et d'amarante, puis incorporer la poudre de piment et 1 pincée de sel. Faire revenir 2 à 3 minutes, jusqu'à ce que l'eau soit évaporée, réduire le mélange en purée et retirer du feu.

FAIRE chauffer le *ghee* ou l'huile dans une sauteuse à fond épais et faire revenir le gingembre et l'oignon 2 à 3 minutes. Ajouter les légumes réduits en purée et bien remuer jusqu'à obtention d'un mélange homogène. Saler selon son goût. Servir tiède arrosé de jus de citron.

GAJAR MATAR

Bangla Sahib Gurudwara, Delhi.

Les feuilles de *methi* ajoutent une saveur particulière aux plats dans lesquels elles sont utilisées. Vous les trouverez fraîches dans les épiceries indiennes.

METHI ALOO

L'ARÔME DISTINCTIF ET LA SAVEUR PARTICULIÈRE DU METHI (FENUGREC FRAIS), EN ACCOMPAGNEMENT DE VIANDES OU DE LÉGUMES, TRANSFORME N'IMPORTE QUEL PLAT. VOUS POUVEZ SERVIR LE METHI ALOO AU COURS DE TOUS LES REPAS INDIENS. VOUS TROUVEREZ LE METHI DANS LES ÉPICERIES SPÉCIALISÉES.

1 petit oignon, grossièrement émincé
2 gousses d'ail, grossièrement émincées
1 morceau de gingembre de 2,5 cm, grossièrement émincé
4 cuil. à soupe d'huile
1/4 de cuil. à café de curcuma en poudre
600 g de pommes de terre, coupées en dés
2 piments verts, épépinés et finement émincés
1/4 de cuil. à café de poudre de piment
1/2 cuil. à café de cumin en poudre
1/2 cuil. à café de coriandre en poudre
3 cuil. à café de sel
1/2 cuil. à café de poivre noir moulu
2 bouquets de *methi* (environ 140 g de feuilles), grossièrement ciselés
beurre (facultatif)

4 PERSONNES

HACHER l'oignon, l'ail et le gingembre dans un robot de cuisine ou à l'aide d'un couteau tranchant, sans réduire en purée.

FAIRE chauffer l'huile dans un *karhai* ou une sauteuse à fond épais et faire revenir le mélange à base d'oignon jusqu'à ce qu'il soit tendre. Incorporer le curcuma, ajouter les pommes de terre et les piments, et faire revenir 5 minutes. Ajouter la poudre de piment, le cumin, la coriandre, le sel et le poivre, et faire cuire sans cesser de remuer encore 1 minute.

AJOUTER 2 cuillerées à soupe d'eau puis couvrir. Réduire le feu et laisser mijoter sans laisser dorer. Si les pommes de terre attachent, ajouter 2 cuillerées à soupe d'eau après 10 minutes de cuisson.

INCORPORER le *methi* après 20 minutes de cuisson et laisser cuire environ 15 minutes à feu doux, jusqu'à ce que les pommes de terre soient tendres. Le temps de cuisson dépend du type de pommes de terre utilisé. Saler selon son goût et servir éventuellement avec une noix de beurre fondu.

GOMBOS FARCIS

LES GOMBOS FARCIS SONT SERVIS EN TANT QUE METS DE CHOIX DANS LES FOYERS DU NORD DE L'INDE. IL FAUT LES PRÉPARER AVEC UN SOUPÇON D'AMOUR ET UNE BONNE DOSE DE PATIENCE, MAIS VOS EFFORTS SERONT RÉCOMPENSÉS LORSQUE VOUS PRÉSENTEREZ CE PLAT À TABLE. EN EFFET, IL EST DÉLICIEUX SERVI AVEC DES PAINS INDIENS.

- 1 oignon rouge, grossièrement émincé
- 4 gousses d'ail, grossièrement émincées
- 1 morceau de gingembre de 10 cm, râpé
- 5 cuil. à café de cumin en poudre
- 1 cuil. à soupe de coriandre en poudre
- 2 cuil. à café de curcuma en poudre
- 1 cuil. à café de poudre de piment
- 2 cuil. à café de *garam masala* (*voir* page 284)
- 1 cuil. à café de poivre noir moulu
- 1 cuil. à soupe de sel
- 550 g de gombos
- 120 ml d'huile
- 1 pincée d'*asa fœtida*

6 PERSONNES

METTRE l'oignon, l'ail et le gingembre dans un robot de cuisine et mixer jusqu'à obtention d'un mélange homogène. À défaut, hacher finement à l'aide d'un couteau tranchant et piler dans un mortier. Transférer le mélange dans une terrine, incorporer 4 cuillerées à café de cumin, la coriandre, 1 cuillerée à café 1/4 de curcuma, la poudre de piment et le *garam masala*, puis ajouter le poivre et 3 cuillerées à café de sel.

RETIRER l'extrémité inférieure des gombos, pratiquer une fente dans la longueur sans inciser l'extrémité, puis les farcir avec les doigts ou à l'aide d'un petit couteau. Il est possible qu'une partie de la farce s'écoule des gombos mais cette étape laborieuse offre un résultat incomparable. Couper tous les gombos en tronçons de 1 cm ou les laisser entiers.

FAIRE chauffer l'huile à feu doux dans un *karhai* ou une grande sauteuse à fond épais. Ajouter l'*asa fœtida* et le reste du curcuma, et faire revenir sans cesser de remuer pour que l'huile absorbe les arômes. Incorporer les gombos de sorte qu'ils s'imprègnent d'huile, puis couvrir et faire cuire 10 minutes. Secouer la sauteuse de temps en temps pour empêcher les gombos d'attacher et ajouter éventuellement 2 cuillerées à soupe d'eau.

AJOUTER le reste du sel et du cumin en poudre, puis secouer de nouveau la sauteuse et laisser mijoter 5 à 10 minutes, jusqu'à ce que les gombos soient tendres. De par leur texture, ils resteront croquants à l'extérieur.

La farce donne une autre dimension à l'arôme des gombos. Aidez-vous d'un petit couteau pour insérer la farce dans chaque morceau.

Boutique de primeur dans le Kerala

CHOU-FLEUR À LA MOUTARDE

CE DÉLICIEUX PLAT EST COMPOSÉ DE CHOU-FLEUR AGRÉMENTÉ DE NOMBREUSES ÉPICES. LES DIFFÉRENTES VARIANTES DE CE PLAT METTENT EN AVANT PLUSIEURS ASSOCIATIONS D'ÉPICES. CELLE-CI, À LA MOUTARDE, CONSTITUE L'ACCOMPAGNEMENT IDÉAL DE RIZ ET DE MORCEAUX DE ROTI, MAIS ÉGALEMENT DE VIANDES.

2 cuil. à café de graines de moutarde jaune
2 cuil. à café de graines de moutarde noire
1 cuil. à café de curcuma en poudre
1 cuil. à café de concentré de tamarin (*voir* page 280)
2 à 3 cuil. à soupe d'huile de moutarde ou d'huile
2 gousses d'ail, finement émincées
$^1/_2$ oignon, finement émincé
600 g de chou-fleur, séparé en petites fleurettes
3 piments verts doux, épépinés et finement émincés
2 cuil. à café de *kalonji* (graines de nigelle)

4 PERSONNES

UTILISER un moulin à épices ou un mortier pour réduire les graines de moutarde en poudre. Ajouter le curcuma, le concentré de tamarin et 100 ml d'eau de façon à obtenir une pâte homogène et relativement liquide.

FAIRE chauffer 2 cuillerées à soupe d'huile à feu moyen dans un *karhai* ou une grande sauteuse à fond épais, jusqu'à ce qu'elle fume. Réduire le feu, ajouter l'ail et l'oignon, et faire cuire jusqu'à ce qu'ils soient dorés. Faire revenir les fleurettes de chou-fleur par petites quantités, en ajoutant éventuellement de l'huile, jusqu'à ce qu'elles soient dorées. Ajouter les piments et faire revenir 1 minute, jusqu'à ce qu'il ait légèrement doré sur les bords.

METTRE la totalité du chou-fleur dans la sauteuse et incorporer la pâte à base de graines de moutarde et le *kalonji*. Augmenter le feu et porter à ébullition, même s'il n'y a pas beaucoup de sauce. Réduire le feu, couvrir et faire cuire jusqu'à ce que le chou-fleur soit presque tendre. Mouiller éventuellement avec un peu d'eau si les fleurettes de chou-fleur deviennent collantes. Si la sauce est trop liquide, poursuivre la cuisson quelques minutes à feu vif en retirant le couvercle. Saler selon son goût et retirer du feu.

AVIAL

Représentation d'une déité hindoue sur une porte à Hyderabad.

CE CURRY DE LÉGUMES EST ORIGINAIRE DU SUD DE L'INDE, OÙ LES PLATS SONT SOUVENT CUISINÉS EN SAUCE, POUR ÊTRE SERVIS AVEC DU RIZ, QUI EST UN PRODUIT DE CONSOMMATION COURANTE. MALGRÉ LA PRÉSENCE DE PIMENTS, IL S'AGIT D'UN PLAT RELATIVEMENT DOUX, CAR LA SAUCE À LA NOIX DE COCO ET AU YAOURT ATTÉNUE LE PIQUANT.

1/2 cuil. à café de curcuma en poudre
200 g de carottes, coupées en julienne
200 g de patates douces, coupées en julienne
200 g de haricots verts, équeutés et coupés en deux
50 g de noix de coco râpée (*voir* page 283)
1 morceau de gingembre frais de 5 cm, râpé
3 piments verts, finement émincés
1 cuil. à café 1/2 de cumin en poudre
400 ml de yaourt nature épais (*voir* page 280)
1 cuil. à soupe d'huile
10 feuilles de curry

4 PERSONNES

PORTER 500 ml d'eau à ébullition dans une casserole, puis ajouter le curcuma et les carottes. Réduire le feu et laisser mijoter 5 minutes. Ajouter les patates douces et les haricots, porter de nouveau à ébullition et réduire le feu. Laisser mijoter encore 5 minutes, jusqu'à ce que les légumes soient presque cuits.

METTRE la noix de coco, le gingembre et les piments dans un robot de cuisine avec un peu d'eau et mixer jusqu'à obtention d'un mélange homogène. À défaut, piler les ingrédients dans un mortier. Ajouter dans la casserole avec le cumin et du sel, et laisser mijoter 2 minutes. Incorporer le yaourt et réchauffer.

POUR l'assaisonnement *(tarka)*, faire chauffer l'huile à feu doux dans une petite sauteuse. Ajouter les feuilles de curry et faire griller jusqu'à ce qu'elles deviennent croustillantes. Arroser les légumes d'huile chaude et parsemer de feuilles grillées.

CHOU-FLEUR BHAJI

CHOU-FLEUR BHAJI

1 cuil. à café de graines de cumin
3 à 4 cuil. à soupe d'huile
1/4 de cuil. à café de graines de moutarde noire
250 g de pommes de terre, coupées en dés
750 g de chou-fleur, coupé en fleurettes
1/2 cuil. à café de cumin en poudre
1/2 cuil. à café de coriandre en poudre
1/4 de cuil. à café de curcuma en poudre
1/2 cuil. à café de *garam masala* (*voir* page 284)
2 gousses d'ail, finement émincées
2 piments verts, épépinés et finement émincés
5 feuilles de curry

4 PERSONNES

DANS une petite sauteuse, faire griller à sec et à feu doux 1/4 de cuillerée à café des graines de cumin pour révéler leur arôme, puis les réduire en poudre dans un mortier.

FAIRE chauffer l'huile à feu doux dans un *karhai* ou une sauteuse à fond épais, puis ajouter les graines de moutarde et le reste des graines de cumin. Couvrir et faire griller quelques secondes jusqu'à ce qu'elles éclatent. Retirer le couvercle, ajouter les pommes de terre et faire revenir 1 minute en remuant de temps en temps pour empêcher les pommes de terre d'attacher. Incorporer le chou-fleur, le reste des épices, l'ail, les piments et les feuilles de curry, puis mouiller avec 60 ml d'eau. Porter à ébullition, couvrir et laisser mijoter 5 à 7 minutes, jusqu'à ce que le chou-fleur soit cuit et tendre. Saler selon son goût.

AVIAL

KOFTA D'ÉPINARDS SAUCE AU YAOURT

CE PLAT, TYPIQUE DU GUJARAT, EST PLUS CONSISTANT QUE CERTAINS PLATS VÉGÉTARIENS. VOUS POUVEZ MANGER LA SAUCE AU YAOURT ET LES KOFTA AUX ÉPINARDS SÉPARÉMENT, MAIS ILS S'ASSOCIENT À MERVEILLE.

SAUCE AU YAOURT
375 ml de yaourt nature épais (*voir* page 280)
4 cuil. à soupe de *besan* (farine de pois chiche)
1 cuil. à soupe d'huile
2 cuil. à café de graines de moutarde noire
1 cuil. à café de graines de fenugrec
6 feuilles de curry
1 gros oignon, finement émincé
3 gousses d'ail, hachées
1 cuil. à café de curcuma en poudre
1/2 cuil. à café de poudre de piment

KOFTA AUX ÉPINARDS
450 g d'épinards frais effeuillés ou 500 g d'épinards surgelés, décongelés et égouttés
170 g de *besan* (farine de pois chiche)
1 oignon rouge, finement émincé
1 tomate mûre, finement concassée
2 gousses d'ail, hachées
1 cuil. à café de cumin en poudre
2 cuil. à soupe de feuilles de coriandre

huile, pour la friture
feuilles de coriandre (facultatif)

6 PERSONNES

POUR la sauce au yaourt, mettre le yaourt dans une terrine, ajouter le *besan* et 750 ml d'eau, et battre à l'aide d'un fouet jusqu'à obtention d'une pâte homogène. Faire chauffer l'huile à feu doux dans une sauteuse à fond épais, puis ajouter les graines de moutarde, les graines de fenugrec et les feuilles de curry. Couvrir et faire griller 1 minute, jusqu'à ce que les graines éclatent. Ajouter l'oignon et faire revenir 5 minutes, jusqu'à ce qu'il soit tendre et commence à dorer. Incorporer l'ail et faire cuire encore 1 minute sans cesser de remuer, jusqu'à ce qu'il soit tendre. Ajouter le curcuma et la poudre de piment, et faire revenir 30 secondes sans cesser de remuer. Incorporer le mélange à base de yaourt, porter à ébullition et laisser mijoter à feu doux 10 minutes. Saler selon son goût.

POUR les *kofta*, blanchir les épinards 1 minute dans de l'eau bouillante puis les rafraîchir à l'eau courante. Les égoutter, exprimer l'excédent d'eau en les pressant entre deux assiettes, puis les hacher finement. Ajouter le reste des ingrédients et incorporer 60 ml d'eau progressivement de façon à obtenir un mélange souple. S'il est trop collant, ajouter du *besan*. Saler selon son goût, puis faire revenir un peu du mélange. Goûter et rectifier l'assaisonnement. Prélever 1 cuillerée à soupe du mélange et façonner une boulette avec les mains humides. Procéder de même avec le reste du mélange.

REMPLIR au tiers d'huile un *karhai* ou une sauteuse à fond épais et chauffer à 180 °C (un dé de pain doit y dorer en 15 secondes). Plonger les *kofta* dans l'huile par petites quantités et faire frire jusqu'à ce qu'ils soient dorés et croustillants. Ne pas trop remplir la friteuse. Retirer les *kofta* lorsqu'ils sont cuits, égoutter l'excédent d'huile et les ajouter à la sauce au yaourt.

RÉCHAUFFER la sauce à feu doux et parsemer éventuellement de feuilles de coriandre.

LÉGUMINEUSES

L'*asa fœtida* est utilisée comme assaisonnement piquant dans de nombreux plats, notamment avec les légumineuses, car elle permet de dissiper les gaz qui en résultent. Les versions en poudre contiennent souvent de la farine de riz et du curcuma.

Les légumineuses se vendent dans toute l'Inde, crues ou frites, sous forme d'en-cas.

CHANA MASALA

LE CHANA MASALA EST SERVI PAR LES VENDEURS AMBULANTS, DANS LES BAZARS OU LES RUE DE L'INDE, ACCOMPAGNÉ DE PURI. TOUT LE MONDE LE CONSOMME À TOUT MOMENT DE LA JOURNÉE COMME EN-CAS OU REPAS LÉGER. IL CONSTITUE L'ACCOMPAGNEMENT IDÉAL DE TOUT REPAS INDIEN.

250 g de *chana dal* (pois chiches)
1 gros oignon, grossièrement émincé
2 gousses d'ail, grossièrement émincées
1 morceau de gingembre frais de 5 cm, grossièrement émincé
1 piment vert, émincé
160 ml d'huile
1 cuil. à soupe de cumin en poudre
1 cuil. à soupe de coriandre en poudre
1 cuil. à café de poudre de piment
1 pincée d'*asa fœtida*
2 cuil. à soupe de yaourt nature épais (*voir* page 280)
2 cuil. à soupe 1/4 de *garam masala* (*voir* page 284)
2 cuil. à café de concentré de tamarin (*voir* page 280)
1/2 citron
3 piments verts
1/4 de cuil. à soupe de poivre noir moulu
3 cuil. à café de sel
2 cuil. à café de *chaat masala* (*voir* page 284)
1/2 oignon rouge, coupé en fines rondelles
1 morceau de gingembre frais de 2 cm, coupé en fines lanières
feuilles de coriandre, grossièrement hachées (facultatif)

6 PERSONNES

FAIRE tremper le *chana dal* une nuit dans 2 litres d'eau. L'égoutter, puis le mettre dans une grande casserole avec 2 litres d'eau. Porter à ébullition en écumant la surface, puis laisser mijoter à feu doux 1 heure à 1 h 30. Il est important que les pois chiches soient tendres car ils ne cuiront pas davantage une fois la sauce ajoutée. Égoutter et réserver le jus de cuisson.

METTRE l'oignon, l'ail, le gingembre émincé et le piment émincé dans un robot de cuisine et mixer jusqu'à obtention d'un mélange homogène. À défaut, hacher les ingrédients à l'aide d'un couteau tranchant.

FAIRE chauffer l'huile à feu moyen dans une sauteuse à fond épais et faire revenir le mélange à base d'oignon jusqu'à ce qu'il soit doré. Ajouter le cumin, la coriandre, la poudre de piment et l'*asa fœtida*, et faire cuire 1 minute sans cesser de remuer. Ajouter le yaourt et faire cuire encore 1 minute. Incorporer 2 cuillerées à soupe de *garam masala* et mouiller progressivement avec 1,25 l du jus de cuisson. Porter à ébullition et réduire le feu.

AJOUTER le concentré de tamarin, le citron, les piments entiers, le *chana dal*, le poivre et le sel. Couvrir partiellement et laisser mijoter 30 minutes, jusqu'à ce que la sauce ait réduit et que le *chana dal* en soit bien enrobé.

AJOUTER le *chaat masala* et le reste du *garam masala*, et incorporer les rondelles d'oignon, le gingembre en lanières et éventuellement les feuilles de coriandre.

Un sanctuaire hindou.

Vérifiez si les lentilles sont cuites en les écrasant doucement entre le pouce et l'index. Elles doivent être tendres.

TOOR DAL

DANS CERTAINES RÉGIONS DE L'INDE, IL EST COURANT D'ASSOCIER LES SAVEURS DOUCES ET AMÈRES, EN PARTICULIER DANS LES CURRYS DE LENTILLES COMME CELUI-CI. PRÉVOYEZ DE PRÉPARER CE PLAT À L'AVANCE, CAR LES LENTILLES DOIVENT TREMPER AVANT DE CUIRE.

500 g de *toor dal* (lentilles jaunes)
5 morceaux de *kokum* de 5 cm (fruit du guttier)
2 cuil. à café de graines de coriandre
2 cuil. à café de graines de cumin
2 cuil. à soupe d'huile
2 cuil. à café de graines de moutarde noire
10 feuilles de curry
7 clous de girofle
1 bâton de cannelle de 10 cm
5 piments verts, finement émincés
1/2 cuil. à café de curcuma en poudre
400 g de tomates concassées en boîte
20 g de sucre *jaggery* ou 10 g de mélasse
feuilles de coriandre

8 PERSONNES

FAIRE tremper le *toor dal* 2 heures dans de l'eau froide. Rincer le *kokum*, retirer d'éventuels pépins et faire tremper dans une terrine d'eau froide quelques minutes, jusqu'à ce qu'il soit tendre. Égoutter le *toor dal* et le mettre dans une casserole à fond épais avec 1 litre d'eau et les morceaux de *kokum*. Porter lentement à ébullition, puis laisser mijoter environ 40 minutes, jusqu'à ce que le *toor dal* soit tendre.

DANS une petite sauteuse, faire griller à sec et à feu doux les graines de coriandre pour révéler leur arôme. Les retirer de la poêle, puis procéder de même avec les graines de cumin. Utiliser un moulin à épices ou un mortier pour réduire les graines en poudre.

POUR l'assaisonnement *(tarka)*, faire chauffer l'huile à feu doux dans une petite sauteuse, ajouter les graines de moutarde et les faire griller jusqu'à ce qu'elles éclatent. Ajouter les feuilles de curry, les clous de girofle, la cannelle, les piments, le curcuma et les épices moulues, et faire cuire 1 minute. Ajouter les tomates et faire cuire 2 à 3 minutes, jusqu'à ce qu'elles soient tendres et bien incorporées à la sauce. Ajouter le sucre *jaggery*, incorporer le mélange obtenu au *toor dal* et laisser cuire encore 10 minutes. Saler selon son goût et garnir de feuilles de coriandre.

Lorsque les haricots ont suffisamment trempé, ils prennent une couleur crème et gonflent.

HARICOTS CORNILLE ET CHAMPIGNONS

LES HARICOTS CORNILLE OU LOBHIA S'APPELLENT ÉGALEMENT DOLIQUES À ŒIL NOIR. LEUR SAVEUR DE TERROIR ASSOCIÉE AUX CHAMPIGNONS ET TOMATES EN FONT UN EXCELLENT PLAT VÉGÉTARIEN. IL PEUT ÉGALEMENT SERVIR D'ACCOMPAGNEMENT D'UN PLAT DE VIANDE OU DE LÉGUMES.

200 g de haricots cornille
400 g de tomates mûres ou concassées en boîte
120 ml d'huile
1 cuil. à café de graines de cumin
1 bâton de cannelle de 3 cm
150 g d'oignons, émincés
4 gousses d'ail, finement émincées
250 g de champignons, finement émincés
2 cuil. à café de coriandre en poudre
1 cuil. à café de cumin en poudre
1/2 cuil. à café de curcuma en poudre
1/4 de cuil. à café de poivre de Cayenne
2 cuil. à soupe de feuilles de coriandre hachées

6 PERSONNES

METTRE les haricots cornille dans une grande casserole avec 1 litre d'eau et porter à ébullition. Couvrir et laisser mijoter 2 minutes. Retirer du feu et laisser reposer 1 heure. À défaut, faire tremper les haricots dans de l'eau une nuit entière.

PRATIQUER une incision en croix à la base des tomates et les plonger 20 secondes dans de l'eau bouillante. Bien les égoutter, puis les peler en partant de l'incision. Concasser la pulpe et jeter cœurs et pépins.

FAIRE bouillir les haricots une seconde fois, puis laisser mijoter 20 à 30 minutes, jusqu'à ce qu'ils soient tendres. Bien égoutter.

PENDANT ce temps, faire chauffer l'huile dans un *karhai,* une sauteuse ou casserole à fond épais. Ajouter les graines de cumin et le bâton de cannelle, faire griller 10 secondes, puis ajouter l'oignon et l'ail. Faire revenir à feu moyen sans cesser de remuer jusqu'à ce qu'ils soient tendres et commencent à dorer. Ajouter les champignons et faire revenir encore 2 à 3 minutes. Ajouter les tomates, la coriandre, le cumin, le curcuma et le poivre de Cayenne. Couvrir et faire revenir à feu doux 10 minutes.

INCORPORER les haricots au mélange à base de tomates et de champignons, et saler selon son goût. Incorporer les feuilles de coriandre, couvrir et laisser mijoter 30 minutes.

POIS CHICHES AIGRE-DOUX

500 g de pois chiches *(chana dal)*
2 cuil. à soupe d'huile ou de *ghee* (beurre clarifié)
2 gros oignons rouges, émincés
1 morceau de gingembre de 2 cm, finement haché
2 cuil. à café de sucre
2 cuil. à café de coriandre en poudre
2 cuil. à café de cumin en poudre
1 pincée de poudre de piment (facultatif)
1 cuil. à café de *garam masala* (*voir* page 284)
3 cuil. à soupe de concentré de tamarin (*voir* page 280)
4 tomates mûres, concassées
4 cuil. à soupe de feuilles de coriandre ou de menthe, finement hachées

6 PERSONNES

FAIRE tremper les pois chiche une nuit dans 2 litres d'eau. Les égoutter et les mettre dans une grande casserole avec 2 litres d'eau. Porter à ébullition en écumant la surface, puis couvrir et laisser mijoter à feu doux 1 heure à 1 h 30, jusqu'à ce que les pois chiches soient cuits. Il est important que les pois chiches soient tendres car ils ne cuiront pas davantage une fois la sauce ajoutée. Égoutter.

FAIRE chauffer l'huile dans un *karkhai* ou une sauteuse à fond épais. Faire revenir les oignons jusqu'à ce qu'ils soient tendres et dorés, et incorporer le gingembre. Ajouter les pois chiches, le sucre, la coriandre, le cumin, la poudre de piment, le *garam masala* et 1 pincée de sel, et mélanger. Incorporer le tamarin et les tomates, et faire revenir 2 à 3 minutes. Mouiller avec 500 ml d'eau, porter à ébullition et faire cuire jusqu'à ce que la sauce épaississe. Incorporer les feuilles de coriandre et servir avec des *roti* (*voir* page 220).

CHOLE CHAAT

IL S'AGIT D'UNE FAÇON D'ACCOMMODER LES POIS CHICHES TYPIQUE DU NORD DE L'INDE. EN EFFET, ON LES MANGE GÉNÉRALEMENT AU DÉBUT D'UN REPAS OU EN TANT QU'ACCOMPAGNEMENT. VOUS POUVEZ UTILISER DEUX BOÎTES DE 400 G DE POIS CHICHES SI VOUS PRÉFÉREZ. ÉGOUTTEZ-LES, RÉDUISEZ-EN 15 G EN PURÉE ET AJOUTEZ LES OIGNONS ET LES ÉPICES AVEC 400 ML D'EAU.

CHOLE CHAAT

225 g de pois chiches *(chana dal)*
2 cuil. à soupe d'huile
1/2 oignon, émincé
1 cuil. à soupe de coriandre en poudre
1 cuil. à soupe de cumin en poudre
1/4 de cuil. à café de curcuma en poudre
1 cuil. à café de *garam masala* (*voir* page 284)
1 morceau de gingembre frais de 2 cm, râpé
2 piments verts, finement émincés
200 g de tomates concassées en boîte, égouttées

4 PERSONNES

FAIRE tremper les pois chiches une nuit dans 2 litres d'eau. Les égoutter et les mettre dans une grande casserole avec 2 litres d'eau. Porter à ébullition en écumant la surface, puis laisser mijoter à feu doux 1 heure à 1 h 30, jusqu'à ce qu'ils soient tendres. Égoutter et réserver le jus de cuisson. Prélever 75 g de pois chiches et les réduire en purée à l'aide d'une fourchette.

FAIRE chauffer l'huile à feu doux dans une sauteuse à fond épais et faire revenir l'oignon jusqu'à ce qu'il soit doré. Ajouter la coriandre, le cumin, le curcuma et le *garam masala*, et faire revenir 1 minute. Incorporer le gingembre, les piments et les tomates, saler selon son goût, et ajouter les pois chiches et leur jus de cuisson, ainsi que les pois chiches écrasés. Porter à ébullition, réduire le feu et laisser mijoter 5 minutes sans couvrir.

POIS CHICHES AIGRE-DOUX

Les lentilles utilisées dans cette recette peuvent être cassées et non pelées, comme on le voit dans l'illustration, ou cassées et pelées.

URAD DAL

CE TYPE DE LENTILLES EST UTILISÉ DANS LE SUD POUR FAIRE DES DOSA ET DES IDLI, MAIS DANS LES ÉTATS DU BENGALE, GUJARAT ET RAJASTHAN, ELLES SONT CONSOMMÉES MIJOTÉES. ELLES SONT GÉNÉRALEMENT CUISINÉES AVEC DU GINGEMBRE, DE L'ASA-FŒTIDA ET DES GRAINES DE FENOUIL, ASSOCIATION AROMATIQUE D'ÉPICES.

250 g d'*urad dal* non pelé (lentilles noires)
1/4 de cuil. à café de curcuma en poudre
4 tomates mûres, concassées
1 petit oignon, grossièrement émincé
2 cuil. à soupe d'huile
1/2 cuil. à café de graines de cumin
1 cuil. à café de graines de fenouil
1 morceau de gingembre de 5 cm, râpé
2 piments séchés, hachés
1 pincée d'*asa fœtida*
feuilles de coriandre

4 PERSONNES

METTRE l'*urad dal* dans une sauteuse à fond épais avec 1 litre d'eau et ajouter le curcuma, les tomates concassées et l'oignon. Porter à ébullition et réduire le feu. Couvrir et laisser mijoter environ 40 minutes, jusqu'à ce que les lentilles soient cuites et s'écrasent entre le pouce et l'index.

POUR l'assaisonnement *(tarka)*, faire chauffer l'huile dans une petite casserole, ajouter les graines de cumin et de fenouil, et faire griller jusqu'à ce qu'elles éclatent. Ajouter le gingembre, les piments et l'*asa fœtida*, et faire revenir à feu doux 30 secondes. Ajouter à l'*urad dal* chaud et laisser mijoter encore 5 minutes. Saler selon son goût et garnir de feuilles de coriandre.

DAL SAAG

DAL SAAG

IL EST COURANT DANS TOUTE L'INDE D'ASSOCIER LÉGUMES ET LENTILLES. VEILLEZ À NE PAS TROP FAIRE CUIRE CE PLAT APRÈS AVOIR AJOUTÉ LES ÉPINARDS, SOUS PEINE DE LE VOIR PERDRE SA JOLIE COULEUR VERTE.

225 g de *moong dal* (haricots mungo cassés)
2 à 3 cuil. à soupe d'huile
1 cuil. à café de graines de moutarde noire
8 feuilles de curry
1/4 de cuil. à café d'*asa fœtida*
1/4 de cuil. à café de curcuma en poudre
1 cuil. à café de cumin en poudre
1 cuil. à café de coriandre en poudre
1 morceau de gingembre de 3 cm, râpé
2 piments verts, épépinés et coupés en morceaux de 1 cm
100 g de feuilles d'épinard, grossièrement hachées
5 oignons verts, finement émincés

4 PERSONNES

METTRE le *moong dal* dans une sauteuse à fond épais, ajouter 750 ml d'eau et porter à ébullition. Réduire le feu et laisser mijoter 30 minutes, jusqu'à ce que le *moong dal* soit tendre et s'ouvre. Ajouter éventuellement de l'eau si toute l'eau est absorbée au cours de la cuisson.

POUR l'assaisonnement *(tarka)*, faire chauffer l'huile dans une casserole et ajouter les graines de moutarde. Couvrir et faire griller jusqu'à ce qu'elles éclatent. Incorporer les feuilles de curry, l'*asa fœtida*, le cumin, le curcuma, la coriandre, le gingembre et les piments, puis incorporer le *moong dal* cuit.

INCORPORER les épinards et les oignons verts, et faire cuire environ 2 minutes, jusqu'à ce que les épinards soient cuits. Saler.

KALI DAL

LE DAL, QUI DÉSIGNE À LA FOIS LE TYPE DE LENTILLE ET, DANS CE CAS, LE PLAT, FAIT PARTIE INTÉGRANTE DE LA GASTRONOMIE DE L'INDE DU NORD. IL S'AGIT D'UNE VERSION SOMPTUEUSE D'UN SIMPLE PLAT SERVI AVEC DES ROTI DANS LES SIKH GURDWARAS (TEMPLES). KALI SIGNIFIE NOIR ET LES HARICOTS MUNGO UTILISÉS DANS CE PLAT ONT LA PEAU NOIRE.

250 g de *sabat urad* (haricots mungo entiers)
1 oignon, grossièrement émincé
2 gousses d'ail, grossièrement hachées
1 morceau de gingembre de 5 cm, grossièrement émincé
1 piment vert, grossièrement émincé
120 ml d'huile
2 cuil. à soupe de cumin en poudre
1 cuil. à soupe de coriandre en poudre
2 cuil. à soupe de sel
1/4 de cuil. à café de poudre de piment
3 cuil. à soupe de *garam masala* (*voir* page 284)
140 ml de crème fleurette

6 PERSONNES

METTRE le *sabat urad* dans une grande sauteuse à fond épais, ajouter 2 litres d'eau et porter à ébullition. Réduire le feu et laisser mijoter 1 heure, jusqu'à ce que les haricots soient cuits et s'écrasent entre le pouce et l'index. La majorité doivent s'ouvrir et laisser apparaître l'intérieur de couleur crème. Égoutter et réserver le jus de cuisson.

METTRE l'oignon, l'ail, le gingembre et le piment dans un robot de cuisine et mixer jusqu'à obtention d'un mélange homogène. À défaut, hacher à l'aide d'un couteau tranchant. Faire chauffer l'huile dans une sauteuse et faire revenir le mélange à base d'oignon à feu vif sans cesser de remuer jusqu'à ce qu'il soit doré. Ajouter le cumin et la coriandre, et faire revenir 2 minutes. Ajouter le *sabat urad* et incorporer le sel, la poudre de piment et le *garam masala*. Verser 300 ml du jus de cuisson réservé dans la sauteuse et porter à ébullition. Réduire le feu et laisser mijoter 10 minutes. Juste avant de servir, incorporer la crème fleurette et faire mijoter encore 2 minutes pour réchauffer.

Une quantité impressionnante de légumineuses est vendue sur les marchés indiens. Les Indiens les consomment tous les jours, souvent sous forme de *dal*.

MASALA RAJMA

225 g de haricots rouges
3 cuil. à soupe d'huile
1/2 oignon, finement émincé
2 feuilles de *tej patta* (laurier des Indes)
1 bâton de cannelle de 5 cm
2 gousses d'ail, finement hachées
1/4 de cuil. à café de curcuma en poudre
1/2 cuil. à café de coriandre en poudre
1/2 cuil. à café de cumin en poudre
1/2 cuil. à café de *garam masala* (*voir* page 284)
3 piments séchés
1 morceau de gingembre de 2 cm, râpé

4 PERSONNES

FAIRE tremper les haricots une nuit dans 1,25 l d'eau. Les égoutter, les mettre dans une casserole avec 1,25 l d'eau et porter à ébullition. Laisser bouillir 15 minutes, réduire le feu et laisser mijoter 1 heure, jusqu'à ce que les haricots soient tendres. Égoutter et réserver le jus de cuisson.

FAIRE chauffer l'huile à feu doux dans une sauteuse à fond épais. Ajouter l'oignon, les feuilles de *tej patta*, la cannelle et l'ail, et faire revenir jusqu'à ce que l'oignon soit doré. Incorporer le curcuma, la coriandre, le cumin, le *garam masala*, les piments et le gingembre, et ajouter les haricots avec assez de jus de cuisson réservé pour obtenir une sauce.

PORTER à ébullition et faire cuire 5 minutes sans cesser de remuer. Saler selon son goût et retirer éventuellement les piments avant de servir.

MASALA RAJMA

KALI DAL

PARIPPU

UN PLAT À BASE DE LENTILLES, QUEL QU'EN SOIT LE TYPE, EST UN ÉLÉMENT INDISPENSABLE D'UN REPAS INDIEN. CETTE RECETTE VIENT DU SUD DU SOUS-CONTINENT. CE PLAT EST PARFUMÉ À LA NOIX DE COCO ET AVEC UN TARKA COMPOSÉ D'OIGNONS FRITS, DE GRAINES DE CUMIN, DE GRAINES DE MOUTARDE ET DE FEUILLES DE CURRY, AJOUTÉ EN FIN DE CUISSON.

225 g de *masoor dal* (lentilles rouges)
1 oignon, grossièrement émincé
1 tomate mûre, grossièrement concassée
50 g de crème de coco délayée dans 250 ml d'eau ou 250 ml de lait de coco (*voir* page 283)
2 piments verts, émincés
1/4 de cuil. à café de curcuma en poudre
1/2 cuil. à café de cumin en poudre
1/2 cuil. à café de coriandre en poudre
2 cuil. à soupe d'huile
1 cuil. à café de graines de cumin
1/2 cuil. à café de graines de moutarde noire
1 oignon, très finement émincé
10 feuilles de curry

4 PERSONNES

METTRE le *masoor dal* dans une casserole à fond épais avec 500 ml d'eau. Ajouter l'oignon grossièrement émincé, la tomate, la crème ou le lait de coco, les piments verts, le curcuma, le cumin et la coriandre, et porter à ébullition. Laisser mijoter 25 minutes en remuant de temps en temps, jusqu'à ce que le *masoor dal* soit cuit et réduit en purée. Le *masoor dal* perd sa forme à la cuisson. Mouiller avec 125 ml d'eau si l'eau s'évapore complètement au cours de la cuisson.

POUR l'assaisonnement *(tarka)*, faire chauffer l'huile à feu doux dans une petite sauteuse. Ajouter les graines de cumin et de moutarde, couvrir et faire griller jusqu'à ce qu'elles éclatent. Ajouter l'oignon finement émincé et les feuilles de curry, et faire revenir à feu doux jusqu'à ce que l'oignon soit doré. Incorporer la préparation obtenue au *masoor dal*. Saler selon son goût et faire cuire encore 5 minutes.

Une femme noue des feuilles de curry en petits paquets sur un marché.

RIZ, SEMOULE & VERMICELLE

RIZ PULAO

LE PULAO, OU PILAF, PEUT ÊTRE UN PLAT SIMPLE OU PLUS FESTIF, GARNI DE FRUITS, DE FRUITS À ÉCALE ET D'ÉPICES, COMME DANS CETTE RECETTE. ON TROUVE ÉGALEMENT CE TYPE DE PLAT DE RIZ DANS LE SUD DE LA RUSSIE, LA PERSE ET LE MAROC, PREUVE QUE CERTAINES RECETTES ONT FRANCHI LES FRONTIÈRES EN MÊME TEMPS QUE LES CONQUÉRANTS ET LES COMMERÇANTS.

Femme triant du riz en le lançant en l'air pour le débarrasser de la balle. En Inde, le riz doit souvent être trié avant utilisation.

500 g de riz basmati
1 cuil. à café de graines de cumin
4 cuil. à soupe de *ghee* (beurre clarifié) ou d'huile
2 cuil. à soupe d'amandes concassées
2 cuil. à soupe de raisins secs
2 oignons, finement émincés
2 bâtons de cannelle
5 gousses de cardamome
1 cuil. à café de sucre
1 cuil. à soupe de jus de gingembre (*voir* page 280)
15 filaments de safran, infusés dans 1 cuil. à soupe de lait tiède
2 feuilles de *tej patta* (laurier des Indes)
250 ml de lait de coco (*voir* page 283)
2 cuil. à soupe de petits pois frais ou surgelés
eau de rose (facultatif)

6 PERSONNES

METTRE le riz dans une passoire et le rincer à l'eau courante jusqu'à ce que l'eau qui s'écoule de la passoire soit limpide. Égoutter et transférer dans une casserole. Couvrir d'eau, laisser tremper 30 minutes, puis égoutter de nouveau.

DANS une petite sauteuse, faire griller à sec et à feu doux les graines de cumin pour révéler leur arôme.

FAIRE chauffer le *ghee* ou l'huile dans un *karhai* ou une sauteuse à fond épais et faire revenir les amandes et les raisins jusqu'à ce qu'ils soient dorés. Retirer du *karhai*, puis faire revenir les oignons dans le même ghee jusqu'à ce qu'ils soient dorés et les retirer du *karhai*.

METTRE le riz, les graines de cumin grillées, la cannelle, la cardamome, le sucre, le jus de gingembre, le safran et du sel dans le *karhai*, et faire revenir 2 minutes pour révéler les arômes.

AJOUTER les feuilles de *tej patta* et le lait de coco, puis ajouter de l'eau de façon à recouvrir le riz de 5 cm. Porter à ébullition, couvrir et laisser cuire à feu moyen 8 minutes, jusqu'à ce que presque toute l'eau soit évaporée.

INCORPORER les petits pois, réduire le feu et faire cuire à feu très doux jusqu'à ce que le riz soit cuit. Ajouter les amandes grillées, les raisins secs et les oignons, en réservant une partie pour la garniture. Faire éventuellement revenir avec quelques gouttes d'eau de rose.

UPAMA

- 2 cuil. à soupe de *chana dal* (pois chiches)
- 4 cuil. à soupe de *ghee* (beurre clarifié) ou d'huile
- 75 g de noix de cajou
- 1 cuil. à café de graines de moutarde noire
- 15 feuilles de curry
- 1/2 oignon, finement émincé
- 140 g de semoule
- jus de citron vert

4 PERSONNES

FAIRE tremper le *chana dal* 3 heures dans un grand volume d'eau. Égoutter, mettre dans une casserole avec 500 ml d'eau et porter à ébullition. Faire cuire 2 minutes, égoutter et sécher le *chana dal* dans un torchon. Enduire les noix de cajou d'un peu de *ghee* et faire revenir dans une sauteuse à feu doux jusqu'à ce qu'elles soient dorées.

FAIRE chauffer le reste de *ghee* dans une sauteuse à fond épais. Ajouter les graines de moutarde et le *chana dal*, et faire griller jusqu'à ce que les graines éclatent. Incorporer les feuilles de curry et l'oignon, puis laisser cuire jusqu'à ce que l'oignon soit tendre. Ajouter la semoule et faire revenir jusqu'à ce qu'elle soit chaude, enrobée d'huile et dorée. Mouiller avec 100 ml d'eau, laisser mijoter sans cesser de remuer jusqu'à ce que l'eau soit absorbée, puis répéter quatre fois l'opération. Saler selon son goût, arroser de jus de citron vert et parsemer de noix de cajou.

KHICHHARI

LE KHICHHARI OU KITCHERI, EST L'ANCÊTRE DU KEDGEREE, UN PLAT QUE LES BRITANNIQUES ONT REPRIS AVEC BEAUCOUP D'ENTHOUSIASME. IL EN EXISTE DE NOMBREUSES VARIANTES ET LES LENTILLES PEUVENT ÊTRE JAUNES, COMME C'EST LE CAS ICI, OU DU MOONG DAL (HARICOTS MUNGO). ACCOMPAGNEZ-LES DE YAOURT OU DE CHUTNEYS ET DE PAINS.

KHICHHARI

- 60 g de *toor dal* (lentilles jaunes)
- 300 g de riz basmati
- 3 cuil. à soupe de *ghee* (beurre clarifié)
- 1 cuil. à café de graines de cumin
- 6 clous de girofle
- 1/2 bâton de cannelle
- 2 oignons, finement émincés
- 2 gousses d'ail, finement hachées
- 1 morceau de gingembre de 2 cm, finement émincé
- 1 cuil. à café de *garam masala* (*voir* page 284)
- 3 cuil. à soupe de jus de citron
- 1 cuil. à café de sel

6 PERSONNES

FAIRE tremper le *toor dal* 2 heures dans 500 ml d'eau. Mettre le riz dans une passoire, le rincer à l'eau courante jusqu'à ce que l'eau qui s'écoule de la passoire soit limpide, puis égoutter de nouveau.

FAIRE chauffer le *ghee* à feu doux dans une sauteuse à fond épais et faire revenir les graines de cumin, les clous de girofle et la cannelle quelques secondes. Augmenter le feu, ajouter les oignons, le gingembre et l'ail, et faire revenir à feu moyen jusqu'à ce qu'ils soient tendres et commencent à dorer.

AJOUTER le riz et les lentilles, mélanger de façon à bien les enrober de *ghee* et incorporer le *garam masala*, le jus de citron et le sel. Mouiller avec 750 ml d'eau bouillante, puis porter à ébullition. Réduire le feu, couvrir et laisser cuire 15 minutes à feu doux. Retirer du feu et aérer les grains de riz à l'aide d'une fourchette. Couvrir la casserole à l'aide d'un linge propre et laisser reposer 10 minutes. Aérer de nouveau les grains de riz et saler selon son goût.

UPAMA

Faites cuire la viande, puis répartissez le mélange de riz et de safran dessus. Scellez le couvercle à l'aide d'un ruban de pâte pour conserver les arômes.

AGNEAU BIRYANI

IL S'AGIT D'UN PLAT DE RIZ ET D'AGNEAU DANS LEQUEL LES INGRÉDIENTS SONT CUITS ENSEMBLE DANS UN RÉCIPIENT SCELLÉ. VOUS POUVEZ CUIRE L'AGNEAU SANS LE RISSOLER AU PRÉALABLE, SELON LA MÉTHODE TRADITIONNELLE. MAIS LE FAIT DE RISSOLER LA VIANDE PERMET TOUTEFOIS D'AJOUTER À SA SAVEUR.

1 kg de gigot ou d'épaule d'agneau, coupés en cubes de 3 cm
1 morceau de gingembre de 7 cm, râpé
2 gousses d'ail, hachées
2 cuil. à soupe de *garam masala* (*voir* page 284)
1/2 cuil. à café de poudre de piment
1/2 cuil. à café de curcuma en poudre
4 piments verts, finement émincés
20 g de feuilles de coriandre ciselées
15 g de feuilles de menthe ciselées
500 g de riz basmati
4 oignons, finement émincés
1/4 de cuil. à café de sel
120 ml d'huile
125 g de beurre, fondu
250 ml de yaourt nature épais (*voir* page 280)
1/2 cuil. à café de filaments de safran infusés dans 2 cuil. à soupe de lait tiède

PÂTE À SCELLER
200 g de farine de blé complet
1 cuil. à café de sel

6 PERSONNES

METTRE l'agneau dans une terrine et ajouter le gingembre, l'ail, le *garam masala*, la poudre de piment, le curcuma, les piments, la coriandre et la menthe. Couvrir et laisser reposer une nuit au réfrigérateur.

METTRE le riz dans une passoire et le rincer à l'eau courante jusqu'à ce que l'eau qui s'écoule de la passoire soit limpide. Mettre les oignons émincés dans une autre passoire, saupoudrer de sel et laisser dégorger 10 minutes. Rincer et sécher.

FAIRE chauffer l'huile et le beurre dans une grande casserole à fond épais, ajouter les oignons et faire revenir environ 10 minutes, jusqu'à ce qu'ils soient dorés. Égoutter dans une passoire et réserver l'huile et le beurre.

RETIRER l'agneau de la marinade, réserver la marinade et faire revenir la viande par petites quantités dans l'huile et le beurre réservé, jusqu'à ce qu'elle soit uniformément dorée. Faire chauffer un *degchi* ou une grosse marmite, ajouter les oignons dorés, la marinade réservée et le yaourt, puis faire cuire le tout à feu doux 30 à 40 minutes, jusqu'à ce que l'agneau soit tendre.

DANS une grande casserole, faire bouillir de l'eau et ajouter le riz. Porter de nouveau à ébullition et laisser cuire le riz 5 minutes. Bien l'égoutter et le répartir sur la viande. Verser 2 cuillerées à soupe d'huile et de *ghee* sur l'ensemble et ajouter le safran et le lait.

POUR la pâte à sceller, préchauffer le four à 220 °C (th. 7-8). Mélanger la farine et le sel avec un peu d'eau de façon à obtenir une pâte, façonner un boudin et sceller le couvercle aux bords de la marmite, en appuyant bien. Faire cuire 5 minutes à feu vif pour en porter le contenu à ébullition, puis mettre la cocotte 40 minutes au four. Retirer la marmite du four et desceller le couvercle.

YAKHNI PULAO

CE PLAT DE RIZ EST DÉLICIEUX LORSQU'IL EST CUISINÉ DANS DU BOUILLON MAISON (YAKHNI), MAIS VOUS POUVEZ UTILISER DU BOUILLON PRÊT À L'EMPLOI. LE YAKHNI PULAO EST PARFUMÉ D'ÉPICES ENTIÈRES ET CONSTITUE L'ACCOMPAGNEMENT IDÉAL DES PLATS INDIENS OU D'AUTRES TYPES DE DAUBES.

225 g de riz basmati
500 ml de bouillon de poulet
6 cuil. à soupe de *ghee* (beurre clarifié) ou d'huile
5 gousses de cardamome
1 bâton de cannelle de 5 cm
6 clous de girofle
8 grains de poivre noir
4 feuilles de *tej patta* (laurier des Indes)
1 oignon, finement émincé

4 PERSONNES

METTRE le riz dans une passoire, le rincer à l'eau courante jusqu'à ce que l'eau qui s'écoule de la passoire soit limpide, puis l'égoutter.

VERSER le bouillon dans une casserole et le porter au point d'ébullition.

FAIRE chauffer 2 cuillerées à soupe de *ghee* ou d'huile dans une sauteuse. Ajouter les épices et les feuilles de *tej patta*, et faire revenir 1 minute. Réduire le feu, ajouter le riz, puis faire revenir encore 1 minute sans cesser de remuer. Mouiller avec le bouillon chaud, saler et porter rapidement à ébullition. Couvrir, laisser mijoter à feu doux 15 minutes, puis laisser reposer le riz 10 minutes avant de retirer le couvercle. Aérer légèrement les grains de riz à l'aide d'une fourchette.

FAIRE chauffer le reste de *ghee* ou d'huile à feu doux dans une sauteuse, faire revenir l'oignon jusqu'à ce qu'il soit tendre, puis augmenter le feu pour le faire griller. Égoutter sur du papier absorbant et garnir le riz.

En Inde, il existe une immense variété de riz. Chacune possède son arôme, sa saveur et sa texture.

RIZ PULAO AUX CREVETTES

200 g de riz basmati
300 g de petites crevettes
3 cuil. à soupe d'huile
1 oignon, finement émincé
1 bâton de cannelle de 3 cm
6 gousses de cardamome
5 clous de girofle
4 feuilles de tej patta (laurier des Indes)
1 tige de lemon-grass, finement hachée
4 gousses d'ail, hachées
1 morceau de gingembre de 5 cm, râpé
1/4 de cuil. à café de curcuma en poudre

4 PERSONNES

METTRE le riz dans une passoire, le rincer à l'eau courante jusqu'à ce que l'eau qui s'écoule de la passoire soit limpide, puis l'égoutter. Décortiquer les crevettes, les rincer et les sécher à l'aide de papier absorbant.

FAIRE chauffer l'huile à feu doux dans un *karhai* ou une sauteuse, puis ajouter l'oignon, la cannelle, la cardamome, les clous de girofle, les feuilles de *tej patta* et le lemon-grass, et faire revenir jusqu'à ce que les oignons soient dorés. Incorporer le gingembre, l'ail et le curcuma, ajouter les crevettes et faire cuire sans cesser de remuer jusqu'à ce qu'elles soient rosées. Ajouter le riz et faire revenir à feu moyen 2 minutes. Mouiller avec 500 ml d'eau bouillante, saler et porter à ébullition. Réduire le feu et laisser mijoter 15 minutes. Retirer du feu, couvrir et laisser reposer 10 minutes. Aérer les grains de riz à l'aide d'une fourchette et servir.

RIZ PULAO AUX CREVETTES

YAKHNI PULAO

Champs au Kerala.

RIZ AU YAOURT

IL S'AGIT D'UN PLAT TRÈS RÉPANDU, QUE L'ON PEUT EMPORTER EN VOYAGE, CAR IL SE MANGE FROID ET L'ACIDITÉ DU YAOURT SERT DE CONSERVATEUR. LES SAVEURS ÉTANT ATTÉNUÉES SI VOUS SERVEZ LE RIZ À LA SORTIE DU RÉFRIGÉRATEUR, IL EST PRÉFÉRABLE DE LE RAMENER À TEMPÉRATURE AMBIANTE.

2 cuil. à soupe d'*urad dal* (lentilles noires)
2 cuil. à soupe de *chana dal* (pois chiches)
225 g de riz basmati
2 cuil. à soupe d'huile
1/2 cuil. à café de graines de moutarde
12 feuilles de curry
3 piments séchés
1/4 de cuil. à café de curcuma en poudre
1 pincée d'*asa fœtida*
500 ml de yaourt nature épais (*voir* page 280)

4 PERSONNES

FAIRE tremper les *dal* 3 heures dans 250 ml d'eau bouillante. Mettre le riz dans une passoire, le rincer à l'eau courante jusqu'à ce que l'eau qui s'écoule de la passoire soit limpide, puis l'égoutter.

METTRE le riz dans une casserole avec 500 ml d'eau et porter rapidement à ébullition. Remuer, couvrir et réduire le feu. Laisser cuire à feu doux 10 minutes. Laisser reposer 10 minutes avant d'aérer les grains de riz à l'aide d'une fourchette.

ÉGOUTTER les *dal* et les sécher à l'aide de papier absorbant. Pour l'assaisonnement *(tarka)*, chauffer l'huile à feu doux dans une petite casserole, ajouter les graines de moutarde et couvrir. Faire griller en secouant la casserole jusqu'à ce que les graines éclatent. Ajouter les feuilles de curry, les piments et les *dal*, et faire revenir 2 minutes en remuant de temps en temps. Incorporer le curcuma et l'*asa fœtida*.

METTRE le yaourt dans une grande terrine, ajouter le mélange à base de *dal* et bien remuer. Ajouter le riz. Saler selon son goût, puis couvrir et mettre au réfrigérateur. Servir froid mais laisser reposer à température ambiante 10 minutes au préalable. Le riz au yaourt accompagne à merveille les plats de viande.

Le yaourt frais est produit et vendu tous les jours en Inde. On le laisse reposer dans des pots en terre, qui absorbent l'excédent d'humidité.

POULET PULAO FAÇON ANDHRA PRADESH

1 poulet de 1,5 kg ou 1,5 kg de morceaux de poulet
1 kg de riz basmati
3 oignons, émincés
1/2 cuil. à café de sel
100 ml d'huile
180 g de *ghee* (beurre clarifié)
1 bâton de cannelle de 4 cm
2 gousses de cardamome
3 clous de girofle
2 anis étoilés
2 brins de feuilles de curry
1 morceau de gingembre de 2 cm, râpé
6 gousses d'ail, hachées
4 à 6 piments verts, fendus dans la longueur
400 ml de babeurre
4 tomates mûres, concassées
200 ml de lait de coco (*voir* page 283)
1 litre de bouillon de poulet
1 citron, coupé en quartiers

8 PERSONNES

LE POULET doit être divisé en 16 morceaux. Détacher les deux cuisses et séparer les pilons des hauts de cuisse. Couper chacun de ces morceaux en deux à l'aide d'un couperet ou de ciseaux à volaille. Couper les deux extrémités de la colonne vertébrale et retirer celle-ci. Retourner le poulet et trancher verticalement au niveau du bréchet. Couper chaque blanc en trois morceaux, détacher les ailes et retirer les ailerons. Dégraisser les morceaux obtenus et retirer la peau.

METTRE le riz dans une passoire et le rincer à l'eau courante jusqu'à ce que l'eau qui s'écoule de la passoire soit limpide, puis l'égoutter. Placer les oignons émincés dans une passoire, saupoudrer de sel et laisser dégorger 10 minutes. Rincer et sécher à l'aide de papier absorbant.

FAIRE chauffer l'huile et le *ghee* à feu moyen dans un *degchi* ou une grosse marmite. Ajouter la cannelle, la cardamome et les clous de girofle, et faire griller jusqu'à ce qu'ils commencent à grésiller. Réduire le feu et ajouter les anis étoilés et les feuilles de curry d'un brin. Incorporer l'oignon émincé et faire revenir jusqu'à ce qu'il soit doré. Ajouter le gingembre et le l'ail, et faire cuire jusqu'à ce qu'ils soient dorés. Ajouter le poulet, augmenter le feu et faire revenir jusqu'à ce qu'il soit uniformément doré. Ajouter les piments, le reste des feuilles de curry, le babeurre et du sel. Faire cuire 12 minutes, jusqu'à ce que le poulet soit cuit et que la sauce ait réduit de moitié. Ajouter les tomates concassées et le lait de coco, et poursuivre la cuisson jusqu'à ce que les tomates soient tendres. Mouiller avec le bouillon et porter à ébullition.

PRÉCHAUFFER le four à 220 °C (th. 7-8). Incorporer le riz égoutté à la préparation à base de poulet, rectifier l'assaisonnement et faire cuire 10 minutes, jusqu'à ce que la sauce ait complètement réduit.

RETIRER la marmite du feu, couvrir d'un linge propre humide et fermer hermétiquement avec le couvercle. Faire cuire 15 minutes au four, jusqu'à ce que le riz soit cuit. Servir chaud avec des quartiers de citron.

Boutique fabriquant des coiffures cérémonielles à Hyderabad, dans l'État de l'Andhra Pradesh.

On trouve le *sevian*, ou vermicelle de blé, sous forme d'écheveaux de nouilles ou en paquets de longueurs égales. Il est parfois commercialisé grillé.

SEVIAN KHEEMA

- 1 cuil. à soupe de graines de cumin
- 3 cuil. à soupe de *ghee* (beurre clarifié) ou d'huile
- 1 oignon rouge, finement émincé
- 3 gousses d'ail, hachées
- 1 morceau de gingembre de 2 cm, râpé
- 225 g d'agneau ou de bœuf hachés
- 1 cuil. à café de poivre noir moulu
- 225 g de *sevian*, coupé en petits morceaux
- 3 cuil. à soupe de jus de citron vert ou de citron

4 PERSONNES

DANS une petite sauteuse, faire griller à sec et à feu doux les graines de cumin pour révéler les arômes, puis utiliser un moulin à épices ou un mortier pour les réduire en poudre.

FAIRE chauffer 1 cuillerée à soupe de *ghee* dans un *karhai* ou une sauteuse et faire revenir l'oignon, l'ail et le gingembre 3 à 4 minutes. Ajouter le cumin, faire cuire 1 minute, puis ajouter la viande et faire cuire encore 8 minutes en émiettant la préparation à l'aide d'une fourchette. Ajouter le poivre noir, saler selon son goût et retirer la préparation de la sauteuse.

FAIRE chauffer le reste de *ghee* dans le *karhai*, ajouter le *sevian* et faire revenir 1 à 2 minutes. Ajouter la préparation précédente et faire revenir encore 1 minute. Mouiller avec 150 ml d'eau et faire cuire jusqu'à ce que le *sevian* soit tendre. Ajouter de l'eau si la sauce s'évapore au cours de la cuisson. Lorsque le *sevian* est cuit, arroser de jus de citron.

IDIYAPPAM

IDIYAPPAM

DANS CE PLAT DU KERALA, LES NOUILLES DE RIZ SONT SOUVENT FAITES MAISON. CE PROCESSUS ÉTANT FASTIDIEUX, NOUS UTILISONS DU VERMICELLE DE RIZ.

- 225 g de vermicelle de riz
- 4 cuil. à soupe d'huile
- 50 g de noix de cajou
- 1/2 oignon, émincé
- 3 œufs
- 150 g de petits pois frais ou surgelés
- 10 feuilles de curry
- 2 carottes, râpées
- 2 poireaux, coupés en fines lanières
- 1 poivron rouge, coupé en dés
- 2 cuil. à soupe de ketchup
- 1 cuil. à soupe de sauce de soja
- 1 cuil. à café de sel

4 PERSONNES

FAIRE tremper le vermicelle de riz 30 minutes dans de l'eau froide, l'égoutter et le plonger dans de l'eau bouillante. Laisser reposer 3 minutes, puis égoutter de nouveau et rafraîchir à l'eau courante.

FAIRE chauffer 1 cuillerée à soupe d'huile dans une sauteuse et faire revenir les noix de cajou jusqu'à ce qu'elles soient dorées. Retirer de la sauteuse, procéder de même avec l'oignon et l'égoutter sur du papier absorbant. Faire cuire les œufs 10 minutes dans de l'eau bouillante, les refroidir à l'eau courante, puis les couper en quartiers. Faire cuire les petits pois dans de l'eau bouillante jusqu'à ce qu'ils soient tendres.

FAIRE chauffer le reste d'huile dans une sauteuse et faire revenir les feuilles de curry. Ajouter les carottes, les poireaux et le poivron, et faire cuire 1 minute sans cesser de remuer. Ajouter le ketchup, la sauce de soja, le sel et le vermicelle sans cesser de remuer pour empêcher le vermicelle d'attacher. Garnir de petits pois, de noix de cajou, d'oignons frits et d'œufs.

PAINS

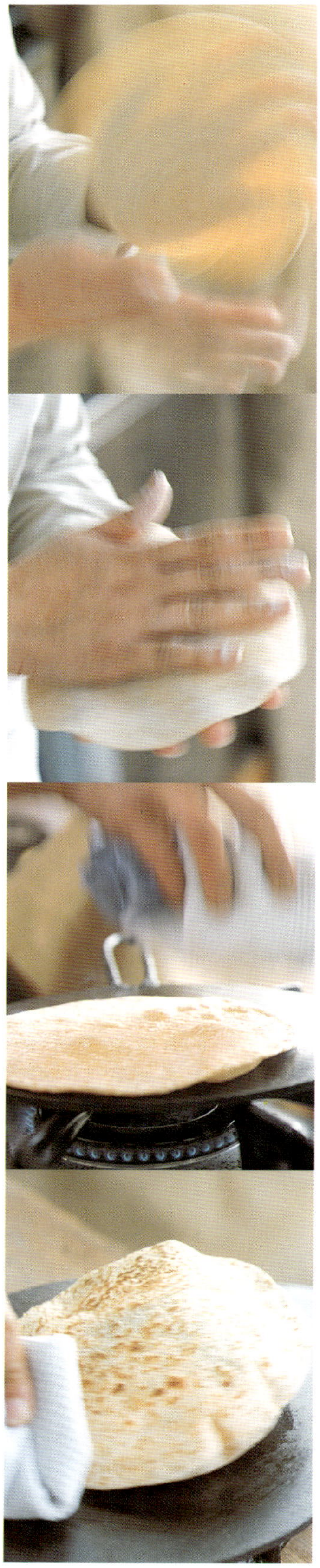

Tapotez le *chapati* pour le débarrasser de l'excédent de farine. Appuyez un torchon dessus pour le faire gonfler lors de la cuisson.

CHAPATI

LES CHAPATI SONT LA FORME LA PLUS ÉLÉMENTAIRE DE PAIN NON LEVÉ. ILS DOIVENT CUIRE À FEU VIF, POUR NE PAS QU'ILS DURCISSENT. SI VOUS PRÉVOYEZ D'EN FAIRE SOUVENT, ACHETEZ UNE PLAQUE CHAUFFANTE. SI VOUS NE TROUVEZ PAS DE FARINE À CHAPATI, UTILISEZ 100 G DE FARINE COMPLÈTE ET 100 G DE MAIDA (FARINE).

200 g d'*atta* (farine à *chapati*)
1/2 cuil. à café de sel
100 g de *ghee* (beurre clarifié)

8 CHAPATI

TAMISER la farine et le sel dans une terrine, ménager un puits au centre et verser environ 150 ml d'eau tiède de façon obtenir une pâte homogène et souple. Pétrir 5 minutes sur un plan fariné, puis transférer dans une terrine huilée. Couvrir et laisser reposer 30 minutes.

CHAUFFER un *tava*, une plaque chauffante ou une sauteuse à fond épais à feu moyen. Diviser la pâte en huit portions égales et les couvrir d'un linge humide. Sur un plan légèrement fariné, abaisser une portion en un disque de 15 cm de diamètre, puis retirer l'excédent de farine en le faisant passer d'une main sur l'autre pour éviter que la farine ne brûle à la cuisson.

DISPOSER le *chapati* sur le *tava*, faire cuire 7 à 10 secondes, puis retourner et faire cuire l'autre côté environ 15 secondes. Retourner de nouveau le *chapati* et presser délicatement à l'aide d'un linge propre en plusieurs endroits pour le chauffer et l'aider à gonfler C'est ce gonflement qui donne au *chapati* sa texture légère. Enduire d'un peu de *ghee* ou de beurre et procéder de même avec les autres portions réservées sous le linge humide, puis stocker en pile, couvert d'un linge.

NAN

PEUT-ÊTRE LE PAIN LEVÉ LE PLUS CONNU DU NORD DE L'INDE. LA TRADITION VEUT QU'IL CUISE SUR LES PAROIS D'UN TANDOOR MAIS IL N'EST PAS FACILE DE RECRÉER CE TYPE DE CHALEUR INTENSE DANS UN FOUR CLASSIQUE ; SA TEXTURE EST LÉGÈREMENT DIFFÉRENTE, MAIS SON GOÛT RESTE DÉLICIEUX.

500 g de *maida* ou de farine
300 ml de lait
2 cuil. à café de levure de boulanger déshydratée ou 15 g de levure fraîche
2 cuil. à café de *kalonji* (graines de nigelle – facultatif)
1/2 cuil. à café de levure chimique
1/2 cuil. à café de sel
1 œuf, battu
2 cuil. à soupe d'huile ou de *ghee* (beurre clarifié)
200 ml de yaourt nature épais (*voir* page 280)

10 NAN

TAMISER la *maida* dans une grande terrine et ménager un puits au centre. Faire tiédir le lait à feu doux dans une casserole. En cas d'utilisation de levure de boulanger, la délayer dans un peu de lait avec 1 pincée de *maida* et laisser reposer jusqu'à ce que le mélange soit mousseux.

METTRE la levure de boulanger, le *kalonji*, la levure chimique et le sel dans le puits. Dans une autre terrine, mélanger l'œuf, l'huile et le yaourt, puis verser le mélange dans le puits avec 250 ml de lait. Mélanger jusqu'à obtention d'une pâte malléable. Si elle semble trop sèche, ajouter le lait restant. Sur un plan fariné, pétrir la pâte 5 minutes, jusqu'à ce qu'elle soit homogène et souple, puis la transférer dans une terrine huilée. Couvrir et laisser reposer quelques heures près d'une source de chaleur, jusqu'à ce qu'elle ait doublé de volume.

PRÉCHAUFFER le four à 200 °C (th. 6-7). Disposer un plat à demi rempli d'eau au fond du four pour l'humidifier et empêcher le *nan* de sécher trop rapidement.

PÉTRIR la pâte rapidement et la diviser en 10 portions. Abaisser une portion du bout des doigts pour lui donner une forme de larme en étirant l'un des côtés. Disposer le *nan* sur une plaque de four huilée, mettre la plaque dans la partie supérieure du four et faire cuire 7 minutes. Retourner et cuire encore 5 minutes. Pendant que le premier *nan* cuit, abaisser le deuxième. Il est possible de faire cuire deux *nan* à la fois si la plaque est suffisamment grande. Retirer le *nan* cuit du four et le couvrir d'un linge pour le réserver au chaud et éviter qu'il ne durcisse.

PROCÉDER de même avec le reste des portions en n'utilisant que la partie supérieure du four, car le *nan* ne cuit pas bien dans la partie intermédiaire. Rajouter éventuellement de l'eau dans le plat.

Veillez à ce que la pâte soit souple sans être collante. Mettez-la en forme en l'étirant avec les doigts.

Le *ghee* incorporé et roulé dans les *paratha* sépare les couches à la cuisson. Essayez de conserver la forme nette lorsque vous utilisez le rouleau.

PARATHA

LE PAIN NON LEVÉ FRIT EST SOUVENT CONSOMMÉ LORS D'OCCASIONS SPÉCIALES. IL CUIT MIEUX SUR UN TAVA OU UNE PLAQUE EN MÉTAL. SI VOUS NE TROUVEZ PAS DE FARINE À CHAPATI, VOUS POUVEZ UTILISER 100 G DE FARINE COMPLÈTE ET 100 G DE MAIDA.

200 g d'*atta* (farine à chapati)
1/2 cuil. à café de sel
1 cuil. à soupe d'huile ou de *ghee* (beurre clarifié)
huile ou *ghee*, pour la cuisson et pour graisser

6 PARATHA

TAMISER la farine et le sel dans une terrine et ménager un puits au centre. Verser environ 150 ml d'eau tiède et l'huile ou le *ghee* dans le puits et mélanger jusqu'à obtention d'une pâte souple et homogène. Sur un plan fariné, pétrir 5 minutes puis transférer dans une terrine huilée, couvrir et laisser reposer 30 minutes. Diviser la pâte en six portions égales.

ABAISSER chaque portion en un disque de 15 cm de diamètre à l'aide d'un rouleau à pâtisserie. Enduire chaque *paratha* d'huile ou de *ghee* à l'aide d'un pinceau de cuisine, puis les plier en deux et enduire de nouveau légèrement d'huile. Plier de nouveau en deux et abaisser finement le quart de disque obtenu de sorte qu'il fasse trois fois sa taille initiale. Couvrir les *paratha* d'un linge et les faire cuire un par un.

FAIRE chauffer un *tava,* une plaque chauffante ou une sauteuse à fond épais, et huiler légèrement. Retirer l'excédent de farine de la surface du *paratha* en le faisant passer d'une main sur l'autre pour éviter que la farine ne brûle à la cuisson.

DISPOSER un *paratha* sur le *tava* et faire cuire 1 minute. Retourner et faire cuire encore 1 minute, jusqu'à ce que la surface se couvre de petites tâches brunes. La cuisson doit être rapide pour que les *paratha* restent souples. Réserver les *paratha* cuits sous un linge.

SERVIR les *paratha* chauds. Il est possible de les réchauffer au four à micro-ondes, ou enveloppés dans du papier d'aluminium 10 minutes dans un four traditionnel à 180 °C (th. 6).

LES POPPADOM, ou *padad*, sont souvent faits par de petites sociétés. Celle que nous voyons sur les illustrations se trouve sur un toit de Delhi, qui constitue l'environnement idéal pour faire sécher les *poppadom* au soleil. La pâte *(à gauche)* est faite à base de farine de pois chiche, farine de riz et eau, ainsi que de quantités généreuses de flocons de piments pour assaisonner. Elle est alors placée dans une extrudeuse *(à droite)* pour la lisser et

PAINS

EN INDE, *ROTI* EST LE TERME GÉNÉRIQUE DÉSIGNANT LE PAIN OU DES ACCOMPAGNEMENTS SIMILAIRES. IL EN EXISTE UNE GRANDE DIVERSITÉ ; ILS SONT CUITS, GRILLÉS, RÔTIS OU FRITS. IL N'Y A PAS DE RÈGLE PRÉCISE QUANT AU *ROTI* DEVANT ACCOMPAGNER TEL OU TEL PLAT.

Les *roti* sont plébiscités dans toute l'Inde et plus particulièrement dans le Nord et dans les régions du centre, où le blé et les céréales sont plus répandus que le riz. Même si l'on pense généralement que le riz fait partie de tous les repas indiens, il existe en fait de vastes zones du sous-continent dont le climat ou le sol ne sont pas propices à la culture du riz. Ces zones produisent par conséquent des céréales différentes et proposent différents types de *roti* pour accompagner les repas. Dans le nord et le centre de l'Inde, les *roti* se consomment à tous les repas et remplacent le riz. Dans le reste du sous-continent, les *roti* sont servis en plus du riz au cours du repas principal quotidien. Les *roti* sont à la fois une partie du repas et un outil pratique, car ils permettent de servir les plats plus liquides tels que les *dal* ou d'attraper des morceaux de viande. Les *roti* servent également pour envelopper les viandes grillées ou comme assiettes comestibles, avec des accompagnements empilés dessus, dans les étals le long des routes.

CUISSON DES ROTI

Les *roti* sont généralement faits à base de blé et cuits selon quatre méthodes principales : sur un *tava* (plaque chauffante plate, convexe ou concave) sans matière grasse, sur un *tava* avec un peu de *ghee* ou d'huile, frits dans un *karhai*, ou cuits dans un *tandoor* ou un four. Les trois premières méthodes donnent des résultats différents avec la même pâte non levée. Quelquefois, comme dans le cas des *paratha*, la pâte est répartie en couche avec du *ghee*, pour lui donner une texture plus feuilletée. D'autres fois on le couvre lors de la cuisson pour donner une texture plus tendre. Les *roti* cuits au four sont à base de pâte levée.

LES KULCHA sont une spécialité de l'Hyderabad. Ils sont cuits dans un four à bois encastré dans le sol de la boulangerie, plutôt que dans un *tandoor*. Ils sont cuits et vendus deux fois par jour, le matin et en début d'après-midi. La pâte non levée est faite de *maida* et *ghee*. Elle est pétrie *(à gauche)*, puis mise en forme à la main, soit en carré *(au milieu)* avec une croix au centre tracée en empreintes de pouces, soit en

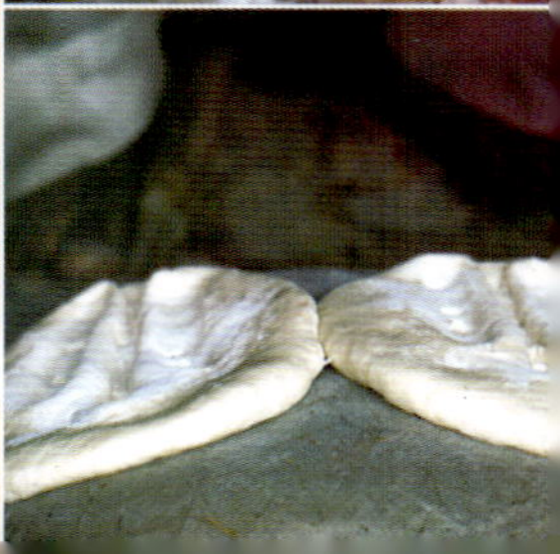

pour éliminer tout excédent d'humidité. À mesure qu'elle sort de l'extrudeuse, elle est divisée en boules, chacune de la taille d'un *poppadom*. Elle est abaissée au rouleau en disques très fins *(à gauche)*, le rouleau ne faisant qu'un ou deux passages rapides sur la pâte. Les disques de pâte sont alors disposés sur des tapis de paille *(au milieu et à droite)* et laissés au soleil pour sécher. Ils sont alors empilés pour la vente.

ROTI NON LEVÉS

Les *roti* non levés cuits sur un *tava* sont les *chapati*, *rumali* et *phulka* (type de *chapati* que l'on fait gonfler en le faisant cuire rapidement sur des charbons ardents), ainsi que les *roti* parfumés à l'épinard. Les pains cuits avec des matières grasses sont les *paratha*, natures ou farcis. Les pains frits les plus répandus sont les *puri*, qui vont de petites bouchées *(gol goppas)* avec lesquelles on fait les *chaat*, notamment le *pani puri*, aux plus grands, qui accompagnent les repas. Les poppadom constituent également des accompagnements frits des repas, même si, à la différence du *roti* plus tendre, ils sont faits d'une pâte à base de légumineuses moulues et forment un disque très fin, croustillant, à la surface couverte de bulles.

ROTI LEVÉS

La cuisson en quelques minutes des pains levés dépend de la chaleur intense et uniforme d'un four ou d'un *tandoor*. Les pains sont collés à la paroi du four quelques minutes seulement, notamment le *nan*, le *kulcha* et le *sheermal*. Les pains cuits au four sont répandus dans des États tels que le Punjab, l'Hyderabad et le Cachemire, où les *tandoor* (souvent collectifs) sont largement utilisés. Ces fours existent dans la vallée de l'Indus du nord de l'Inde depuis le IIe siècle av. J.-C. Ils furent introduits par les Moghols, bien qu'ils soient maintenant associés au Punjab. Dans d'autres régions du sous-continent, les pains cuits au four sont généralement produits par des restaurants, car les cuisines domestiques ne sont pas équipées de fours adéquats. Parmi les autres pains servant d'accompagnements, on trouve les gâteaux et crêpes faits à base de pâte à frire à la farine de riz et de pois chiches, cuits à la vapeur ou sur des plaques chauffantes, tels que les *idli*, *appam* et *dosa*.

FARINES POUR ROTI

Le type de farine le plus utilisé pour les *roti* est la *maida*, farine blanche polyvalente et l'*atta*, mélange de farines complète et blanche. D'autres farines sont à base de légumineuses comme la farine de pois chiche, de haricots mungo et d'*urad dal*. On les utilise localement, dans les régions où elles sont cultivées.

disque marqué de trois traits verticaux *(au milieu à gauche, en haut et en bas)*. Les pains mis en forme sont alors recouverts d'un torchon et réservés pour qu'ils lèvent. Chaque pain est cuit quelques minutes sur la paroi chaude du four *(à gauche)*. Il est retiré à l'aide d'une tige de fer *(au milieu)* lorsque la croûte est croustillante, mais l'intérieur tendre, avant d'être mangé chaud *(à droite)*.

PURI

LE PURI ET LES CHIPS DE PURI SONT FACILES À FAIRE, MÊME EN GRANDE QUANTITÉ. IL EST PRÉFÉRABLE DE PRÉPARER LA PÂTE À L'AVANCE ET DE LA LAISSER REPOSER. L'HUILE DOIT ÊTRE CHAUDE, POUR QUE LES PURI GONFLENT CORRECTEMENT, SANS TOUTEFOIS ÊTRE TROP CHAUDE, POUR NE PAS BRÛLER L'EXTÉRIEUR SANS CUIRE SUFFISAMMENT L'INTÉRIEUR.

325 g de *maida* ou de farine
125 g de semoule fine
huile, pour la friture

12 PURI OU 35 CHIPS DE PURI

MÉLANGER le *maida*, la semoule et 100 ml d'eau de façon à obtenir une pâte. Pétrir la pâte jusqu'à ce qu'elle soit ferme, en ajoutant de la farine pour la raffermir si nécessaire, puis couvrir et laisser reposer 1 heure.

POUR les puri, pétrir de nouveau la pâte, puis la diviser en 12 boules. Abaisser chaque boule en un disque de 10 cm de diamètre et de 1 mm d'épaisseur.

REMPLIR au tiers d'huile un *karhai* ou une casserole à fond épais et faire chauffer à 180 °C (un dé de pain doit remonter à la surface en 2 secondes). Plonger un *puri* dans l'huile chaude, attendre qu'il remonte à la surface et faire frire encore 5 secondes, puis le maintenir immergé dans l'huile encore 5 secondes à l'aide d'une cuillère, jusqu'à ce qu'il gonfle. Le retourner et faire frire l'autre côté jusqu'à ce qu'il soit doré. Retirer de l'huile et égoutter sur une grille. Le processus de friture doit prendre environ 15 à 20 secondes par *puri*. Procéder de même avec le reste des boules de pâte.

POUR les chips de *puri*, abaisser la pâte de sorte qu'elle ait 1 mm d'épaisseur et découper des disques de pâte de 4 cm de diamètre à l'aide d'un emporte-pièce. Les disposer sur un plat.

REMPLIR au tiers d'huile un *karhai* ou une casserole à fond épais et faire chauffer l'huile (une petite boule de pâte doit remonter à la surface en quelques secondes). Faire frire les chips de *puri* par petites quantités, jusqu'à ce qu'elles soient dorées et gonflées. Égoutter sur du papier absorbant. S'il reste de la pâte, la couper en morceaux et la faire frire pour obtenir des chips de forme irrégulière.

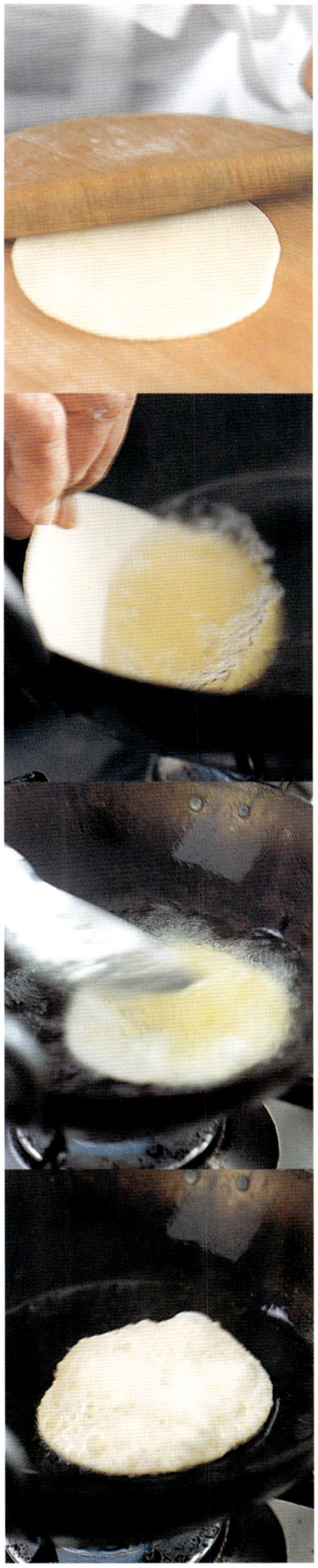

Abaissez les *puri* jusqu'à ce qu'ils soient relativement fins pour que, à la cuisson, ils se divisent en deux couches très fines en gonflant.

Veillez à ce que les épinards soient bien répartis dans l'ensemble de la pâte. Couvrez le *roti* avec un couvercle pour ne pas qu'il durcisse au cours de la cuisson.

SAAG ROTI

CE SIMPLE ROTI AVEC UNE BASE D'ÉPINARD EST NON SEULEMENT ORIGINAL ET SAVOUREUX, MAIS ÉGALEMENT NOURRISSANT. VOUS POUVEZ REMPLACER LES ÉPINARDS PAS DES OIGNONS ÉMINCÉS DORÉS. UTILISEZ DE LA FARINE COMPLÈTE ET DE LA MAIDA EN QUANTITÉS ÉGALES SI VOUS NE TROUVEZ PAS DE FARINE À CHAPATI.

200 g de feuilles d'épinards
500 g d'*atta* (farine à *chapati*)
1 cuil. à café de sel
1 cuil. à café de *ghee* ou d'huile
ghee ou huile, pour la cuisson

20 SAAG ROTI

FAIRE blanchir rapidement les épinards dans de l'eau bouillante jusqu'à ce qu'ils flétrissent, puis les refroidir à l'eau courante. Bien égoutter et hacher finement. Éliminer l'excédent d'eau en pressant les épinards entre deux assiettes.

TAMISER l'*atta* et le sel dans une terrine et ménager un puits au centre. Mettre les épinards, le *ghee* et environ 250 ml d'eau tiède dans le puits et mélanger jusqu'à obtention d'une pâte souple et homogène. Sur un plan fariné, pétrir la pâte 5 minutes, puis la transférer dans une terrine huilée. Couvrir et laisser reposer 30 minutes.

DIVISER la pâte en 20 boules, les remettre dans la terrine huilée et couvrir d'un linge propre. Sur un plan fariné, abaisser une boule en un disque de 12 cm de diamètre et d'environ 1 mm d'épaisseur.

FAIRE chauffer un *tava*, une grille ou une sauteuse à fond épais, graisser légèrement avec du *ghee* ou de l'huile et faire cuire le *roti* 1 minute en disposant un couvercle dessus pour éviter qu'il ne durcisse. Retourner, couvrir de nouveau et faire cuire l'autre face 2 minutes, jusqu'à ce que la surface se couvre de petites taches brunes et cloque par endroits. Soulever régulièrement le couvercle pour vérifier qu'ils ne durcissent pas trop. Procéder de même avec les boules réservées sous le linge, puis stocker en pile, couvert d'un linge.

PARATHA FARCI

LE PARATHA FARCI CONSTITUE UN REPAS DE FÊTE. UNE FOIS QUE VOUS AVEZ FARCI UN PARATHA, ABAISSEZ-LE SOIGNEUSEMENT POUR QUE LA FARCE NE S'ÉCOULE PAS. SI VOUS NE TROUVEZ PAS DE FARINE À CHAPATI, VOUS POUVEZ UTILISER DES QUANTITÉS ÉGALES DE FARINE COMPLÈTE ET DE MAIDA.

400 g d'*atta* (farine à *chapati*)
1 cuil. à café de sel
4 cuil. à soupe d'huile ou de *ghee* (beurre clarifié)
200 g de pommes de terre, non pelées
1/4 de cuil. à café de graines de moutarde
1/2 oignon, finement émincé
1 pincé de curcuma en poudre
1 pincée d'*asa fœtida*
ghee ou huile, pour la cuisson et pour graisser

14 PARATHA

TAMISER l'*atta* et le sel dans une terrine et ménager un puits au centre. Verser 290 ml d'eau et 2 cuillerées à soupe d'huile ou de *ghee* dans le puits et mélanger jusqu'à obtention d'une pâte souple et homogène. Sur un plan fariné, pétrir la pâte 5 minutes, puis la transférer dans une terrine huilée. Couvrir et laisser reposer 30 minutes.

FAIRE cuire les pommes de terre dans de l'eau bouillante 15 à 20 minutes, jusqu'à ce qu'elles soient cuites. Les laisser tiédir, les peler et les réduire en purée. Faire chauffer le reste d'huile ou de *ghee* à feu moyen dans la sauteuse, puis ajouter les graines de moutarde. Couvrir et faire griller en secouant la sauteuse jusqu'à ce que les graines éclatent. Ajouter l'oignon et faire revenir 1 minute. Incorporer le curcuma et l'*asa fœtida*, ajouter les pommes de terre et faire cuire à feu doux 1 à 2 minutes, jusqu'à ce que le mélange se détache des parois de la sauteuse. Saler selon son goût et laisser refroidir.

DIVISER la pâte en 14 portions et les abaisser en un disque de 15 cm de diamètre. Répartir 1 cuillerée à café de la préparation précédente sur une moitié de chaque disque, plier en deux et huiler. Plier de nouveau en deux et abaisser finement le quart de disque obtenu de sorte qu'il fasse le double de sa taille initiale. Couvrir les *paratha* d'un linge et les faire cuire un par un.

FAIRE chauffer à feu doux un *tava*, un gril ou une sauteuse, et huiler légèrement. Retirer l'excédent de farine des *paratha* en les faisant passer d'une main sur l'autre pour éviter que la farine ne brûle à la cuisson.

FAIRE cuire chaque *paratha* 2 à 3 minutes, retourner et faire cuire encore 1 minute, jusqu'à ce que la surface se couvre de petites taches brunes. La cuisson doit être rapide pour que les *paratha* restent souples. Réserver les *paratha* cuits sous un linge.

Servir les *paratha* chauds. Il est possible de les réchauffer au four à micro-ondes, ou enveloppés dans du papier d'aluminium 10 minutes dans un four traditionnel à 180 °C (th. 6).

Étalez la farce sur les *paratha*, puis les abaissez-les délicatement pour ne pas que la farce s'écoule.

Versez la pâte à *idli* dans le moule pour cuisson à vapeur. Elle doit être assez liquide pour se mettre à niveau et cuire en forme.

IDLI

220 g d'*urad dal* (lentilles noires)
100 g de *rava idli* (farine de riz)
1 cuil. à café de graines de fenugrec
1 cuil. à café de sel

20 IDLI

METTRE l'*urad dal* dans une terrine, couvrir d'eau et laisser tremper 4 heures ou toute une nuit.

ÉGOUTTER l'*urad dal*, le mettre dans un robot de cuisine avec un peu d'eau et mixer jusqu'à obtention d'une consistance homogène.

MÉLANGER le *rava idli*, les graines de fenugrec et le sel dans une grande terrine et incorporer assez d'eau pour obtenir une pâte épaisse qui nappe la cuillère. Incorporer la purée d'*urad dal,* puis couvrir d'un linge et laisser reposer 8 heures près d'une source de chaleur, jusqu'à ce que la pâte fermente et que des bulles se forment. Elle doit avoir doublé de volume.

VERSER la pâte dans un moule à *idli* huilé, en remplissant les coupelles presque jusqu'au bord. Couvrir et faire cuire à la vapeur 10 à 15 minutes, jusqu'à ce qu'ils soient fermes et gonflés. La tradition veut que l'on mange les *idli* avec du *sambhar* (*voir* page 53), du *podi* (*voir* page 242) ou comme accompagnement de plats en sauce.

IDLI RAPIDE

IDLI RAPIDE

50 g de *chana dal* (pois chiches)
1 morceau de gingembre de 2 cm, finement émincé
300 g de yaourt nature épais (*voir* page 280)
2 cuil. à soupe d'huile
1 cuil. à café de graines de moutarde noire
10 feuilles de curry
1 piment vert, épépiné et finement émincé
300 g de semoule fine
25 g de noix de coco râpée (*voir* page 283)
1/4 de cuil. à café de bicarbonate de soude
2 cuil. à café de sel

16 IDLI

METTRE le *chana dal* dans une terrine, couvrir d'eau et faire tremper 4 heures ou toute une nuit. Égoutter, puis mettre dans un robot de cuisine avec le gingembre, le yaourt et 175 ml d'eau, et mixer jusqu'à obtention d'une pâte.

FAIRE chauffer l'huile dans une sauteuse, puis ajouter les graines de moutarde. Couvrir et faire griller en secouant la sauteuse jusqu'à ce que les graines éclatent. Ajouter les feuilles de curry et le piment, et faire revenir 1 minute. Ajouter la semoule et la noix de coco râpée, et faire revenir encore 2 minutes sans cesser de remuer, jusqu'à ce l'ensemble soit doré.

MÉLANGER les deux préparations et ajouter le sel et le bicarbonate de soude. Laisser reposer environ 1 heure, jusqu'à ce que le mélange épaississe et gonfle. Incorporer environ 625 ml d'eau de façon à obtenir une pâte épaisse qui nappe la cuillère. Huiler un moule à *idli* et garnir les coupelles de pâte.

COUVRIR et faire cuire à la vapeur 10 minutes, jusqu'à ce qu'ils soient fermes et gonflés.

DOSA

IL S'AGIT DE GRANDES CRÊPES DE RIZ SPONGIEUSES, À LA SURFACE CROUSTILLANTE. LA TRADITION VEUT QU'ON LES MANGE AVEC DU SAMBHAR AU PETIT-DÉJEUNER. POUR OBTENIR DE MEILLEURS RÉSULTATS, UTILISEZ DE LA FARINE SPÉCIALE POUR DOSA, CAR ELLE EST MOULUE DE MANIÈRE À AVOIR LA BONNE CONSISTANCE.

110 g d'*urad dal* (lentilles noires)
1 cuil. à café de sel
300 g de farine de riz
huile, pour la cuisson

20 DOSA

METTRE l'*urad dal* dans une terrine, couvrir d'eau et faire tremper 4 heures ou toute une nuit.

ÉGOUTTER, mettre l'*urad dal* dans un robot de cuisine avec le sel et un peu d'eau, et mixer jusqu'à obtention d'une pâte. À défaut, piler les ingrédients dans un mortier. Incorporer la farine de riz, ajouter 1 litre d'eau et bien mélanger. Couvrir d'un linge et laisser reposer 8 heures près d'une source de chaleur, jusqu'à ce que la pâte fermente et que des bulles se forment. Elle doit avoir doublé de volume.

FAIRE chauffer un *tava* ou une sauteuse antiadhésive à feu moyen, en veillant à ce que la température n'augmente pas trop. Huiler légèrement la surface du *tava* ou de la sauteuse. Mélanger la pâte, puis verser le contenu d'une louche au centre de la plaque et la répartir rapidement à l'aide d'une spatule pour former une crêpe fine. Enduire la circonférence des *dosa* d'huile ou de *ghee* pour les rendre plus croustillants. Retourner à l'aide d'une spatule et faire cuire l'autre côté. Les *dosa* se réussissent rarement du premier coup et le premier *dosa* est souvent désastreux, mais il prépare la sauteuse pour les suivants.

PROCÉDER de même avec le reste du mélange en huilant la sauteuse entre la confection de chaque *dosa*. Rouler les *dosa* et les réserver au chaud. Les *dosa* sont souvent agrémentés d'une farce à base de pommes de terre *masala* (*voir* page 245) et servis avec du *sambhar* (*voir* page 53) et des chutneys ou des currys.

Étalez la pâte à *dosa* le plus finement possible. Vous y parviendrez mieux avec de la pratique. Arrosez les bords d'huile pour les rendre croustillants.

ACCOMPAGNEMENTS

Il existe différents types de sucre *jaggery*, présentés en morceaux de diverses tailles.

SALADE DE MANGUE

CETTE DÉLICIEUSE SALADE PEUT ACCOMPAGNER N'IMPORTE QUEL REPAS. POUR CHOISIR DES MANGUES AU BON DEGRÉ DE MATURITÉ, VEILLEZ À CE QU'ELLES SOIENT À PEINE MOLLES AU TOUCHER, PUIS SENTEZ-LES POUR VÉRIFIER QU'ELLES AIENT BIEN LE MERVEILLEUX ARÔME CARACTÉRISTIQUE DES MANGUES.

300 g de noix de coco râpée (*voir* page 283)
2 piments séchés, épépinés et émincés
1 cuil. à soupe de sucre *jaggery* râpé ou de sucre roux
300 g de chair de mangues fraîches, coupée en dés
1 cuil. à soupe d'huile
1/2 cuil. à café de graines de coriandre
1/2 cuil. à café de graines de moutarde noire
6 feuilles de curry

4 PERSONNES

METTRE la noix de coco, le piment et le sucre *jaggery* dans un robot de cuisine et mixer en ajoutant assez d'eau pour obtenir un mélange homogène. À défaut, piler les ingrédients dans un mortier en incorporant progressivement un peu d'eau.

METTRE le mélange dans une terrine et y incorporer la mangue. Saler selon son goût et mettre au réfrigérateur. Faire chauffer l'huile dans une petite sauteuse à feu doux, puis ajouter la coriandre, les graines de moutarde et les feuilles de curry. Couvrir et faire griller en secouant la sauteuse jusqu'à ce que les graines éclatent. Ajouter l'huile et les graines à la préparation précédente et mélanger.

CHUTNEY À LA MANGUE

CHUTNEY À LA MANGUE

CE MERVEILLEUX CHUTNEY À LA MANGUE, PAS TROP PIQUANT, EST FACILE À CONFECTIONNER. TRÈS CONNU, IL SE MARIE À TOUS LES INGRÉDIENTS. LE CHUTNEY DOUX DONNE UN ARÔME CONTRASTÉ AUX PLATS SALÉS ET ACCOMPAGNE À MERVEILLE LES POPPADOM.

1 cuil. à soupe d'huile
2 gousses d'ail, hachées
1 cuil. à café de gingembre râpé
2 bâtons de cannelle
4 clous de girofle
1/2 cuil. à café de poudre de piment
1 kg de chair de mangue fraîche ou surgelée, grossièrement hachée
375 ml de vinaigre de riz
250 g de sucre en poudre

500 ML

FAIRE chauffer l'huile à feu doux dans une sauteuse à fond épais, ajouter l'ail et le gingembre, et faire revenir 1 minute. Ajouter le reste des ingrédients et porter à ébullition.

RÉDUIRE le feu et laisser mijoter 1 heure, jusqu'à ce que la mangue ait une consistance de confiture liquide. Saler selon son goût et ajouter éventuellement du piment. Retirer les épices entières.

VERSER le chutney dans des bocaux stérilisés, lavés à l'eau bouillante et séchés au four, puis fermer et laisser refroidir complètement. Conserver dans un endroit frais, puis au réfrigérateur après ouverture.

LACCHA

CETTE SPÉCIALITÉ DE DELHI EST UNE SAUCE À LA TOMATE ET À L'OIGNON TRÈS PROCHE D'UNE SALADE. FACILE À PRÉPARER, ELLE ACCOMPAGNE PARFAITEMENT LES VIANDES TANDOORI ET LES PAINS TELS QUE LES CHAPATI, LES PURI OU LES NAN.

Les concombres indiens peuvent avoir la peau verte ou jaune.

1 oignon rouge, coupé en fines rondelles
1/2 cuil. à café de sel
1/2 cuil. à café de graines de cumin
1/4 de cuil. à café de poudre de piment
2 tomates, coupées en fines rondelles
450 g de concombre, pelé et coupé en fines rondelles
3 cuil. à soupe de jus de citron

6 PERSONNES

MÉLANGER l'oignon et le sel, et laisser dégorger 10 minutes dans une passoire. Rincer à l'eau courante, égoutter, puis réserver dans une terrine.

DANS une petite sauteuse, faire griller à sec et à feu doux les graines de cumin pour révéler leur arôme. Utiliser un moulin à épices ou un mortier pour réduire les graines en fine poudre. Ajouter le cumin moulu et la poudre de piment dans la terrine et bien mélanger.

DISPOSER les rondelles de tomate sur une assiette, garnir d'une couche de concombre et couvrir d'oignon. Arroser de jus de citron, saler et poivrer.

RAITA

LE RAITA EST SEMBLABLE AU PACHADI, TRÈS RÉPANDU DANS LE SUD DE L'INDE. TOUS DEUX SONT À BASE DE YAOURT OU DE FROMAGE BLANC AUQUEL ON AJOUTE DIVERS LÉGUMES OU FRUITS. UN PLAT DE YAOURT EST SERVI À PRESQUE TOUS LES REPAS INDIENS, POUR CONTRASTER AVEC LES PLATS ÉPICÉS OU PIQUANTS.

RAITA

450 g de concombre, râpé
1 grosse tomate mûre, finement concassée
300 ml de yaourt nature épais (*voir* page 280)
1/2 cuil. à soupe d'huile
1 cuil. à café de graines de moutarde noire
1 cuil. à soupe de feuilles de coriandre (facultatif)

4 PERSONNES

METTRE le concombre et la tomate dans une passoire et laisser dégorger 20 minutes. Transférer dans un saladier, incorporer le yaourt et saler selon son goût.

POUR l'assaisonnement *(tarka)*, chauffer l'huile à feu moyen dans une petite casserole, puis ajouter les graines de moutarde. Couvrir et faire griller en secouant la casserole jusqu'à ce que les graines éclatent. Ajouter dans le saladier et servir éventuellement décoré de feuilles de coriandre.

LACCHA

SALADE DE RADIS

UTILISEZ LES RADIS LES PLUS PETITS POSSIBLE POUR CETTE SALADE. LE MÉLANGE DE RADIS ET DE CACAHUÈTES DONNE UNE TEXTURE CROQUANTE ET UN ARÔME PIQUANT. CE PLAT SERT D'ACCOMPAGNEMENT FRAIS À LA PLUPART DES PLATS CUISINÉS.

- 200 g de petits radis
- 1 cuil. à soupe d'huile
- 1/4 de cuil. à café de graines de cumin
- 1/4 de cuil. à café de graines de moutarde noire
- 1 pincée d'*asa fœtida*
- 1/4 de cuil. à café de curcuma en poudre
- 1/2 cuil. à café de sel
- 1 cuil. à soupe de jus de citron
- 100 g de cacahuètes grillées, grossièrement concassées

4 PERSONNES

RINCER les radis, retirer les feuilles et les racines, puis couper les radis en quatre ou huit morceaux.

FAIRE chauffer l'huile à feu moyen dans une petite casserole, puis ajouter les graines de cumin et de moutarde. Couvrir et faire griller en secouant la casserole jusqu'à ce que les graines éclatent.

AJOUTER l'*asa fœtida*, le curcuma et le sel, puis retirer du feu, ajouter le jus de citron et laisser refroidir. Juste avant de servir, disposer les radis et les cacahuètes dans un saladier, napper de sauce et bien mélanger.

SALADE DE CAROTTES

SALADE DE CAROTTES

LES SALADES DE CAROTTES SONT PLÉBISCITÉES DANS TOUTE L'INDE. DANS CETTE RECETTE, LES ÉPICES SONT CHAUFFÉES DANS L'HUILE POUR QUE LEURS ARÔMES IMPRÈGNENT LA SAUCE. CETTE SALADE EST PLUS PARFUMÉE SI ON LA LAISSE REPOSER UNE DEMI-HEURE AVANT DE LA SERVIR.

- 1 cuil. à soupe d'huile
- 1/4 de cuil. à café de graines de moutarde noire
- 1/4 de cuil. à café de graines de cumin
- une pincée de curcuma en poudre
- 1/4 de cuil. à café de sel
- 1/4 de cuil. à café de sucre semoule
- 1 cuil. à soupe 1/2 de jus de citron
- 500 g de carottes, finement râpées
- feuilles de coriandre

4 PERSONNES

FAIRE chauffer l'huile à feu moyen dans une petite casserole, puis ajouter la moutarde et les graines de cumin. Couvrir et faire griller en secouant la casserole jusqu'à ce que les graines éclatent.

AJOUTER le curcuma, le sel et le sucre dans la casserole, retirer du feu et laisser tiédir 5 minutes. Incorporer le jus de citron, ajouter les carottes et mélanger. Couvrir et laisser reposer 30 minutes. Décorer de feuilles de coriandre juste avant de servir.

SALADE DE RADIS

CHURRI

CE PLAT D'ACCOMPAGNEMENT TRÈS RAFRAÎCHISSANT EST GÉNÉRALEMENT SERVI AVEC DU BIRYANI, MAIS PEUT S'ALLIER À LA PLUPART DES PLATS. LE YAOURT ET LE BABEURRE ONT UN EFFET RAFRAÎCHISSANT LORSQUE LE CHURRI EST SERVI AVEC DES PLATS ÉPICÉS OU PIQUANTS.

1 cuil. à café de graines de cumin
10 g de feuilles de menthe, grossièrement ciselées
15 g de feuilles de coriandre, grossièrement ciselées
1 morceau de gingembre frais de 2 cm, grossièrement haché
2 piments verts, grossièrement émincés
300 ml de yaourt nature (*voir* page 280)
300 ml de babeurre
1 oignon, finement émincé

4 PERSONNES

DANS une petite sauteuse, faire griller à sec et à feu doux les graines de cumin pour révéler les arômes, puis utiliser un moulin à épices ou un mortier pour réduire les graines en poudre.

METTRE la menthe, la coriandre, le gingembre et le piment dans un robot de cuisine et mixer jusqu'à obtention d'une pâte. À défaut, hacher finement l'ensemble à l'aide d'un couteau tranchant. Ajouter le yaourt, le babeurre et 1 pincée de sel, mélanger et rectifier l'assaisonnement. Incorporer l'oignon et le cumin en poudre, en réservant un peu de cumin pour saupoudrer.

Le Chaminar, Hyderabad.

PACHADI AUX CAROTTES

CE DÉLICIEUX PLAT D'ACCOMPAGNEMENT AUX CAROTTES EST L'ÉQUIVALENT MÉRIDIONAL DU RAITA. IL EST L'ALLIÉ PARFAIT DU BIRYANI ET DU PULAO, MAIS ACCOMPAGNE TOUT AUSSI BIEN D'AUTRES PLATS, DE PAR LES VERTUS RAFRAÎCHISSANTES DU YAOURT.

1 cuil. à soupe d'huile
1 cuil. à café de graines de moutarde noire
2 à 3 piments séchés
1/4 de cuil. à café d'*asa fœtida*
1 brin de feuilles de curry
600 ml de yaourt nature épais (*voir* page 280)
4 carottes, finement râpées
feuilles de coriandre

4 PERSONNES

FAIRE chauffer l'huile à feu moyen dans une petite casserole, puis ajouter les graines de moutarde et les piments. Couvrir et faire griller en secouant la casserole, jusqu'à ce que les graines éclatent. Retirer du feu et incorporer immédiatement l'*asa fœtida* et les feuilles de curry.

FOUETTER le yaourt pour éliminer d'éventuels grumeaux et incorporer la carotte râpée. Mélanger les graines de moutarde, les piments, l'*asa fœtida*, les feuilles de curry et l'huile, puis saler selon son goût et décorer de feuilles de coriandre.

PACHADI AUX CAROTTES

CHURRI

KOSAMBRI

LES KOSAMBRIS SONT DES PLATS SEMBLABLES À DES SALADES, ORIGINAIRES DE L'ÉTAT DU MYSORE. CETTE RECETTE EST UNE ASSOCIATION DE CAROTTES OU DE RADIS AVEC DES DAL, MAIS IL EN EXISTE PLUSIEURS VARIANTES. DANS TOUS LES CAS, IL S'AGIT D'UNE EXCELLENTE COMBINAISON D'INGRÉDIENTS, QUI PEUT ACCOMPAGNER LA PLUPART DES PLATS INDIENS.

50 g de *moong dal* (haricots mungo cassés)
200 g de carottes ou de radis blancs, finement râpés
25 g de noix de coco râpée
25 g de feuilles de coriandre
1/2 cuil. à soupe d'huile
1/2 cuil. à café de graines de moutarde jaune
2 piments séchés
2 cuil. à soupe de jus de citron

4 PERSONNES

FAIRE tremper les *dal* 3 heures dans un grand volume d'eau bouillante, puis les égoutter.

METTRE les haricots, les carottes ou les radis, la noix de coco et les feuilles de coriandre dans un saladier. Faire chauffer l'huile à feu moyen dans une petite casserole, puis ajouter les graines de moutarde. Couvrir et faire griller en secouant la casserole jusqu'à ce que les graines s'ouvrent. Ajouter les piments, retirer du feu et incorporer le jus de citron. Laisser refroidir, ajouter dans le saladier, puis saler selon son goût.

SAMBAL À L'AUBERGINE

SAMBAL À L'AUBERGINE

LE NOM INDIEN DE L'AUBERGINE EST « BRINJAL ». IL EST PRÉFÉRABLE POUR CETTE RECETTE D'UTILISER LES LONGUES AUBERGINES FINES ASIATIQUES. SERVEZ LE SAMBAL COMME ACCOMPAGNEMENT OU MANGEZ-LE COMME UNE SAUCE AVEC DES MORCEAUX DE PAIN INDIEN.

2 aubergines (environ 500 g)
1/2 cuil. à soupe d'huile
1/2 cuil. à café de curcuma en poudre
3 cuil. à soupe de jus de citron vert
2 piments rouges, épépinés et coupés en dés
1 petit oignon rouge, coupé en dés
4 cuil. à soupe de yaourt nature épais (*voir* page 280)
feuilles de coriandre

4 PERSONNES

PRÉCHAUFFER le four à 200 °C (th. 6-7). Couper les aubergines en deux, puis les enduire d'huile et les saupoudrer de curcuma. Mettre les aubergines dans un plat allant au four et les faire cuire 3 minutes, jusqu'à ce qu'elles soient uniformément corées et très tendres.

METTRE la chair des aubergines dans une terrine, puis la réduire en purée avec le jus de citron, le piment et l'oignon, en réservant des piments et de l'oignon pour décorer. Saler selon son goût et incorporer le yaourt. Décorer de feuilles de coriandre et du reste d'oignons et de piments.

KOSAMBRI

COQUELETS AUX ACHARDS

CETTE RECETTE EST À BASE DE COQUELETS CAR ON LES TROUVE TOUTE L'ANNÉE. CEPENDANT, DANS LE NORD DE L'INDE, ON UTILISE DES PERDRIX LORSQUE LA CHASSE EST OUVERTE. LES ACHARDS ACCOMPAGNENT À LA PERFECTION LA PLUPART DES PLATS ET PEUVENT ÉGALEMENT SE MANGER AVEC DU PAIN.

2 coquelets de 900 g ou 1 perdrix
6 gousses d'ail, hachées
1 morceau de gingembre frais de 5 cm, haché
400 ml d'huile de moutarde ou d'huile
2 feuilles de *tej patta* (laurier des Indes)
12 piments séchés
20 grains de poivre noir
1 cuil. à café de *kalonji* (graines de nigelle)
3 cuil. à café de graines de coriandre
1 cuil. à café de graines de cumin
2 cuil. à café de graines de moutarde jaune
1/4 de cuil. à café de curcuma en poudre
1 cuil. à café de *garam masala* (*voir* page 284)
1 pincée d'*asa fœtida*
1 cuil. à soupe de sel
100 g de sucre *jaggery* ou de sucre roux
400 ml de vinaigre

1 LITRE

LES COQUELETS doivent être divisés en 8 morceaux. Détacher les cuisses et séparer les pilons des hauts de cuisse. Couper les extrémités des colonnes vertébrales et retirer celles-ci. Retourner les coquelets et trancher verticalement au niveau du bréchet. Couper les ailerons et les jeter, puis retirer éventuellement la peau.

METTRE l'ail et le gingembre dans un robot cuisine et hacher finement. À défaut, râper le gingembre, hacher l'ail et les mélanger. Faire chauffer l'huile de moutarde à feu moyen dans une casserole à fond épais jusqu'à ce qu'elle soit fumante. Réduire le feu, ajouter le mélange à base d'ail et de gingembre, les feuilles de *tej patta*, les piments séchés, les graines de poivre, le *kalonji*, la coriandre, le cumin, les graines de moutarde, le curcuma, le *garam masala* et l'*asa fœtida*, puis faire griller l'ensemble en secouant la casserole jusqu'à ce que les graines éclatent. Ajouter les morceaux de coquelet, saler selon son goût et bien mélanger. Faire revenir à feu moyen 20 minutes en remuant de temps en temps, jusqu'à ce que les coquelets soient uniformément dorés et cuits. Retirer les morceaux de la casserole à l'aide d'une écumoire et les transférer dans une terrine. Laisser l'huile épicée refroidir.

METTRE le sucre *jaggery* et le vinaigre dans une casserole, porter à ébullition, puis réduire le feu. Faire cuire à feu moyen 10 à 15 minutes, jusqu'à ce que le sucre soit complètement dissous et que le vinaigre ait réduit d'un tiers, et laisser refroidir.

LAISSER refroidir le vinaigre, incorporer l'huile épicée et les morceaux de coquelets, et bien mélanger. Conserver les achards dans des pots en céramique spéciaux ou des bocaux stérilisés, lavés à l'eau bouillante et séchés au four. Laisser mariner 3 à 5 jours, en secouant délicatement le bocal au moins deux fois par jour, pour que le coquelet absorbe toutes les saveurs. Il est alors prêt à être consommé. Conserver dans un endroit frais ou au réfrigérateur après ouverture.

Les achards *(achar)* et les chutneys *(chatnis)* sont très plébiscités dans tout le sous-continent. Les boutiques et les échoppes en vendent une diversité étonnante.

CHUTNEY À L'ANANAS

CE CHUTNEY À L'ANANAS, RAPIDE ET SIMPLE À PRÉPARER, PEUT FAIRE PARTIE D'UN REPAS COMPRENANT DES PLATS DE VIANDE, VOLAILLE OU POISSON ET FRUITS DE MER. EN EFFET, L'ACIDITÉ DE L'ANANAS ATTÉNUE LA LOURDEUR DES PLATS CONSISTANTS ET APPORTE UN CONTRASTE RAFRAÎCHISSANT.

- 2 petits ananas ou un gros, légèrement verts
- 1 cuil. à café de sel
- 1 oignon rouge, finement émincé en demi-rondelles
- 4 piments rouges, épépinés et finement émincés
- 4 gousses d'ail, finement hachées
- 2 cuil. à café de jus de gingembre (*voir* page 280)
- 30 g de sucre glace, selon le goût
- 6 cuil. à soupe de jus de citron vert, selon le goût

6 PERSONNES

PELER l'ananas, retirer les yeux, puis le couper dans le sens de la longueur et retirer le cœur dur.

FROTTER l'ananas de sel et laisser dégorger quelques minutes dans une passoire. Rincer, couper en petits morceaux et égoutter sur du papier absorbant.

MÉLANGER tous les ingrédients dans une terrine en ajoutant du sucre, du jus de citron vert, du poivre et du sel de façon à obtenir une saveur équilibrée. Mettre au réfrigérateur avant de servir.

PODI

PODI

LE PODI EST UNE POUDRE UTILISÉE COMME SAUCE OU CONDIMENT. VOUS POUVEZ LA MANGER AVEC UN IDLI, DES LÉGUMES CUITS À LA VAPEUR OU DES SALADES. AVEC CETTE RECETTE, VOUS EN PRÉPAREREZ UNE BONNE QUANTITÉ À CONSERVER DANS UN BOCAL ET À UTILISER SELON VOS BESOINS (VOUS POUVEZ ÉVENTUELLEMENT RÉDUIRE LES QUANTITÉS DE MOITIÉ).

- 110 g d'*urad dal* (lentilles noires)
- 100 g de *chana dal* (pois chiches)
- 10 g de piments séchés
- 75 g de graines de sésame
- 1/2 cuil. à café de sucre
- 1/2 cuil. à café de sel
- 1 cuil. à soupe de *ghee* (beurre clarifié)

220 G

DANS une petite sauteuse à feu moyen, faire griller à sec l'*urad dal* sans cesser de remuer, jusqu'à ce qu'ils soient dorés. Retirer de la sauteuse et procéder de même avec le *chana dal*, les piments séchés et les graines de sésame. Utiliser un moulin à épices ou un mortier pour réduire l'ensemble en poudre fine avec le sucre et le sel. Laisser refroidir complètement et conserver dans un bocal ou un pot sous vide.

AU MOMENT de servir, chauffer le *ghee* dans une sauteuse, puis ajouter 2 cuillerées à café de *podi* par personne et remuer jusqu'à obtention d'un mélange homogène.

CHUTNEY À L'ANANAS

POMMES DE TERRE MASALA

CETTE PRÉPARATION SERT À FARCIR DES DOSA POUR FAIRE DES DOSA MASALA, SERVIS AU PETIT-DÉJEUNER OU COMME EN-CAS DANS LE SUD DE L'INDE. CEPENDANT, ELLE CONSTITUE ÉGALEMENT UN EXCELLENT PLAT D'ACCOMPAGNEMENT DE POMMES DE TERRE ÉPICÉES.

2 cuil. à soupe d'huile
1 cuil. à café de graines de moutarde noire
10 feuilles de curry
1/4 de cuil. à café de curcuma en poudre
1 morceau de gingembre de 1 cm, râpé
2 piments verts, finement émincés
2 oignons, émincés
500 g de pommes de terre, coupées en dés de 2 cm
1 cuil. à soupe de concentré de tamarin (*voir* page 280)

4 PERSONNES

CHAUFFER l'huile dans une sauteuse, puis ajouter les graines de moutarde. Couvrir et faire griller jusqu'à ce que les graines éclatent. Ajouter les feuilles de curry, le curcuma, le gingembre, les piments et les oignons, et faire cuire jusqu'à ce que l'ensemble soit tendre.

AJOUTER les dés de pomme de terre, mouiller avec 250 ml d'eau, puis porter à ébullition. Couvrir et faire cuire jusqu'à ce que les pommes de terre soient tendres et se défassent. Si la sauce est trop liquide, poursuivre la cuisson quelques minutes à feu vif en retirant le couvercle. Mouiller avec un peu d'eau si la sauce s'évapore au cours de la cuisson et si les pommes de terre ne sont pas cuites. Ajouter le tamarin et saler selon son goût.

ACHARDS DE PAPAYE À LA MOUTARDE

ACHARDS DE PAPAYE À LA MOUTARDE

CES DÉLICIEUX ACHARDS SONT PARFAITS POUR ACCOMPAGNER UN GIGOT D'AGNEAU RÔTI OU DES MORCEAUX DE ROTI AVEC UN CURRY DE DAL OU DU SAMBAR. UTILISEZ UNE PAPAYE VERTE PLUTÔT QU'UNE MÛRE, POUR NE PAS QUE LA CHAIR SE DÉSAGRÈGE À LA CUISSON.

5 piments rouges, épépinés et émincés
1 gros oignon rouge, émincé
1 morceau de gingembre frais de 6 cm, râpé
3 gousses d'ail, hachées
60 g de graines de moutarde noire
500 ml de vinaigre de riz
1 cuil. à soupe d'huile
3 piments verts, épépinés et émincés
200 g de sucre
1/4 de cuil. à café de sel
1/4 de cuil. à café de curcuma en poudre
500 g de papayes vertes, coupées en dés de 1 cm

1 LITRE

METTRE les piments rouges, l'oignon, le gingembre, l'ail, les graines de moutarde et 100 ml de vinaigre dans un robot de cuisine et mixer jusqu'à obtention d'un mélange homogène. À défaut, piler les ingrédients dans un mortier. Les graines de moutarde ne s'écrasent pas complètement.

CHAUFFER l'huile dans une sauteuse à fond épais et faire cuire le mélange avec le reste de vinaigre jusqu'à ce que la préparation réduise. Ajouter le piment vert et le sucre, faire revenir jusqu'à ce que le sucre soit dissous et incorporer le sel, le curcuma et la papaye. Porter à ébullition 2 minutes. La papaye doit rester ferme.

TRANSFÉRER dans des bocaux stérilisés, lavés à l'eau bouillante et séchés au four, puis laisser refroidir complètement. Conserver dans un endroit frais, puis au réfrigérateur après ouverture.

POMMES DE TERRE MASALA

CHUTNEY DOUX À LA TOMATE

CE CHUTNEY EST FACILE À PRÉPARER ET À CONSERVER. CETTE RECETTE EST PARTICULIÈREMENT PRATIQUE SI VOUS DISPOSEZ D'UNE GRANDE QUANTITÉ DE TOMATES TRÈS MÛRES (VOUS AUREZ BESOIN D'ENVIRON 800 G DE TOMATES PELÉES FRAÎCHES). SI VOUS NE TROUVEZ PAS DE VINAIGRE DE RIZ DANS LES ÉPICERIES OU SUPERMARCHÉS INDIENS, REMPLACEZ-LE PAR DU VINAIGRE BLANC.

8 gousses d'ail, hachées
1 morceau de gingembre de 5 cm, finement émincé
800 g de tomates concassées en boîte
300 ml de vinaigre de riz
350 g de sucre *jaggery* ou de sucre roux
2 cuil. à soupe de raisins secs
2 cuil. à café de sel
3/4 de cuil. à café de poivre de Cayenne
poudre de piment (facultatif)

500 ML

METTRE l'ail, le gingembre et 400 g de tomates dans un robot de cuisine et mixer jusqu'à obtention d'un mélange homogène. À défaut, hacher l'ail, râper le gingembre et presser les tomates dans une passoire, puis mélanger le tout.

METTRE 400 g de tomates, le vinaigre, le sucre, les raisins secs et le sel dans une sauteuse à fond épais, puis porter à ébullition et ajouter le mélange à base de gingembre. Laisser mijoter à feu doux 1 h 30 à 1 h 45 en remuant de temps en temps, jusqu'à ce que le mélange soit suffisamment épais et homogène pour napper la cuillère. Veiller à ce que le mélange n'attache pas.

AJOUTER le poivre de Cayenne. Pour un chutney plus piquant, ajouter de la poudre de piment. Laisser refroidir, puis verser dans des bocaux stérilisés, lavés à l'eau bouillante et séchés au four. Conserver dans un endroit frais, puis au réfrigérateur après ouverture.

Gousses et pulpe de tamarin.

CHUTNEY AU TAMARIN ET AUX RAISINS SECS

2 cuil. à café de graines de fenouil
250 ml de concentré de tamarin (*voir* page 280)
50 g de dattes dénoyautées, émincées
30 g de raisins secs
1 cuil. à café de poudre de piment
180 g de sucre *jaggery* ou de sucre roux
1 cuil. à soupe d'huile
1/2 cuil. à café de graines de moutarde noire
6 piments verts, fendus en deux et épépinés, mais laissés entiers

250 ML

DANS une petite sauteuse, faire griller à sec et à feu doux les graines de fenouil sans cesser de remuer pour révéler leur arôme, puis utiliser un moulin à épices ou un mortier pour les réduire en poudre. Mélanger le fenouil moulu, le tamarin, les dates, les raisins, la poudre de piment, le sucre *jaggery* et 1 pincée de sel.

FAIRE chauffer l'huile à feu moyen dans une sauteuse à fond épais et faire griller les graines de moutarde jusqu'à ce qu'elles éclatent. Ajouter le mélange précédent, porter à ébullition et faire cuire environ 3 minutes, jusqu'à ce que le mélange épaississe.

RÉDUIRE le feu et laisser mijoter 40 minutes, jusqu'à ce que le chutney soit suffisamment épais et homogène pour napper la cuillère. Laisser refroidir, puis verser dans un bocal stérilisé, lavé à l'eau bouillante et séché au four. Conserver dans un endroit frais, puis au réfrigérateur après ouverture.

CHUTNEY AU TAMARIN ET AUX RAISINS SECS

ACHARDS DE CITRON

LES ACHARDS FONT PARTIE INTÉGRANTE D'UN REPAS INDIEN. MÊME S'IL EXISTE UNE GRANDE DIVERSITÉ D'ACHARDS DANS LE COMMERCE, LES PRÉPARATIONS MAISON SONT TOUJOURS MEILLEURES. CHOISISSEZ DANS LA MESURE DU POSSIBLE DES CITRONS À PEAU FINE OU DES CITRONS VERTS INDIENS.

- 500 g de citrons à peau fine
- 1/2 cuil. à café de curcuma en poudre
- 2 cuil. à soupe de sel
- 1/2 cuil. à café de graines de fenugrec
- 1 cuil. à café de graines de moutarde jaune
- 1/2 cuil. à soupe de poudre de piment
- 2 cuil. à soupe d'huile

500 ML

RINCER les citrons, les mettre dans une casserole avec 500 ml d'eau et le curcuma, puis porter à ébullition à feu doux en écumant la surface. Laisser bouillir 8 minutes, retirer du feu et bien égoutter.

COUPER les citrons en huit quartiers et retirer les pépins. La chair du citron doit avoir une consistance de confiture. Saupoudrer les citrons de sel et les mettre dans un bocal d'une contenance de 500 ml stérilisé, lavé à l'eau bouillante et séché au four. Fermer hermétiquement et laisser macérer 1 semaine, en retournant le bocal tous les jours. Si le couvercle est trop étroit pour que le bocal tienne la tête en bas, le placer à l'horizontale et le tourner tous les jours.

DANS une petite sauteuse, faire griller à sec et à feu moyen les graines de fenugrec et les graines de moutarde pour révéler leurs arômes, jusqu'à ce qu'elle éclatent. Secouer la sauteuse de temps en temps pour éviter que les graines ne brûlent. Utiliser un moulin à épices ou un mortier pour réduire les graines en poudre.

TRANSFÉRER les citrons dans une terrine, ajouter les épices et la poudre de piment, et bien mélanger le tout. Nettoyer le bocal et le stériliser de nouveau. Remettre les citrons et la sauce dans le bocal et napper d'huile pour créer une couche hermétique empêchant les achards de se décolorer. Conserver dans un endroit frais ou au réfrigérateur après ouverture.

L'écorce et la chair des citrons vont ramollir à la cuisson. Écumer éventuellement la surface de l'eau.

Production de noix de coco à Kerala.

Les Indiens utilisent une meule plutôt qu'un mortier et un pilon. La meule est passée sur les ingrédients d'avant en arrière.

CHUTNEY À LA NOIX DE COCO FRAÎCHE

LE CHUTNEY À LA NOIX DE COCO FRAÎCHE EST SERVI AVEC DES IDLI ET DES DOSA AU PETIT-DÉJEUNER OU COMME EN-CAS. LES FEUILLES DE CURRY ET LE TAMARIN LUI DONNENT UNE SAVEUR INDIENNE PARTICULIÈRE.

1 cuil. à café de *chana dal* (pois chiches)
1 cuil. à café d'*urad dal* (lentilles noires)
$^{1}/_{2}$ noix de coco fraîche, râpée (160 g)
2 piments verts, épépinés et finement émincés
$^{1}/_{2}$ cuil. à café de sel
1 cuil. à soupe d'huile
1 cuil. à café de graines de moutarde noire
5 feuilles de curry
1 cuil. à café de concentré de tamarin (*voir* page 280)

4 PERSONNES

FAIRE tremper les *dal* dans de l'eau froide 2 heures et bien égoutter.

METTRE la noix de coco râpée, les piments et le sel dans un robot de cuisine et mixer jusqu'à obtention d'un mélange homogène. À défaut, émincer finement les ingrédients à l'aide d'un couteau ou les piler dans un mortier.

FAIRE chauffer l'huile dans une petite sauteuse, puis ajouter les graines de moutarde et les *dal*. Couvrir et faire revenir en secouant la sauteuse jusqu'à ce que les graines commencent à s'ouvrir. Ajouter les feuilles de curry et faire revenir encore 1 minute, jusqu'à ce que les *dal* soient dorés. Incorporer la préparation obtenue et le tamarin au mélange à base de coco.

CHUTNEY À LA MENTHE ET À LA CORIANDRE

CHUTNEY À LA MENTHE ET À LA CORIANDRE

CE CHUTNEY RAFRAÎCHISSANT EST PARFAIT POUR ACCOMPAGNER LES NIMKI, LES SAMOSA OU LES SINGHARA, MAIS VOUS POUVEZ LE SERVIR AVEC N'IMPORTE QUEL REPAS INDIEN.

30 g de feuilles de menthe
30 g de feuilles de coriandre
1 piment vert
1 cuil. à soupe de concentré de tamarin (*voir* page 280)
$^{1}/_{2}$ cuil. à café de sel
1 cuil. à café $^{1}/_{2}$ de sucre
3 cuil. à soupe de yaourt nature épais (*voir* page 280 – facultatif)

4 PERSONNES

RINCER la menthe et la coriandre. Retirer les tiges dures et conserver les plus jeunes pour augmenter l'arôme. Mixer les ingrédients dans un robot de cuisine. À défaut, hacher les ingrédients finement ou piler dans un mortier. Saler selon son goût. Pour un chutney plus crémeux et plus doux, ajouter le yaourt.

SUCRERIES & BOISSONS

Writers building (maison des écrivains), Calcutta.

ROSSOGOLLA

CALCUTTA EST LA VILLE OÙ L'ON TROUVE LES MEILLEURS DESSERTS DU BENGALE. LES ROSSOGOLLA, OU RASGULLA, SONT DES BOULETTES DE LAIT SUCRÉES CUITES DANS DU SIROP. ON DIT QU'ELLES FURENT INVENTÉES PAR UNE VIEILLE ENTREPRISE SPÉCIALISÉE DANS LES DESSERTS, K.C. DAS. PRÉPAREZ LE CHENNA AVANT DE COMMENCER.

1 portion de *chenna* (*voir* page 279)
3 cuil. à soupe de fruits à écale (facultatif)

SIROP
1 kg de sucre
3 cuil. à soupe de lait
eau de rose (facultatif)

6 PERSONNES

DIVISER la pâte de *chenna* en 30 portions et façonner des boulettes en plaçant éventuellement les fruits à écale au centre.

POUR le sirop, mettre le sucre et 1,5 l d'eau dans une casserole à fond épais et faire mijoter à feu doux jusqu'à ce que le mélange épaississe légèrement. Le sirop doit être collant et gras. Ajouter le lait au sirop bouillant pour le clarifier, puis retirer les impuretés qui remontent à la surface à l'aide d'une cuillère.

PLONGER les *rossogolla* dans le sirop en ébullition, réduire et feu et laisser mijoter 10 minutes, jusqu'à ce qu'ils remontent à la surface. Arroser le sirop d'un peu d'eau toutes les 2 minutes pour éviter qu'il ne réduise ou ne devienne mousseux. Lorsque les *rossogolla* sont cuits, ils flottent à la surface.

RETIRER du feu et laisser refroidir dans le sirop. Ajouter éventuellement quelques gouttes d'eau de rose. Conserver les *rossogolla* au réfrigérateur jusqu'à utilisation. Servir arrosé d'un peu de sirop.

Faites une incision dans les boulettes et farcissez-les de noix avant de les remettre en forme. Faites-les pocher lentement dans du sirop de sucre.

KARANJI

CES MINI BEIGNETS FOURRÉS À LA NOIX DE COCO SONT DES EN-CAS QUE L'ON SERT À L'HEURE DU THÉ. ILS SE CONSERVENT ENVIRON UNE SEMAINE ET SONT DONC TOUT DÉSIGNÉS LORS DE VISITES IMPROMPTUES.

225 g de *maida* ou de farine
4 cuil. à soupe d'huile ou de *ghee* (beurre clarifié)
huile, pour la friture

FARCE
10 gousses de cardamome
100 g de sucre en poudre
1 bâton de cannelle de 5 cm
150 g de noix de coco râpée (*voir* page 283)

30 KARANJI

TAMISER la *maida* dans une terrine. Ajouter l'huile ou le *ghee* et mélanger avec les doigts jusqu'à obtention d'une consistance de chapelure. Ajouter progressivement 5 cuillerées à soupe d'eau tiède et mélanger à l'aide d'une spatule jusqu'à obtention d'une pâte. Sur un plan fariné, pétrir la pâte 5 minutes, jusqu'à ce que le mélange soit homogène et souple. Couvrir et laisser reposer à température ambiante 15 minutes. Ne pas réfrigérer pour éviter que les matières grasses ne se figent et rendent la pâte difficile à travailler.

POUR la farce, ouvrir les gousses de cardamome, retirer les graines et les piler grossièrement dans un mortier. Dans une casserole à fond épais, mettre le sucre, la cannelle et 200 ml d'eau, et faire chauffer à feu doux jusqu'à ce que le sucre soit dissous. Porter à ébullition, ajouter la noix de coco et faire cuire à feu doux jusqu'à ce que le liquide s'évapore et que le mélange soit homogène. Retirer du feu, ajouter la cardamome et laisser refroidir.

SUR un plan fariné, abaisser un tiers de la pâte en un disque de 28 cm de diamètre, puis découper 10 disques de 8 cm. Mettre 1/2 cuillerée à soupe de farce au centre de chaque disque, humecter la circonférence et plier en deux en pinçant les bords. Procéder de même avec le reste de pâte et de farce. Couvrir et réserver.

REMPLIR au tiers d'huile un *karhai* ou une casserole à fond épais, faire chauffer de sorte qu'un petit morceau de pâte plongé dans l'huile remonte à la surface en 2 secondes. Faire frire les *karanji* en petites quantités 30 à 60 secondes, jusqu'à ce qu'ils soient légèrement dorés. Les retourner et les faire dorer de l'autre côté. Retirer de l'huile, laisser refroidir 5 minutes et égoutter sur du papier absorbant. Lorsqu'ils sont froids, les transférer dans une boîte hermétique. Ils se conservent une semaine.

Découpez des disques dans la pâte à l'aide d'un emporte-pièce, puis garnissez-les du mélange à la noix de coco. Scellez soigneusement, pour ne pas que le mélange coule à la cuisson.

Les *kulfis* sont des glaces préparées dans des moules spéciaux. Lorsque le mélange a pris, remplissez-en les moules que vous mettrez au congélateur.

KULFI

PETITS ET GRANDS SE DÉLECTENT DE CES GLACES QUE VENDENT LES COMMERÇANTS AMBULANTS. EN EFFET, LES KULFIS NE SONT GÉNÉRALEMENT PAS FAITES À LA MAISON, CAR LEUR PRÉPARATION EST LONGUE.

2 litres de lait
10 gousses de cardamome, légèrement écrasées
6 cuil. à soupe de sucre
15 g d'amandes, émondées et finement concassées
14 g de pistaches non salées, pelées et finement concassées
feuille d'argent *(varak)*

12 KULFI

METTRE le lait et les gousses de cardamome dans une casserole à fond épais et porter à ébullition. Réduire le feu et laisser mijoter à feu doux environ 2 heures en remuant souvent, jusqu'à ce que le lait ait réduit d'un tiers, soit environ 750 ml. Remuer lorsqu'une fine peau se forme à la surface.

AJOUTER le sucre et laisser mijoter 5 minutes. Filtrer et transférer dans une terrine adaptée à la congélation. Ajouter les amandes et la moitié des pistaches, et laisser refroidir. Mettre 12 moules à *kulfi* ou à baba de 75 ml au congélateur pour qu'ils refroidissent.

METTRE la préparation au congélateur et briser les cristaux de glace toutes les 20 minutes en fouettant à l'aide d'un batteur électrique ou d'une fourchette. Laisser prendre la préparation, puis la répartir dans les moules et mettre au réfrigérateur jusqu'à ce qu'elle ait pris complètement. Plonger les moules dans de l'eau chaude et démouler les *kulfi*. Saupoudrer du reste de pistache et décorer d'un morceau de feuille d'argent.

HALVA À LA CAROTTE

HALVA À LA CAROTTE

IL S'AGIT D'UN DESSERT INDIEN SIMPLE. POUR QU'IL AIT L'AIR AUTHENTIQUE, UTILISEZ DES CAROTTES ORANGE VIF QUI LUI DONNERONT UNE BONNE COULEUR. LE GAJAR HALVA SE PRÉPARE GÉNÉRALEMENT EN HIVER. ON LE SERT AVEC UNE CUILLERÉE DE CRÈME FRAÎCHE.

1 kg de carottes, grossièrement râpées
1 litre de lait
100 g de *ghee* (beurre clarifié)
250 g de sucre en poudre
80 g de raisins secs
1 cuil. à café de graines de cardamome, finement moulues
50 g d'amandes effilées
cardamome en poudre

8 PERSONNES

METTRE les carottes et le lait dans une casserole à fond épais et porter à ébullition à feu doux. Faire cuire sans cesser de remuer jusqu'à ce que les carottes soient tendres et que le lait se soit lentement évaporé, sans laisser brûler le mélange. Ajouter le *ghee* et faire cuire jusqu'à ce que les carottes commencent à dorer.

AJOUTER le sucre et faire cuire jusqu'à ce que le mélange soit épais et sec. Incorporer les raisins secs, la cardamome et les amandes. Servir chaud dans de petits bols avec de la crème fraîche ou de la glace, et saupoudrer d'un peu de cardamome en poudre.

LORS DU DIVALI, fête hindoue de la lumière, des centaines de lampes à huile sont allumées et des feux d'artifice tirés dans les rues. Cette fête, particulièrement associée aux confiseries, a lieu en octobre ou novembre. Elle commence le quinzième jour du *Kartika* du calendrier indien et dure 5 jours. Au cours de la période précédant cette fête, les *halvais* (confiseurs) confectionnent des milliers de kilos de bonbons. Des extras sont embauchés, des étals provisoires montés et la production de confiserie accrue. Les moindres recoins des boutiques sont mis à profit, y

CONFISERIES

TOUS LES INDIENS ONT UN PENCHANT POUR LES SUCRERIES (MITHAI). À LA DIFFÉRENCE DE L'OCCIDENT, IL N'EXISTE AUCUNE DISTINCTION ENTRE BONBON ET DESSERT. LES DEUX SE VENDENT DANS DES CONFISERIES ET NE SONT PAS RÉSERVÉS À LA FIN DU REPAS. LES MITHAIS REPRÉSENTENT PLUTÔT UNE FORME DE SALUTATION, CONSTITUENT DES OFFRANDES RELIGIEUSES ET SONT UN SYMBOLE D'HOSPITALITÉ.

Les *mithai* varient selon les régions, mais les *barfi* et *laddu* se trouvent dans tout le sous-continent. Nombre de régions ont leur spécialité. Dans le Bengale, par exemple, qui est la capitale de l'Inde en la matière, les villes et petits villages possèdent leurs variétés propres.

TYPES DE BONBONS

Les confiseries se répartissent en plusieurs catégories, selon leur ingrédient principal, leur forme ou la méthode de production.

Les *barfi* sont un type de caramel. Leur nom vient du mot « neige » en persan. Ils étaient probablement tous blancs à l'origine. Les *barfi*, très sucrés, sont faits à base de *khoya*, un produit laitier. Ceux qui contiennent des fruits à écale concassés ou de la farine ont une texture plus grossière que les versions au lait nature *(dhoodh)*.

Les *sandesh*, à base de *chenna* mélangé à du sucre, sont l'un des types de confiserie indienne les plus raffinés. Leur nom signifie « nouvelles », car on les envoyait à des amis par messager pour demander de leur nouvelles. Les *sandesh* peuvent présenter une diversité de textures et de parfums et sont souvent confectionnés dans des moules décorés. Dans le Bengale, ils sont en forme de coquillages ou de poisson, qui sont les emblèmes de cette région.

Les *halva*, à la texture épaisse, proche de celle des puddings, sont faits à base d'ingrédients comme la semoule, les carottes râpées, la farine de pois chiche et les légumineuses. Les confiseurs indiens s'appellent des *halvais*.

Les *laddu* doivent leur nom à leur forme de boule plutôt qu'aux ingrédients qui les composent. Ils sont faits de pâte à

LES ROSSOGOLLA furent inventés par Nobin Chandra Das en 1868. Ce sont les confiseries les plus connues de Calcutta. Ils sont maintenant faits dans l'usine de la famille Das. On confectionne dans un premier temps le *paneer* en égouttant le petit lait. On presse ensuite le *paneer* dans une extrudeuse pour le débarrasser de l'excédent d'humidité. On ajoute ensuite le sucre pour faire le *chenna* ; le mélange est alors roulé en boulettes à la

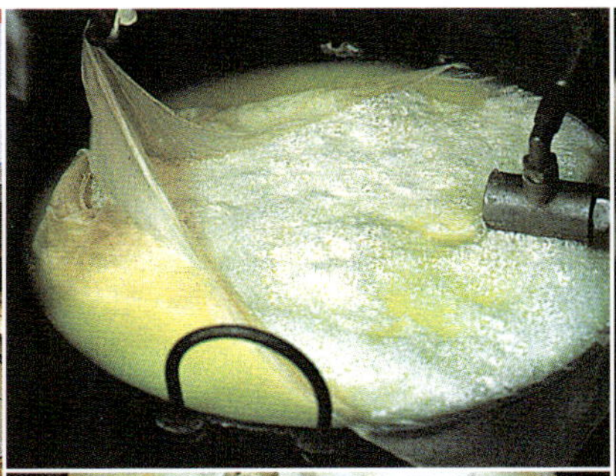

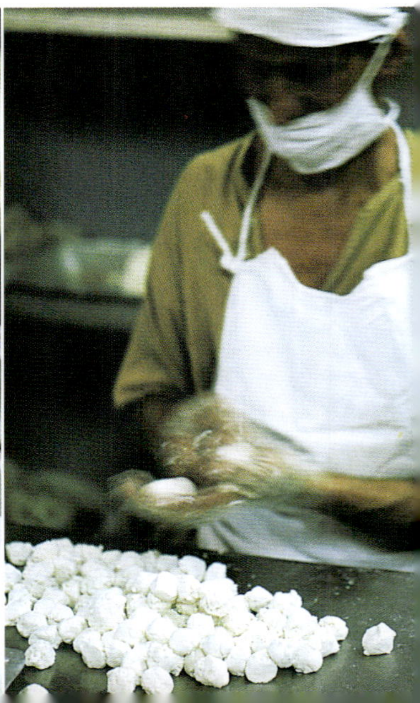

compris le sous-sol et le toit. Les bonbons sont décorés à profusion de feuilles d'or et d'argent, de fruits à écale, de fruits secs et de safran. Les plateaux ornés de différents bonbons sont empilés. Les confiseries sont vendues au poids ou dans des ballotins décorés. On les offre à ses amis et à sa famille, mais ils constituent également des offrandes religieuses.

base de farine de pois chiche ou de farine grossière pressée en pâtés, frite puis émiettée et mise en forme de boules avec du sucre, du *ghee*, des épices et des noix. Il en existe de nombreuses variantes, dont certaines à base de riz soufflé mélangé à du sucre et souvent à des fruits à écale.
Les bonbons frits sont frits dans l'huile puis plongés dans du sirop de sucre. Parmi eux, on trouve les *jalebi* et les *imarti*.
Les sucreries et desserts à base de lait : les *rossogollas* et le *kheer* (riz au lait) sont des spécialités du Bengale et le *payasam* (desserts au *sagou* ou *sevians*), du Sud.

SUCRERIES À BASE DE LAIT

Le lait est souvent utilisé dans la fabrication des sucreries. On peut le laisser bouillir longtemps jusqu'à ce qu'il devienne très épais ou le transformer en une sorte de fromage frais (le *paneer*) en le faisant coaguler avec du jus de citron.
Le RABRI ou RABADI est du lait réduit au quart de son volume de base, dégusté comme un pudding épais et crémeux ou servi comme sauce pour les sucreries telles le *ras malai*.
Le KHOYA est du lait réduit au huitième de son volume. Il est l'ingrédient principal de nombreuses sucreries à base de lait.
Le CHENNA est du *paneer* adoucit avec du sucre. Il est l'ingrédient de base du *rossogolla* et du *sandesh*.
MALAI est le mot hindi pour « crème ». Il est plus ou moins épais.

DÉCORATIONS

Les confiseries indiennes doivent non seulement avoir bon goût mais aussi être esthétiques. Elles sont souvent colorées en rose, jaune ou vert et recouvertes de fruits à écale, de raisins secs ou de feuilles d'or ou d'argent *(varak)*. Bien que les bonbons ordinaires ne soient pas aussi élaborés, ceux que l'on vend au moment des fêtes sont plus sophistiqués et portent des décorations supplémentaires.

PARFUMS

Le safran, la cardamome, l'essence de rose, le *kewra (pandanus)*, le *khus*, la noix de coco, la pistache et les amandes sont les parfums les plus répandus. Les sucres non raffinés tels que le *gur* ou le *jaggery* sont également utilisés, davantage que le sucre raffiné.

main. Leur taille varie selon si elles sont commercialisées à l'unité (elles sont plus grandes) ou en boîte (elles sont plus petites). Les *rossogolla* sont cuits dans de grandes cuves de sirop de sucre, chaque cuve étant chauffée par un système fonctionnant à la vapeur. Une fois spongieux et cuits, on les laisse refroidir dans le sirop ou on les met directement en boîte. L'usine utilise 1 000 à 1 500 litres de lait frais par jour pour la confection de ces sucreries.

BARFI AUX NOIX DE CAJOU

500 g de noix de cajou
6 gousses de cardamome
200 g de lait en poudre
2 cuil. à soupe de *ghee* (beurre clarifié) ou de beurre
1/4 de cuil. à café de clous de girofle en poudre
200 g de sucre en poudre
2 feuilles d'argent *(varak)*

12 PERSONNES

DANS une sauteuse, faire griller à sec et à feu doux les noix de cajou jusqu'à ce qu'elles soient dorées. Laisser refroidir, puis concasser dans un robot de cuisine ou à l'aide d'un couteau tranchant. Ouvrir les gousses de cardamome, retirer les graines et les réduire en poudre dans un moulin à épices ou un mortier. Chemiser de papier sulfurisé un moule de 26 x 17 cm.

METTRE le lait en poudre et les noix de cajou dans une grande terrine, ajouter le *ghee* et mélanger jusqu'à obtention d'une consistance homogène. Incorporer la cardamome et les clous de girofle.

METTRE le sucre et 250 ml d'eau dans une casserole à fond épais et faire chauffer à feu doux jusqu'à ce que le sucre soit dissous. Porter à ébullition et laisser mijoter 5 à 7 minutes, jusqu'à obtention d'un sirop. Incorporer dans la terrine avant que le sirop ne durcisse et répartir la préparation obtenue dans le moule sur une épaisseur d'environ 1,5 cm. Lisser à l'aide d'une spatule beurrée. Coller la feuille d'argent avec sa protection sur le *barfi*, puis retirer le papier. Laisser refroidir, couper en losanges et servir froid.

Placez délicatement les feuilles d'argent sur le *barfi* et retirez le papier de protection. En effet, si vous touchez l'argent, il restera collé sur vos doigts.

PAYASAM

100 g de *sagou*
2 cuil. à soupe de *ghee* (beurre clarifié)
80 g d'amandes concassées ou effilées
125 g de raisins secs
50 g de *sevian*, coupé en morceaux de 3 cm
1 litre de lait
185 g de sucre roux en poudre
3 cuil. à soupe de sirop de sucre
1 cuil. à café de cardamome en poudre
1/4 de cuil. à café de clous de girofle en poudre
1 cuil. à café d'eau de rose (facultatif)
2 cuil. à soupe de noix de coco râpée (*voir* page 283)

6 PERSONNES

FAIRE cuire le sagou 20 à 25 minutes dans 1 litre d'eau bouillante en remuant souvent, jusqu'à ce qu'il soit transparent. Égoutter, rincer et égoutter de nouveau.

FAIRE chauffer le *ghee* à feu doux dans une sauteuse, ajouter les fruits à écale et les raisins, puis faire revenir jusqu'à ce qu'ils soient dorés. Retirer de la sauteuse, puis faire griller le *sevian* jusqu'à ce qu'il soit doré. Ajouter une grande partie du lait et laisser cuire sans cesser de remuer jusqu'à ce que le *sevian* soit tendre. Ajouter le *sagou* et le reste du lait, remuer à l'aide d'une fourchette et incorporer le sucre et le sirop de sucre. Laisser mijoter sans cesser de remuer.

AJOUTER du lait si le *payasam* épaissit, incorporer la cardamome et les clous de girofle, et mélanger jusqu'à obtention d'une texture qui nappe la cuillère. Ajouter deux tiers des fruits à écale et des raisins, et servir ou mettre au réfrigérateur. Décorer de noix de coco et du reste des fruits à écale et des raisins secs.

PAYASAM

BARFI AUX NOIX DE CAJOU

Roulez le *gulab jamun* en boules uniformes. Lorsqu'elles ont bien doré à la friture, plongez-les dans le sirop de sucre parfumé.

GULAB JAMUN

LE GULAB JAMUN (LITTÉRALEMENT « PRUNE AU PARFUM DE ROSE ») EST UNE FRIANDISE TRÈS RÉPANDUE EN INDE. ON LA CONFECTIONNE EN PLONGEANT DANS DU SIROP DES BOULETTES DE CHENNA FRITES. VOUS POUVEZ AJOUTER UNE PINCÉE DE CARDAMOME À LA PÂTE POUR PLUS DE SAVEUR.

SIROP
450 g de sucre en poudre
4 à 5 gouttes d'eau de rose

GULAB JAMUN
100 g de lait en poudre allégé
2 cuil. à soupe de farine levante
2 cuil. à café de semoule fine
2 cuil. à soupe de *ghee* (beurre clarifié)
4 cuil. à soupe de lait, pour lier
24 pistaches (facultatif)
huile, pour la friture

24 GULAB JAMUN

POUR le sirop, mettre le sucre dans une grande casserole avec 850 ml d'eau et faire cuire à feu doux jusqu'à ce que le sucre soit dissous. Augmenter le feu, porter à ébullition et laisser bouillir 3 minutes, jusqu'à obtention d'un sirop. Incorporer l'eau de rose et retirer du feu.

POUR le *gulab jamun*, mélanger le lait en poudre, la farine, la semoule et le *ghee* dans une terrine. Ajouter suffisamment de lait pour obtenir une pâte molle, mélanger jusqu'à ce qu'elle soit homogène, puis la diviser en 24 portions. Planter éventuellement une pistache dans chaque morceau de pâte et le rouler en boule. À défaut, rouler directement chaque morceau de pâte en boule.

REMPLIR au tiers d'huile un *karhai* ou une casserole et faire chauffer l'huile à 150 °C (un dé de pain doit dorer en 30 secondes). Faire frire les boulettes à feu doux jusqu'à ce qu'elles soient uniformément dorées. Les retirer à l'aide d'une écumoire et les plonger dans le sirop. Lorsque toutes les boulettes sont dans le sirop, porter à ébullition, puis retirer du feu. Laisser refroidir et servir le *gulab jamun* à température ambiante.

SHRIKHAND

SHRIKHAND

VOICI ENCORE UNE RECETTE À BASE DE LAIT. LA TRADITION VEUT QUE L'ON ÉGOUTTE LE YAOURT ET QU'ON LE PARFUME AU SAFRAN ET À LA CARDAMOME POUR DONNER UN DESSERT ÉPAIS, COPIEUX ET CRÉMEUX.

1/2 cuil. à café de filaments de safran
3 gousses de cardamome
275 ml de yaourt nature épais (*voir* page 280)
3 cuil. à soupe de sucre en poudre
quelques amandes concassées grillées

4 PERSONNES

FAIRE infuser le safran dans 1 cuillerée à café d'eau bouillante. Ouvrir les gousses de cardamome, retirer les graines et les réduire en poudre dans un moulin à épices ou un mortier.

METTRE le yaourt, le sucre, la cardamome et le safran dans une terrine et bien mélanger. Répartir dans quatre bols et mettre au réfrigérateur avant de servir, parsemé d'amandes grillées.

GULAB JAMUN

ABRICOTS AU SIROP À LA CARDAMOME

IL S'AGIT D'UNE SPÉCIALITÉ DU CACHEMIRE, MEILLEURE AVEC DES ABRICOTS SECS DU CACHEMIRE, TRÈS PARFUMÉS. LA FEUILLE D'ARGENT EN FAIT UN DESSERT SPÉCIAL, MAIS ELLE N'EST PAS INDISPENSABLE. VOUS POUVEZ LE SERVIR AVEC DE LA CRÈME ÉPAISSE OU DU YAOURT POUR ATTÉNUER LE CÔTÉ SUCRÉ.

300 g d'abricots séchés
3 cuil. à soupe de sucre en poudre
3 cuil. à soupe d'amandes effilées
1 morceau de gingembre de 1 cm, émincé
4 gousses de cardamome
1 bâton de cannelle
4 morceaux de feuilles d'argent *(varak)*

4 PERSONNES

METTRE les abricots dans une grande casserole avec 750 ml d'eau et laisser tremper 4 heures, jusqu'à ce qu'ils aient gonflé.

AJOUTER le sucre, les amandes, le gingembre, la cardamome et la cannelle, et porter à ébullition à feu doux sans cesser de remuer, jusqu'à ce que le sucre soit dissous. Réduire le feu et faire cuire jusqu'à ce que le liquide ait réduit de moitié et forme un sirop épais. Verser dans une terrine et mettre au réfrigérateur.

SERVIR dans de petits bols, décoré d'un morceau de feuille d'argent. Pour ce faire, renverser le morceau de papier de protection au-dessus des bols. Dès que la feuille d'argent touche les abricots, elle se détache du papier et se colle aux abricots.

KHEER

KHEER

IL S'AGIT DE LA VERSION INDIENNE DU RIZ AU LAIT, CUIT SUR LE FEU, PLUTÔT QU'AU FOUR. ELLE EST DÉLICIEUSE, RICHE ET CRÉMEUSE, ET LA CARDAMOME ET LES AMANDES LUI CONFÈRENT UNE TEXTURE ET UNE SAVEUR CARACTÉRISTIQUES.

155 g de riz basmati
20 gousses de cardamome
2,5 l de lait
30 g d'amandes effilées
175 g de sucre en poudre
30 g de raisins secs

6 PERSONNES

RINCER le riz, le faire tremper 30 minutes dans de l'eau froide et bien l'égoutter. Ouvrir les gousses de cardamome, retirer les graines et les réduire en poudre dans un moulin à épices ou un mortier.

PORTER le lait à ébullition dans une grande casserole et ajouter le riz et la cardamome. Réduire le feu et laisser mijoter 1 h 30 à 2 heures, jusqu'à ce que le riz ait une consistance crémeuse. Remuer de temps en temps pour éviter que le riz n'attache.

DANS une sauteuse, faire griller à sec et à feu moyen les amandes quelques minutes. Ajouter au riz avec le sucre et les raisins, en réservant des amandes et des raisins secs pour la décoration. Mélanger, répartir dans des bols et servir chaud, garni d'amandes et de raisins secs.

ABRICOTS AU SIROP À LA CARDAMOME

Une publicité pour les produits laitiers

LASSI SALÉ

LE LASSI EST UNE BOISSON TRÈS PLÉBISCITÉE EN INDE. IL S'AGIT DE YAOURT MÉLANGÉ À UN PARFUM, QUI PEUT ÊTRE SALÉ OU SUCRÉ. CES DEUX VERSIONS SONT RAFRAÎCHISSANTES ET PARFAITES POUR ACCOMPAGNER UN CURRY.

1 cuil. à café de graines de cumin
600 ml de yaourt nature épais (*voir* page 280)
1/2 cuil. à café de sel

4 PERSONNES

DANS une petite sauteuse, faire griller à sec et à feu doux les graines de cumin jusqu'à ce qu'elles soient dorées, pour révéler leur arôme.

RÉSERVER des graines de cumin pour la décoration et mélanger le reste avec le yaourt, le sel et 300 ml d'eau en fouettant à la main ou dans un robot de cuisine. Servir dans de grands verres. Pour une boisson plus froide, ajouter environ 8 glaçons dans le robot de cuisine. Décorer de graines de cumin.

LASSI À LA MANGUE

LASSI À LA MANGUE

500 g de mangue mûre
250 ml de lait, réfrigéré
250 ml de yaourt nature épais (*voir* page 280)

4 PERSONNES

RÉDUIRE la mangue en purée dans un robot de cuisine ou à l'aide d'un couteau tranchant, ajouter 1 pincée de sel et filtrer dans un tamis en nylon en pressant avec le dos d'une cuillère. Jeter les fibres. Le sirop obtenu doit être épais mais ne doit contenir aucun morceau de pulpe filamenteux. Le mettre au réfrigérateur jusqu'à ce qu'il soit froid.

INCORPORER le lait et le yaourt à la purée de mangue. Pour une boisson plus froide, ajouter environ 8 glaçons dans le robot ou les incorporer au *lassi*.

SI les mangues ne sont pas mûres, les faire cuire avec 250 g de sucre et un peu d'eau, et ajouter 500 ml de lait au *lassi*, au lieu de yaourt et de lait.

LASSI SALÉ

SARBAT AUX AMANDES

250 g d'amandes fraîchement moulues
1 kg de sucre
12 gousses de cardamome
extrait d'amande, selon son goût
5 à 6 gouttes d'eau de rose (facultatif)

250 ML

METTRE les amandes, le sucre et 250 ml d'eau dans une grande casserole à fond épais et faire cuire à feu doux sans cesser de remuer jusqu'à ce que le sucre soit dissous. Moudre la cardamome avec 1 cuillerée à soupe d'eau dans un mortier ou un moulin à épices, puis ajouter au sirop d'amandes. Mélanger en écumant éventuellement la surface et faire cuire jusqu'à ce que le sirop épaississe. Retirer du feu, filtrer au chinois et laisser refroidir.

AJOUTER l'extrait d'amandes et éventuellement l'eau de rose. Servir dans de grands verres, avec de l'eau et beaucoup de glace pilée.

Bracelets de couleurs vives en vente sur un marché d'Hyderabad.

FALOODA

LES BOISSONS SUCRÉES, D'ORIGINE MUSULMANE, SONT SOUVENT CONSOMMÉES AU COURS DU MOIS DU RAMADAN. EN EFFET, DANS CETTE BOISSON À L'EAU DE ROSE LE SUCRE CONSTITUE UNE SOURCE D'ÉNERGIE FORTEMENT RECOMMANDÉE LORS DU JEÛNE. LE FALOODA SE FAIT ÉGALEMENT AVEC DES NOUILLES FALOODA À LA PLACE DE L'AGAR-AGAR.

SIROP DE ROSE
250 g de sucre blanc
2 cuil. à soupe d'eau de rose
colorant alimentaire rose

FALOODA
2 cuil. à soupe d'agar-agar
colorant alimentaire jaune
30 g de graines de basilic
1 cuil. à soupe de sucre glace
1 litre de lait, réfrigéré
6 cuil. à soupe de crème glacée ou de crème fraîche
pistaches, concassées (facultatif)
amandes, concassées (facultatif)
feuilles de menthe (facultatif)

6 PERSONNES

POUR le sirop de rose, mettre le sucre et 250 ml d'eau dans une grande casserole à fond épais et porter à ébullition. Laisser bouillir 2 minutes. Ajouter l'eau de rose et suffisamment de colorant pour obtenir un sirop rose. Laisser refroidir.

POUR le *falooda*, dissoudre dans une petite casserole l'agar-agar dans 250 ml d'eau bouillante. Faire cuire à feu moyen 15 minutes sans cesser de remuer. Ajouter un peu de colorant jaune, puis transférer dans un grand plat peu profond et mettre au réfrigérateur jusqu'à ce que le mélange ait pris. Découper en fines lanières sur une planche à découper de façon à ce qu'elles puissent être aspirées par une paille.

FAIRE tremper les graines de basilic 1 heure dans un peu d'eau et égoutter. Incorporer le sucre glace au lait.

POUR 6 verres de *falooda*, verser 2 cuillerées à soupe de sirop de rose dans chaque verre. Ajouter le *falooda* et 2 à 3 cuillerées à soupe de graines de basilic, et terminer par le lait sucré réfrigéré et 1 cuillerée à soupe de crème fraîche ou de crème glacée. Garnir éventuellement de fruits à écale et de feuilles de menthe.

FALOODA

SARBAT AUX AMANDES

THÉ MASALA

1 morceau de gingembre de 2 cm
1 bâton de cannelle de 5 cm
4 grains de poivre
3 clous de girofle
3 gousses de cardamome
1 cuil. à soupe de thé noir indien
250 ml de lait
3 cuil. à soupe de sucre

6 PERSONNES

PASSER le gingembre au gril 1 minute de chaque côté. Utiliser un moulin à épices ou un mortier pour réduire les épices en poudre. Mettre les épices, le thé et le lait dans une casserole avec 1 litre d'eau et porter à ébullition. Laisser infuser 3 minutes et ajouter le sucre.

FILTRER le dépôt à l'aide d'un filtre à café ou d'une passoire très fine, et transférer dans une carafe. Verser le thé dans une autre carafe en un flux régulier et répéter plusieurs fois l'opération d'une carafe à l'autre en les maintenant éloignées jusqu'à ce que le thé devienne mousseux. Servir chaud dans des verres à thé.

CAFÉ MASALA

CAFÉ MASALA

IL S'AGIT DU CAPPUCCINO DU KERALA, MANIÈRE TRADITIONNELLE DE FAIRE LE CAFÉ, QUE L'ON VOIT À TOUS LES COINS DE RUE. LE CAFETIER, SOUVENT VÊTU D'UN SARONG À CARREAUX, EST LE CENTRE D'ATTENTION DU VILLAGE APRÈS LE TRAVAIL ET LE CAFÉ EST UN EXCELLENT STIMULANT DE LA CONVERSATION.

500 ml de lait
2 cuil. à soupe de sucre
1 morceau de gingembre de 2 cm
2 cuil. à soupe de café du Kerala
ou autre fraîchement moulu
5 graines de cardamome, écrasées
1 bâton de cannelle
cacao en poudre

4 PERSONNES

METTRE le lait et le sucre dans une casserole à fond épais, porter à ébullition à feu doux et laisser mijoter.

PASSER le gingembre au gril 1 minute de chaque côté puis le piler légèrement dans un mortier de sorte qu'il libère son jus. Ajouter le lait, le café, la cardamome et la cannelle, puis couvrir et laisser les arômes se développer 3 minutes.

FILTRER le dépôt à l'aide d'un filtre à café ou d'un tamis très fin, et transférer dans une carafe. Verser le café dans une autre carafe en un flux régulier et répéter plusieurs fois l'opération d'une carafe à l'autre en les maintenant éloignées jusqu'à ce que le café devienne mousseux. Servir chaud, saupoudré de cacao.

THÉ MASALA

RECETTES DE BASE

Rincez le riz soigneusement à l'eau courante jusqu'à ce que l'eau qui s'en écoule soit limpide.

RIZ

LE BASMATI EST UN RIZ LONG PARFUMÉ, QUI TIRE SA SAVEUR UNIQUE DU SOL SUR LEQUEL IL EST CULTIVÉ. NOUS VOUS PROPOSONS LA MÉTHODE DE CUISSON PAR ABSORPTION, MAIS VOUS POUVEZ, SI VOUS LE PRÉFÉREZ, CUIRE LE RIZ DANS UNE CASSEROLE D'EAU BOUILLANTE.

400 g de riz basmati

6 PERSONNES

RINCER le riz à l'eau courante jusqu'à ce que l'eau qui s'en écoule soit limpide, puis bien égoutter.

METTRE le riz dans une casserole à fond épais puis verser de l'eau de façon à recouvrir le riz de 5 cm. L'eau doit arriver au niveau de la deuxième articulation d'un index touchant le fond de la casserole. Ajouter 1 cuillerée à café de sel. Porter rapidement l'eau à ébullition, puis couvrir et réduire le feu.

FAIRE cuire 15 minutes, jusqu'à ce que le riz soit juste tendre. Retirer la casserole du feu et laisser reposer 1 minute sans retirer le couvercle. Aérer les grains de riz à l'aide d'une fourchette avant de servir.

RIZ ROSEMATTER

RIZ ROSEMATTER OU PATNI BOUILLIS

ON TROUVE LE ROSEMATTER DANS LE SUD ET LE PATNI DANS LE CENTRE ET L'OUEST DE L'INDE. TOUS DEUX ONT UN ASPECT ROUGE ET MOUCHETÉ, CAR ILS ONT ÉTÉ PRÉCUITS DANS LEUR ENVELOPPE ET DU SON ET DE LA BALLE SONT RESTÉS ACCROCHÉS AU GRAIN. CUISEZ-LE COMME NOUS L'AVONS FAIT, PLUTÔT QUE PAR ABSORPTION.

400 g de riz *rosematter* ou *patni*

6 PERSONNES

RINCER le riz à l'eau courante, jusqu'à ce que l'eau qui s'en écoule soit limpide, puis bien égoutter.

PORTER une grande casserole d'eau à ébullition et ajouter 1 cuillerée à café de sel. Lorsque l'eau bout, ajouter le riz et porter à nouveau à ébullition. Laisser bouillir 20 minutes et vérifier si le riz est cuit. Égoutter et servir.

PANEER

LE FROMAGE INDIEN, QUE L'ON APPELLE PANEER, OU CHENNA LORSQU'IL EST SUCRÉ, EST UN FROMAGE FRAIS FAIT EN COAGULANT DU LAIT AVEC DU JUS DE CITRON, PUIS EN LE LAISSANT S'ÉGOUTTER POUR SÉPARER LE CAILLÉ DU PETIT LAIT. ON LE PRESSE ENSUITE POUR FORMER DES BLOCS.

3 litres de lait
6 cuil. à soupe de jus de citron filtré ou de vinaigre

CHENNA
1 cuil. à café de sucre en poudre
1 cuil. à café de *maida* ou de farine

550 G

POUR le *paneer*, verser le lait dans une grande casserole à fond épais et porter à ébullition sans cesser de remuer à l'aide d'une cuillère en bois pour que le lait n'attache pas à la casserole. Réduire le feu et ajouter le jus de citron. Chauffer à feu doux quelques secondes et retirer du feu dès que de grands morceaux de caillé commencent à se former. Secouer doucement la casserole pour permettre au caillé de se former et de libérer le petit lait jaune.

SI LE CAILLÉ met du temps à se former, chauffer de nouveau à feu doux quelques secondes pour aider la coagulation.

DISPOSER une mousseline ou une étamine au fond d'une passoire de sorte qu'elle dépasse des bords. Verser délicatement le petit lait pour collecter le caillé dans la mousseline. Rassembler délicatement les coins de la mousseline dans une main et torsader l'étamine pour exprimer le petit lait. Rincer le reste de petit lait à l'eau courante en pressant de nouveau légèrement.

PENDRE le sac au robinet plusieurs heures pour que le poids du caillé libère davantage de liquide et que le fromage devienne compact. Placer le sac sous un poids, par exemple un plateau surmonté de boîtes de conserve, environ 1 heure, jusqu'à obtention d'un bloc de *paneer*. Lorsqu'il est suffisamment ferme pour être coupé en cubes, le *paneer* est prêt pour l'utilisation.

POUR le *chenna*, retirer le fromage du sac et bien pétrir, jusqu'à ce qu'il soit très souple et homogène. Incorporer le sucre et la *maida* en pétrissant.

Une fois le caillé formé, égouttez-le dans une passoire chemisée d'une mousseline. Éliminez l'excédent de liquide et laissez égoutter plusieurs heures.

CONCENTRÉ DE TAMARIN

CONCENTRÉ DE TAMARIN

1 bloc de tamarin de 150 g, coupé en dés

300 ML

METTRE le tamarin dans une terrine, ajouter 250 ml d'eau très chaude et laisser reposer 3 heures, jusqu'à ce que le tamarin soit tendre. Pour une préparation plus rapide, il est possible de faire cuire e tamarin dans de l'eau frémissante 15 minutes, mais le résultat n'est pas aussi bon. Réduire le tamarin en purée à l'aide d'une fourchette.

FILTRER au tamis le mélange obtenu et extraire autant de pulpe que possible en pressant avec le dos d'une cuillère. Remettre le tamarin resté dans le tamis dans la terrine, ajouter 100 ml d'eau chaude et répéter l'opération précédente. Jeter les fibres restant dans le tamis. Il est possible de congeler le concentré en cuillerées à soupe et de le décongeler selon les besoins.

JUS DE GINGEMBRE

1 morceau de gingembre de 5 cm

2 CUILLERÉES À SOUPE

PILER le gingembre dans un mortier ou le râper finement. Mettre le gingembre dans un morceau de mousseline et la torsader fermement pour éliminer tout le jus.

JUS DE GINGEMBRE

YAOURT

LE YAOURT OU LES CAILLÉS SONT CONSOMMÉS PRATIQUEMENT AU COURS DE TOUS LES REPAS INDIENS, SOUS UNE FORME OU UNE AUTRE. EN EFFET, LE YAOURT SERT D'ATTENDRISSEUR DANS LES MARINADES, ÉPAISSIT LES SAUCES ET CONSTITUE DES BOISSONS RAFRAÎCHISSANTES.

600 ml de lait
2 cuil. à soupe de yaourt nature épais

600 ML

PORTER le lait à ébullition dans une casserole à fond épais, laisser tiédir et incorporer le yaourt. Couvrir et laisser reposer près d'une source de chaleur 8 heures ou une nuit entière. Le yaourt doit être épais. S'il est trop liquide, le lait était probablement trop chaud au départ. S'il est trop laiteux, l'endroit où il a fermenté n'était pas assez chaud. Prélever 2 cuillerées à soupe de la préparation pour confectionner pour la préparation suivante.

LAISSER prendre le yaourt, puis le transférer dans un tamis chemisé d'une mousseline et laisser égoutter une nuit entière pour obtenir un yaourt épais ne contenant pas trop d'humidité.

NOIX DE COCO RÂPÉE

LA NOIX DE COCO RÂPÉE EST MEILLEURE FRAÎCHE. VOUS POUVEZ ÉGALEMENT L'UTILISER SÉCHÉE APRÈS L'AVOIR FAIT TREMPER, PUIS L'AVOIR HACHÉE FINEMENT OU RÉDUITE EN PURÉE, POUR QU'ELLE NE SOIT PAS FIBREUSE. L'IDÉAL EST D'UTILISER UNE RÂPE À NOIX DE COCO.

1 noix de coco

300 G

ÉGOUTTER la noix de coco en perçant un trou dans deux des yeux de la coque. Réserver le liquide pour le consommer comme boisson rafraîchissante. Saisir la noix de coco dans une main puis la tapoter de l'autre main avec un marteau ou un pilon en la faisant pivoter pour l'ouvrir de manière uniforme. Si la noix de coco ne s'ouvre pas facilement, la mettre au four 15 minutes, à 150 °C (th. 5). Il se peut qu'elle se craquelle en cuisant. Si tel n'est pas le cas, elle s'ouvrira ensuite facilement à l'aide d'un marteau.

LA RÂPE à noix de coco *(hiramne)* la plus simple à utiliser est celle dont une extrémité est prévue pour s'asseoir et l'autre extrémité pour râper la noix de coco, en procédant au-dessus d'une terrine. À défaut, retirer la chair de la coque et couper la peau brune, puis râper à la main ou dans un robot de cuisine. La noix de coco râpée peut être congelée en petites portions.

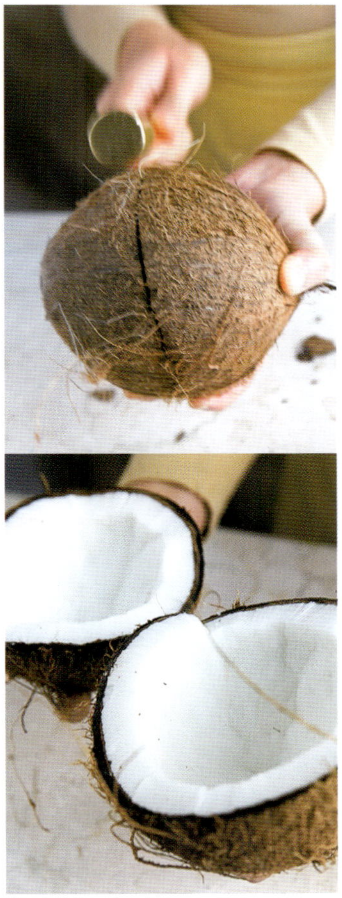

Ouvrez la noix de coco en tapotant le pourtour avec un objet contondant. Elle doit s'ouvrir proprement.

LAIT DE COCO ET CRÈME DE COCO

LE LAIT DE COCO N'EST PAS LE LIQUIDE QUE L'ON TROUVE DANS LA NOIX DE COCO, QUI EST LE JUS OU L'EAU. IL S'AGIT DE LA CHAIR RÂPÉE DE LA NOIX DE COCO TREMPÉE DANS DE L'EAU, PUIS PRESSÉE. LA PREMIÈRE PRESSE DONNE UN LAIT PLUS ÉPAIS, QUE L'ON APPELLE QUELQUEFOIS DE LA CRÈME.

1 portion de noix de coco râpée

125 ML DE CRÈME DE COCO
250 ML DE LAIT DE COCO

MÉLANGER la noix de coco râpée à 125 ml d'eau chaude et laisser reposer 5 minutes. Disposer une mousseline au fond d'un tamis de sorte qu'elle dépasse des bords. Verser le mélange à base de noix de coco, puis presser la mousseline en boule pour exprimer la crème de coco.

RÉPÉTER l'opération avec 250 ml d'eau supplémentaires pour obtenir le lait de coco.

LAIT DE COCO
ET CRÈME DE COCO

PANCH PHORON

GARAM MASALA

PANCH PHORON

LE PANCH PHORON EST UN MÉLANGE DE CINQ ÉPICES UTILISÉ POUR PARFUMER LES LÉGUMES ET LÉGUMINEUSES. ON LE FAIT REVENIR EN DÉBUT DE PRÉPARATION OU ON L'AJOUTE COMME ASSAISONNEMENT (TARKA).

1 cuil. à café de graines de cumin
1 cuil. à café de graines de fenouil
1 cuil. à café de graines de fenugrec
1 cuil. à café de graines de moutarde brune
1 cuil. à café de *kalonji* (graines de nigelle)

UTILISER un moulin à épices ou un mortier pour réduire les épices en poudre et conserver dans une boîte hermétique jusqu'à utilisation.

1 CUILLERÉE À SOUPE

GARAM MASALA

GARAM MASALA SIGNIFIE « MÉLANGE D'ÉPICES RÉCHAUFFANT ». IL PEUT S'AGIR D'ÉPICES ENTIÈRES OU MOULUES. IL EN EXISTE DE NOMBREUSES VARIANTES, MAIS TOUTES SONT AROMATIQUES PLUTÔT QUE PIQUANTES.

8 gousses de cardamome
2 feuilles de *tej patta* (laurier des Indes)
1 cuil. à café de grains de poivre noir
2 cuil. à café de graines de cumin
2 cuil. à café de graines de coriandre
1 bâton de cannelle de 5 cm
1 cuil. à café de clous de girofle

OUVRIR les gousses de cardamome et retirer les graines. Ciseler les feuilles de *tej patta*. Utiliser un moulin à épices ou un mortier pour réduire l'ensemble en fine poudre et conserver dans une boîte hermétique jusqu'à utilisation.

3 CUILLERÉES À SOUPE

CHAAT MASALA

LE CHAAT MASALA EST UN CONDIMENT SALÉ, ACIDE, UTILISÉ DANS DES EN-CAS TELS QUE LE BHEL PURI. ON PEUT LE MÉLANGER AUX PRÉPARATIONS POUR LES EN-CAS OU LE SAUPOUDRER SUR DES FRUITS ET LÉGUMES COMME ASSAISONNEMENT.

4 cuil. à soupe de graines de coriandre
2 cuil. à soupe de graines de cumin
1 cuil. à café d'*ajowan*
3 cuil. à soupe de sel noir
1 cuil. à soupe d'*amchoor*
2 piments séchés
1 cuil. à café de grains de poivre noir
1 cuil. à café de graines de grenade

DANS une petite sauteuse, faire griller à sec et à feu doux les graines de coriandre pour développer leur arôme. Retirer de la sauteuse et procéder de même avec les graines de cumin et l'*ajowan*. Utiliser un moulin à épices ou un mortier pour réduire l'ensemble en fine poudre, puis conserver dans une boîte hermétique jusqu'à utilisation.

10 CUILLERÉES À SOUPE

CHAAT MASALA

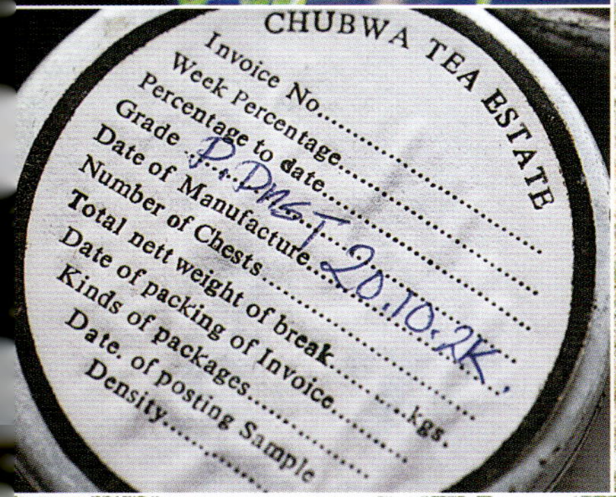

LES DEUX principales régions productrices de thé en Inde sont l'Assam *(page de gauche)* et les Nilgiris *(page de droite)*. Dans l'Assam, les plantations sont situées dans une vallée et les théiers sont intercalés avec des arbres d'ombrage. Dans les Nilgiris, ils se trouvent sur les contreforts. Cependant, ces deux régions ont une caractéristique commune : de fortes précipitations, condition indispensable à la culture du thé. Le thé est cueilli à la main, seuls les bourgeons et les feuilles supérieures sont prélevés. On travaille

LE THÉ

LE THÉ DE CHINE AVAIT UNE TELLE IMPORTANCE EN EUROPE AU XVIIIE SIÈCLE QUE, LORSQUE LE COMMERCE DU THÉ FUT INTERROMPU AU COURS DES GUERRES DE L'OPIUM, LES BRITANNIQUES DÉCIDÈRENT DE CULTIVER DU THÉ CHINOIS EN INDE. ILS DÉCOUVRIRENT PAR LA SUITE QUE CETTE PLANTE POUSSAIT DÉJÀ DANS L'ASSAM.

La première plantation de thé fut créée en Inde en 1835. Le sous-continent devint rapidement le plus gros producteur et une nation de buveurs de thé. Le thé est fait à partir de feuilles fraîches du *Camellia sinensis* ou du *Camellia assamica*, arbre originaire du sud-ouest de la Chine et de l'Assam, dans le nord-est de l'Inde. Les feuilles peuvent être traitées de différentes manières. Le thé vert est séché avant d'être fermenté et le thé noir est fermenté avant d'être séché. En Inde, le thé noir *(chai)* est le plus répandu.

LA FABRICATION DU THÉ

La fabrication du thé se fait à l'aide de deux méthodes, qui déterminent la façon dont les feuilles sont coupées ou roulées. La méthode « CTC » signifie « *crush or cut, tear, curl* » (broyer ou couper, déchirer, boucler) : les feuilles sont passées dans une machine à couper avant d'être fermentées et séchées. Cela donne un thé fin, granuleux. Le terme « orthodoxe » désigne la méthode de roulement des feuilles (on utilise seulement les meilleures) sur une table à rouler, qui donne du thé à feuilles entières ou à feuilles brisées. Les deux méthodes décomposent les veines des feuilles et démarrent le processus de fermentation. Le thé orthodoxe est considéré comme ayant un arôme supérieur et le thé CTC comme étant plus fort. Les deux sont souvent mélangés pour donner un bon équilibre entre force et arôme.

section par section pour s'assurer que les arbustes aient tous la même hauteur. Les cueilleurs placent une perche le long des buissons et cueillent les feuilles qui dépassent. Il y a trois récoltes par jour. Les feuilles sont triées rapidement afin d'éliminer d'éventuelles brindilles, puis pesées à divers points de collecte dans la plantation. Elles sont ensuite livrées à l'usine, pour être transformées en thé.

LES RÉGIONS PRODUCTRICES DE THÉ EN INDE

L'ASSAM se trouve sur les contreforts de l'Himalaya. Le thé d'Assam est produit en deux pousses. La seconde donne du thé noir possédant un grand nombre de jeunes pointes dorées. Ce thé est connu sous le nom de thé « orange », à cause de sa couleur brun et or. Il est corsé, avec un goût fort, riche, long en bouche.

Les NILGIRIS sont des collines qui font partie des Ghats occidentaux dans le sud de l'Inde. Le thé astringent qui y est produit est de couleur vive. On le cueille tout au long de l'année.

Le DARJEELING, thé riche produit sur les contreforts de l'Himalaya a une saveur de « muscat ». On le décrit quelquefois comme le champagne des thés, il est produit en quantités limitées. Le thé Darjeeling est quelquefois vendu en tant que thé provenant d'un seul jardin.

D'autres régions d'Inde productrices de thé sont les Douars du Bengale et la vallée de Kangara dans l'Himachal Pradesh, où l'on cultive le thé vert.

L'INDE produit environ 600 millions de kilogrammes de thé par an. La moitié est exportée et le reste consommé sur place. Le *chai* se prépare en faisant bouillir le thé avec du lait et du sucre.

GLOSSAIRE DE CUISINE INDIENNE

agar-agar : agent gélifiant, aussi connu sous le nom de *kanten*, fabriqué à partir d'algues. Il est vendu sous forme de bandes, feuilles, flocons ou poudre. Il se dissout dans l'eau bouillante et, à la différence de la gélatine, se solidifie à température ambiante.

ajowan ou ajwain : épice ressemblant à de minuscules graines de cumin, à l'arôme similaire mais à la saveur plus forte. À utiliser avec parcimonie.

amarante (*marsa*) : légume à feuilles vert ou vert et rouge foncé, à l'arôme poivré, que l'on peut remplacer par des épinards.

amchoor ou khatai : fine poudre beige de mangue verte séchée. Elle sert d'acidifiant ou d'attendrisseur de viande dans la gastronomie indienne. Elle fait partie intégrante du *chaat masala* (*voir* page 284).

asa fœtida *(hing)* : vendue sous forme de poudre jaunâtre ou de morceau de résine, l'*asa fœtida* est fabriquée à partir de la résine séchée d'un type de fenouil. Son odeur très forte lui vaut le surnom de « excrément du diable ». Elle sert à rendre les légumineuses plus digestes et les Brahmis et les Jaïns hindous l'utilisent pour remplacer l'ail et l'oignon qui leur sont interdits. L'*asa fœtida* est toujours frite, pour en atténuer l'arôme. Elle est vendue dans de petites boîtes hermétiques.

atta : cette farine, que l'on appelle parfois farine à *chapati*, est faite à partir de blé dur finement moulu. On y ajoute quelquefois de la farine blanche, dans diverses proportions (80/20 ou 60/40). Cette farine est beaucoup plus fine et tendre que la farine complète et si vous n'en trouvez pas, vous pouvez utiliser à la place moitié farine complète et moitié *maida* ou de la farine ordinaire.

babeurre *(chaas)* : il s'agit du liquide légèrement acide qui reste une fois que le lait a été transformé en beurre. Le babeurre que l'on trouve dans le commerce est à base de lait écrémé fermenté, il n'est pas frais comme le véritable babeurre.

banane verte *(kela)* : banane à cuire, également connue sous le nom de « plantain », qui ressemble à une grande banane verte non mûre.

cardamome *(elaichi)* : gousses vertes séchées, pleines de minuscules graines collantes brunes ou noires, à la saveur douce et à l'odeur âcre. Si vous avez besoin de cardamome moulue – qui perd rapidement son goût–, ouvrez les gousses et moulez les graines. Utilisez les gousses entières ou écrasées. La cardamome brune a un arôme poivré qui ne convient pas aux plats sucrés.

castagnole *(rupchanda, chamna)* : poisson d'eau douce argenté tacheté de minuscules points noirs. C'est un poisson cher et difficile à trouver ailleurs qu'en Inde, mais on le trouve quelquefois surgelé. On peut le remplacer par de la sole, du flet, du baliste ou du Saint-Pierre.

chaat masala : condiments utilisés dans divers en-cas connus sous le nom de *chaat* (qui signifie « lécher » en hindi). Ce mélange d'épices contient une variété de saveurs, notamment l'*asa fœtida*, l'*amchoor*, le sel noir, le cumin, le poivre de Cayenne, l'*ajowan* et le poivre (*voir* page 284).

chana dal (pois chiches) : il s'agit de pois chiches du Bengale, le type le plus courant en Inde. Ils sont souvent cuisinés avec une pincée d'*asa fœtida* pour les rendre plus digestes.

chana dal grillés : pois chiches du Bengale qui ont été grillés, ce qui leur donne une texture soufflée, poreuse et croustillante. On les utilise dans les en-cas et on les trouve en sachets dans les épiceries indiennes.

chenna : fromage indien sucré utilisé dans les plats sucrés (*voir* page 279).

clous de girofle *(laung)* : bourgeons séchés non éclos du giroflier. Ils sont bruns, en forme de clous et ont un goût prononcé. Utilisez-les avec parcimonie, entiers ou moulus.

colorant alimentaire tandoori : poudre d'un rouge vif utilisée pour colorer les plats tandoori. On l'ajoute aux pâtes de tandoori pour les colorer.

coriandre *(hara dhaniya)* : on utilise les feuilles de coriandre fraîches en tant que condiment ou garniture colorée. Achetez des jolis bottes aux feuilles vertes et évitez les feuilles jaunissantes.

crème de coco compacte : bloc solide de crème de coco qui doit être reconstituée avec de l'eau ou que l'on peut ajouter directement à un plat pour donner un goût prononcé de noix de coco. Trancher le bloc selon ses besoins.

crème de coco liquide : fabriquée en trempant de la noix de coco fraîche râpée dans de l'eau bouillante et en extrayant un liquide épais sucré, au goût de noix de coco. On la trouve en boîte. Pour préparer la crème de coco, *voir* page 283.

curcuma *(haldi)* : le curcuma séché, vendu entier ou en poudre, est de couleur jaune profond. Il a une saveur légèrement amère et un arôme âcre. On l'utilise pour sa couleur et pour son parfum.

dal (graine de légumineuse) : ce terme désigne non seulement un ingrédient mais également un type de plat. En Inde, *dal* décrit tout type de pois cassé, haricot ou lentille. Les temps de cuisson varient ainsi que la texture et le goût. Un plat de *dal* peut être une soupe claire ou plus proche de la daube. Les *dal* doivent être rincés avant utilisation.

degchi : marmite, souvent en étain à revêtement d'aluminium, sans manche. Elle est dotée d'un fond épais et de bords droits comme une casserole.

eau de rose *(ruh gulab/gulab jal)* : faite à partir d'essence de rose et d'eau, l'eau de rose sert à parfumer les desserts et les boissons. Elle est parfumée, mais insipide. À utiliser avec parcimonie.

farine de pois chiche *(besan)* : farine jaune faite de pois chiches moulus. Elle a une saveur proche de celle de la noix et sert d'épaississant dans les currys, mais on l'utilise également dans les pâtes à frire, les raviolis, les desserts et le pain.

farine de riz *(chaaval ka atta)* : riz finement moulu utilisé dans la confection des *dosa*. La mouture plus grossière s'appelle *idli-rava* ; on l'utilise pour confectionner les *idlis*. On trouve ces deux types de farine de riz dans les épiceries indiennes.

feuilles d'argent *(varak)* : feuilles d'argent comestible très fines. Elles n'ont aucune saveur ni odeur. On les trouve en coffrets ou sous forme de livres, intercalées avec des feuilles de papier absorbant. Il faut toujours les appliquer sur la nourriture à partir de la feuille qui la maintient, puis retirer cette dernière. La feuille d'argent ne s'applique pas sur une couche lisse car elle est trop fragile.

feuilles de bananier : grandes feuilles vertes que l'on utilise pour envelopper les aliments avant la cuisson (en les ayant trempées au préalable dans de l'eau bouillante pour les attendrir) ou comme assiette. Préférez des feuilles jeunes.

feuilles de curry *(kadhi patta/meetha neem)* : petites feuilles vertes aromatiques d'un arbre originaire d'Inde et du Sri Lanka qui donnent une saveur aux plats d'Inde du Sud. Elles sont généralement frites et ajoutées au plat ou utilisées comme garniture à la fin.

fleur de bananier *(kere kafool/mocha)* : il s'agit de la fleur violette, en forme de larme, du bananier. Les feuilles violettes et les bourgeons jaune pâle qui poussent entre ces fleurs ne sont pas conservés. Seul le cœur pâle est consommé. Il doit être blanchi pour en supprimer l'amertume. Portez des gants en caoutchouc lorsque vous préparez la fleur de bananier car sa texture caoutchouteuse peut vous tâcher les doigts.

flocons de piment : piments séchés, souvent piquants, moulus grossièrement avec les graines.

garam masala : mélange d'épices du Nord de l'Inde, qui signifie « mélange d'épices réchauffant ». Il est composé principalement de coriandre, cumin, cardamome, poivre noir, clous de girofle, cannelle et muscade. Il en existe de nombreuses versions et vous pouvez soit acheter des mélanges prêts à l'emploi soit faire le vôtre (*voir* page 284). Le *garam masala* s'ajoute généralement aux plats de viande en fin de cuisson.

ghee : beurre clarifié à base de lait de vache ou de bufflonne des Indes à la saveur prononcée. Vous pouvez chauffer le *ghee* à haute température sans qu'il ne brûle. Des *ghee* végétaux sont également disponibles mais ils ne possèdent pas les mêmes qualités aromatiques. Vous pouvez faire votre propre *ghee* en faisant fondre du beurre doux dans une casserole, en portant à ébullition et en faisant cuire environ 30 minutes pour faire évaporer toute l'eau. Retirez l'éventuelle écume à la surface, filtrez le *ghee* pour éliminer le sédiment blanc et laissez refroidir.

gingembre *(adrak)* : rhizome d'une plante tropicale, que l'on appelle quelquefois une « racine » et que l'on commercialise sous ce nom. Le gingembre frais jeune doit avoir une peau lisse, beige rosé, être ferme et juteux. Lorsqu'il vieillit, sa peau durcit et il devient plus fibreux. Évitez le gingembre ridé car il est dur. Choisissez des morceaux qui se cassent facilement. Le gingembre se mesure en centimètres, en morceaux de largeur moyenne. Les variations en taille n'auront aucune incidence négative sur la saveur du plat. On trouve également du gingembre séché et moulu.

gombos ou okras *(bhindi)* : gousses allongées vertes à sillons aussi connues sous le nom de gombos. Lorsqu'on les coupe, elles donnent une substance gélatineuse qui disparaît à la cuisson.

gousses de moringa *(sahjan)* : gousses fibreuses longues vert foncé, provenant du *ben*, arbre à raifort. Elles doivent être coupées dans la longueur avant la cuisson. La pulpe, seule partie comestible, se retire à la cuillère ou se gratte avec les dents. Achetez des gousses d'épaisseur uniforme.

graines de basilic *(subja)* : ces minuscules graines noires d'un type de basilic indien sauvage sont trempées dans de l'eau jusqu'à ce qu'elles gonflent et s'entourent alors d'une gelée claire. Elle sont insipides et s'utilisent pour conférer une certaine texture aux boissons comme le *falooda* (*voir* page 271).

graines de coriandre *(dhaniya)* : graines rondes de la plante. Ces graines à l'arôme épicé sont très utilisées et figurent souvent dans les mélanges d'épices, comme le *garam masala*. Pour rehausser leur saveur, faites-les griller jusqu'à ce qu'elles dégagent leur arôme, avant de les écraser. Il est préférable de les moudre pour chaque plat. On les trouve entières ou en poudre.

graines de cumin *(jeera)* : graines allongées vertes ou ocre d'une plante de la famille du persil. De saveur poivrée, légèrement amère, elles sont très aromatiques. Pour rehausser leur saveur, grillez-les à sec avant de les moudre. Il est préférable de les moudre pour chaque plat. On les trouve entières ou moulues. Les *kala jeera* sont la variété noire.

graines de fenouil *(saunph)* : graines séchées d'une plante méditerranéenne, ovales, jaune verdâtre. Elles portent des sillons et ressemblent à de grosses graines de cumin. Elles sont utilisées pour parfumer et aider à la digestion. Pour rehausser leur saveur, grillez-les à sec avant de les moudre. On les trouve entières ou moulues mais il est préférable de les acheter fraîchement moulues.

graines de fenugrec *(methi)* : il ne s'agit pas de graines à proprement parler, mais d'une légumineuse. Elles sont ocres et presque carrées, dotées d'un sillon sur un côté. Elles ont un goût de curry (elles constituent l'un des ingrédients principaux des poudres de curry que l'on trouve dans le commerce) et sont meilleures si elles sont grillées à sec quelques secondes avant utilisation. Ne les grillez pas trop car elles deviennent amères.

graines de grenade *(anardana)* : graines de grenade entières séchées au soleil ou moulues, utilisées pour donner une saveur acidulée aux plats de l'Inde du Nord. On les utilise également comme garniture.

graines de moutarde *(rai)* : les graines de moutarde blanche, brune et noire sont utilisées dans la gastronomie indienne, plus particulièrement dans l'État du Bengale. Les graines brunes et noires sont interchangeables. Elle sont soit jetées dans de l'huile chaude pour les faire éclater, pour qu'elles aient une saveur de noix plutôt que piquante, soit réduites en purée, auquel cas elles piquent toujours. Les graines de moutarde cassées sont également appelées *dal moutarde*.

graines de pavot *(khus khus)* : en Inde, on utilise les graines de pavot blanches plutôt que les noires européennes, entières ou moulues. Les moulues permettent d'épaissir des plats comme le *korma*. Les entières sont souvent grillées et utilisées dans des mélanges d'épices. N'utilisez pas les graines de pavot noires comme épaississant sinon votre plat aura une couleur grisâtre.

haricot mungo entier *(sabat urad)* : cet *urad dal* entier possède une peau noire. Il doit généralement être trempé ou précuit avant utilisation.

haricots cornille *(lobhia)* : aussi appelés haricots à œil noir, il s'agit en fait de doliques séchés, aussi connus sous le nom de *chowli dahl* lorsqu'ils sont cassés. Ce sont des haricots brillants, dotés d'un œil sombre sur le côté. Ils doivent être trempés une nuit ou précuits avant utilisation. Évitez les haricots sombres ou fripés, car ils sont vieux.

hilsa *(elish)* : poisson très prisé. Il s'agit d'un type d'alose à la chair sucrée, doté de nombreuses arêtes minuscules. On le pêche lorsqu'il arrive dans l'eau douce pour la fraie. Vous pouvez le remplacer par de grands harengs ou du poisson à chair blanche et ferme.

huile *(tel)* : les Indiens utilisent plusieurs types d'huile, selon la provenance du plat. Un garde-manger indien doit contenir plusieurs huiles, destinées à des usages différents. L'huile d'arachide pressée à froid ou raffinée est utilisée dans le Nord et le centre du pays. C'est une huile polyvalente (n'utilisez que la version raffinée pour la friture). L'huile de sésame est utilisée dans le Sud et l'huile de moutarde dans le Punjab et le Bengale. Ces huiles donnent une saveur particulière aux plats dans lesquels elles sont utilisées. L'huile de coco est également utilisée dans le Sud, où la noix de coco est un condiment répandu. Elle frit bien mais est très riche en graisses saturées.

huile de moutarde *(sarson ka tel)* : fabriquée à partir de graines de moutarde brune pressées, cette huile forte en goût est utilisée dans la gastronomie du Bengale et du Punjab. Elle est généralement préchauffée jusqu'à ce qu'elle fume, puis laissée à refroidir pour atténuer sa saveur.

kalonji (graines de nigelle) : petites graines noires en forme de larme et au goût d'oignon, utilisées comme condiment dans le Nord de l'Inde et comme décoration pour les pains de type *nan*. On l'utilise dans le *panch phoron* (*voir* page 284).

karhai ou kadhai : sauteuse en forme de wok. Les modèles en fonte sont parfaits pour les *talawa* (friture) et celles en carbone pour les *bhoona* (sautés). Il existe des versions décoratives seulement adaptées pour le service.

kokum : fruit violet foncé du guttier utilisé dans les gastronomies du Sud de l'Inde, du Gujarat et du Maharastra pour donner une saveur acidulée. Il ressemble à des morceaux d'écorce violet/noir et est relativement collant. La version fumée s'appelle le *kudampuli*. Vous devez le tremper brièvement avant utilisation.

lait de coco : version plus liquide de la crème de coco, fabriquée de la même façon, mais avec une plus grande quantité d'eau ou à partir d'une seconde presse. On le trouve en boîte. Pour préparer le lait de coco, *voir* page 283.

maida : farine blanche ordinaire utilisée pour la confection des *nan* et autres recettes indiennes. Vous pouvez la remplacer par de la farine ordinaire.

mangue verte non mûre *(kacha am)* : variété de mangue très utilisée dans la gastronomie des pays asiatiques.

masoor dal (lentilles rouges) : lorsqu'elles sont entières (on les appelle alors *marki* ou *bagali*), ces lentilles sont brun foncé ou vert. Lorsqu'elles sont cassées, elles sont couleur saumon. Ces dernières sont plus couramment utilisées car elles cuisent plus facilement et n'ont pas besoin d'être trempées.

melon amer : aussi connu sous le nom de *margoze*, *mormodica* ou concombre sauvage, ce légume ressemble à un concombre à la peau verruqueuse. Sa chair est amère et doit être blanchie ou dégorgée avant d'être associée à des saveurs fortes.

methi (feuilles de fenugrec) : feuilles de jeunes pousses de fenugrec, utilisées comme légumes et accommodées comme des épinards. Elles ont un goût légèrement acide. Retirez les tiges, car elles sont souvent dures. Vous pouvez les remplacer par des feuilles d'épinard mais elles n'ont pas le même goût. On les trouve fraîches ou séchées dans les épiceries indiennes.

moong dal : haricots mungo cassés et pelés d'une couleur jaune pâle. Ils n'ont pas toujours besoin d'être trempés. Les haricots mungo entiers *(sabat moong)* doivent être trempés avant utilisation.

noix de coco *(nariyal)* : fruit du cocotier. La noix intérieure se trouve dans une coque qu'il faut retirer. On peut ensuite extraire le jus de la noix et l'ouvrir pour en extraire la chair (*voir* page 283). Cette dernière est gélatineuse dans les noix les plus jeunes et plus dure dans les plus vieilles. La chair de noix de coco séchée s'appelle le *copra*.

panch phoron ou panch phora : ce terme signifie « cinq épices ». Ce mélange, utilisé dans la gastronomie du Bengale et du Bangladesh, est composé de fenouil, moutarde brune, kalonji, fenugrec et graines de cumin en quantités égales. On l'utilise entier ou moulu (*voir* page 284).

paneer : fromage frais fait en incorporant du lait dans du jus de citron et en le laissant égoutter. Il est généralement pressé en bloc et vendu au rayon frais des épiceries et supermarchés indiens. Pour préparer le *paneer*, *voir* page 279.

paprika *(deghi mirch)* : poudre orange rougeâtre faite à partir de piments doux moulus du Cachemire. Il est généralement plus doux que piquant et sert à colorer les plats. Il faut le frire pour lui ôter son goût râpeux. On peut le remplacer par du paprika espagnol ou hongrois.

pignons : petites graines couleur crème provenant des pignes du *pinus geradania*, que l'on trouve dans l'Himalaya. C'est un ingrédient courant dans le Cachemire, utilisé entier et moulu.

piments *(lal mirch/hari mirch)* : les piments rouges et verts sont largement utilisés dans la gastronomie indienne. Les recettes indiquent généralement la couleur à utiliser, plutôt que la variété. Nombre de variétés sont cultivées en Inde et utilisées dans un contexte régional ou saisonnier. Les piments du Cachemire, rouge foncé, sont doux. Les piments du Goa sont petits et dodus, les *mundus* sont ronds. Les petits *dhanis* (piments oiseaux) sont les plus piquants.

piments séchés *(sabat lal mirch)* : piments entiers séchés, de formes, tailles et forces diverses. Il est parfois nécessaire de les tremper pour les ramollir. Retirez-en les graines s'ils sont très piquants.

pois cassés *(matar dal)* : les pois cassés séchés doivent être trempés avant la cuisson et ont une texture légèrement caoutchouteuse. Il en existe des verts et des jaunes.

pois chiche *(chana)* : les pois chiches peuvent être blancs *(kabuli/kubli)* ou noirs *(kala)*. Les blancs sont en fait beige et les noirs marron foncé. Ils sont généralement vendus entiers, mais également cassés. Les secs doivent être trempés 8 heures dans de l'eau froide avant utilisation. Ils doublent alors de volume. Vous pouvez également utiliser des pois chiche en boîte, mais ajoutez-les en fin de cuisson, car ils sont déjà tendres.

poivre de Cayenne : poudre très piquante, à base de piments rouges séchés au soleil.

poppadom (papadam, papad ou appalam) : sortes de gaufres fines faites à partir de farine de purée de lentille, de farine de riz ou même de farine de tapioca ou de sagou, étalée très fine puis séchée au soleil. Il existe plusieurs tailles et saveurs de *poppadom*. Ceux du Nord de l'Inde contiennent des flocons de piment ou des épices. Pour frire les *poppadom*, faites chauffer environ 3 cm d'huile dans une sauteuse jusqu'à ce qu'elle soit très chaude, ajoutez les *poppadom* un par un, puis maintenez-les dans l'huile à l'aide d'une spatule jusqu'à ce qu'ils gonflent et éclaircissent. Pour les faire rôtir, maintenez-les à l'aide de pinces sur une flamme jusqu'à ce qu'ils gonflent, se recourbent et se parsèment de bulles (grillez-les des deux côtés). Les *poppadom* frits restent croustillants environ 2 heures.

poudre de lait de coco : type de noix de coco en poudre qui, lorsqu'il est mélangé à de l'eau, donne du lait ou de la crème de coco.

poudre de piment : des piments très différents sont séchés et moulus pour faire la poudre de piment. Certaines, comme la poudre de piment du Cachemire et le paprika, sont utilisées pour colorer, d'autres comme le poivre de Cayenne pour leur piquant. Utilisez la poudre de piment avec parcimonie. La quantité à utiliser peut varier selon les goûts, commencez donc par une petite quantité et vérifiez le piquant.

poudre de piment du Cachemire : faite à partir de piments du Cachemire moulus d'un rouge profond, mais peu piquants. Vous pouvez la remplacer par une poudre de piment rouge foncé.

riz *(chaaval)* : les types et les tailles de grains de riz varient en Inde. Une grande partie du riz consommé est produit localement ; il est presque toujours blanc et poli. Les riz long grain les plus prisés sont le basmati, riz particulièrement aromatique utilisé pour les occasions spéciales (car il est cher) ; le *patna*, au grain plus arrondi, que l'on consomme dans le Nord et le *gobindavog*, dans le Bengale. Certains riz conservent une partie de leur enveloppe, ce qui leur donne une couleur rouge, comme le *patni* rouge, cultivé dans le centre et l'Ouest, et le *rosematter*, dans le Sud. Vous pouvez utiliser la variété que vous préférez.

riz soufflé *(moori, mamra, kurmura)* : comme le pop-corn, le riz soufflé s'obtient en faisant exploser le riz hors de son enveloppe, à la seule différence qu'on le jette sur du sable chaud. On l'utilise dans les en-cas tels que le *bhel puri*, ou roulé dans de la mélasse pour la confection de desserts.

rohu : carpe noire argentée, dotée d'une arête centrale et d'une chair ferme. Elle se coupe en steaks très facilement. Vous pouvez la remplacer par n'importe quel poisson à chair ferme.

saag : terme générique désignant les légumes verts à feuilles.

safran *(kesar/zaffran)* : stigmate séché de la fleur de crocus. Ses filaments donnent une couleur jaune intense et un arôme musqué. Le safran indien est cultivé dans le Cachemire. Il faut le faire infuser dans un liquide avant utilisation.

sagou *(sabudhana)* : petites boules séchées de sève du sagoutier utilisées dans les desserts lactés et les plats salés. Le sagou cuit est transparent et tendre, avec une texture soyeuse.

sel noir *(kala namak)* : sel gemme que l'on trouve dans le centre de l'Inde. On le trouve en morceaux noir ou brun foncé, ou en poudre gris rosâtre. À la différence du sel blanc, il a un goût acidulé, fumé.

semoule *(sooj, rava)* : grains fins, grossiers ou moyens produits à partir de blé traité, dont le germe a été retiré. La semoule gonfle lorsqu'elle est cuite et donne un effet texturé, crémeux. On l'utilise dans les desserts et l'*upama*.

sev : nouilles très fines, utilisées dans le *bhel puri*, faites à partir de farine de pois chiche.

sevian : nouilles très fines faites à partir de farine de blé, à la saveur biscuitée.

sucre jaggery *(gur)* : ce sucre brut, fait à partir de la canne à sucre, a un goût de caramel et une odeur alcoolisée. Vendu en morceaux, il est légèrement collant et varie en couleur selon le jus à partir duquel il est fait. Ce terme peut aussi désigner le sucre de palme. Vous pouvez le remplacer par du sucre roux.

tamarin *(imli)* : agent acidifiant fait à partir des gousses du tamarinier. On le trouve sous forme de bloc de pulpe, d'enveloppe fibreuse et de graines, de pulpe nettoyée, en purée ou en concentré. Si vous utilisez la pulpe, reportez-vous à la page 280 pour préparer vous-même le concentré.

tarka : processus d'assaisonnement, en début ou fin de préparation. Les épices et condiments sont frits dans de l'huile pour la parfumer, l'huile est ensuite incorporée au plat, souvent en fin de cuisson.

tava : plaque chauffante de forme spéciale utilisée en Inde pour cuire le pain. Certaines sont plates, d'autres légèrement convexes ou concaves. Il faut les maintenir huilées pour ne pas qu'elles rouillent. Il en existe des versions antiadhésives.

tej patta (laurier des Indes) : il s'agit de feuilles séchées qui ressemblent un peu aux feuilles de laurier européennes mais au goût de cannelle. Elles sont utilisées principalement dans la gastronomie du Bengale et du Nord de l'Inde.

toor dal ou toovar dal : on les appelle également lentilles jaunes. Elles sont huileuses et doivent être trempées plusieurs heures dans de l'eau chaude pour en retirer l'huile avant de cuisiner.

urad dal : la variété cassée de cette lentille *(chilke urad)* est de couleur crème à peau noire. La variété sans peau est de couleur crème. L'*urad dal* n'a généralement pas besoin d'être trempée. On l'utilise dans la confection des *dosa* et des pâtes à *idli*. Elle devient gélatineuse et crémeuse lorsqu'on la cuit.

vermicelle de riz *(chaaval ke sev)* : ces nouilles, faites à partir de farine de riz, sont très fines. On les utilise dans les desserts ou les en-cas, en les ramollissant au préalable dans de l'eau bouillante. Vous pouvez les remplacer par tout autre vermicelle de riz asiatique.

vinaigre *(sirka)* : mélange de vinaigres d'alcool fermentés à base de mélasses de sucre de canne (brun) et de noix de coco (clair), utilisé principalement dans la gastronomie anglo-indienne du Fars et du Goa. Si vous n'en trouvez pas, vous pouvez le remplacer par du vinaigre balsamique ou blanc.

yaourt *(dahi, doi)* : le yaourt en Inde est fait avec du lait entier. Il est épais et compact. Si vous utilisez du yaourt vendu dans les commerces, vous aurez peut-être besoin de l'égoutter dans de la mousseline au préalable pour éliminer l'excédent de liquide. Reportez-vous à la page 280 pour savoir comment faire du yaourt maison.

INDEX

BIBLIOGRAPHIE

ACHAYA K.T., *A Historical Dictionary of Indian Food*, Oxford University Press, 1998.

BALJEKAR Mridula, *Secrets from an Indian Kitchen*, Pavilion Books Limited, 2000.

BANERJEE Satarupa, *Book of Indian Sweets*, Rupa and Co, 1994.

BHARADWAJ Monisha, *Saveurs des Indes*, Marabout, 2001.

BLADHOLM Linda, *The Indian Grocery Store Demystified*, Renaissance Books, 2000.

BOURZAT Catherine, MOUTON Laurence, *Saveurs indiennes*, Chêne, 2001.

BRADNOCK Robert et Roma, *Footprint India Handbook*, Footprint Handbooks, 1999.

DAVIDSON Alan, *The Oxford Companion to Food*, Oxford University Press, 1999.

GIRARD-LAGORCE Sylvie, *La Cuisine de l'Inde*, Tana Éditions, 2004.

GUPTA Minakshie Das et Bunny, JAYA Chaliha, *The Calcutta Cook Book*, Penguin Books, 1995.

JAFFREY Madhur, *A Taste of India*, Pavillion Books Limited, 2000.

KAIMLA Maya, *Savouring the Spice Coast of India*, HarperCollins, 2000.

KINGMAN Rani, *A Taste of Madras*, Interlink Books, 1996.

MARKS Copeland, *The Varied Kitchens of India. Cuisines of the Anglo-Indians of Calcutta, Bengalis, Jews of Calcutta, Kashmiris, Parsis, and Tibetans of Darjeeling*, M. Evans and Company, Inc., 1986.

MENDES Anjali, *La Cuisine indienne de mère en fille*, Albin Michel 2002.

SINCLAIR Charles, *International Dictionary of Food and Cooking*, Peter Collin Publishing Ltd, 1998.

SOLOMON Charmaine. *Encyclopedia of Asian Food*, William Heinemann, 1996.

STOBBART Tom, *The Cook's Encyclopedia*, Grub Street 1998.

WESTRIP Joyce, P. *An ABC of Indian Food*, Prospect Books, 1996.

WICKRAMASINGHE Priya, *Leith's Indian and Sri Lankan Cookery*, Bloomsbury Publishing Plc, 1998.

Murdoch Books® Australia
GPO Box 1203, Sydney, NSW 1045
Tél. + 61 (0) 2 8220 2000 Fax : + 61 (0) 2 8220 2020

Murdoch Books® UK
Ferry House, 51-57 Lacy Road, London SW15 1PR
Tél. + 44 (0) 20 8355 1480 Fax : + 44 (0) 20 8355 1499

Titre Original : *The Food of India*

Réalisation : InTexte Édition, Toulouse
Traduction de l'anglais : Thomas Guidicelli

ISBN 2-7499-0352-1

IMPRIMÉ EN CHINE
L' éditeur tient tout particulièrement à remercier Mme Marie Dreyfuss

IMPORTANT : les personnes susceptibles de redouter les conséquences d'une éventuelle samonellose (personnes âgées, femmes enceintes, jeunes enfants et personnes souffrant d'une déficience immunitaire) doivent demander l'avis de leur médecin avant de consommer des œufs crus.

REMERCIEMENTS

L'éditeur tient à remercier, pour leur aide précieuse dans la réalisation de cet ouvrage, les personnes suivantes :

Le groupe Oberoi : Victoria Hobbs, Aleysha Allan; Taj Hotels and Palaces : TATA Tea Ltd : S.M. Kidwai, Shamsher Singh Dogra, Kiran Desai ; Spices Board of India : V. Jayashankar, Dr P.S.S.Thampi. James Finlay: Mike Jones. Ian Hemphill. Ajoy Joshi, Arun Ramrakha.

Kerala : Joerg Drechsel et Txuku Iriarte Solana, K.P. Francis, Joseph Jescil, Ram Prem, Saju, Sony, Stephen, Suresh, Rajesh, Eldhose, Malabar House Residency, Kochi; Mr Lakshmanan, Ramkumar Menon, Mr Kalyanraman, Tata Spices Centre, Kochi ; Mr Angelos, Mr Balakrishan, Tata Tea Bag Unit, Kochi; George Netto, TATA Tea, Munnar; Mr Devanand, Jacob, Spices Board of India, Kochi; Spice Village, Periyar; High Range Club, Munnar; Mylamdumpara Spice Research Station. *Chennai :* Alex Baja, B. Balaji, Sanjeev Khan,Taj Coromandel, Chennai. *Hyderabad:* G. Pulla Reddy, Hyderabad; Sanjukthaa Roy, Taj Krishna, Hyderabad. *Calcutta:* Rabindra Nath Das (late) and family, K.C. Das Private Ltd, Calcutta; Ranvir Bhandari, Oberoi Grand, Calcutta. *Assam:* Mr and Mrs Prabal Choudhury, Mr and Mrs A Bhattacharya, S. Rafique, A. Dutta, Loni Borpatra Gohain, Chubwa Tea Estate; Mr and Mrs Bordoloi, A. Kapur, G. Bora, S. Das, R. Hazarika, Powai Tea Estate, Assam. *Delhi:* Ashima Lal Sharma, Ramneek Lamba, Oberoi, New Delhi; Bengali Sweet House, Delhi; Haldiram, Delhi. *Mumbai :* Anil Kaul, Oberoi Mumbai; V.R.Joglekar, Mumbai Port Trust.